Desafios Empresariais e seus Reflexos Jurídicos

Dados Internacionais de Catalogação na Publicação (CIP)
(Câmara Brasileira do Livro, SP, Brasil)

Desafios empresariais e seus reflexos jurídicos /[organizadores] Antônio Márcio da Cunha Guimarães, Carolina Iwancow Ferreira – 1. ed. – São Paulo: Ícone, 2013.

Vários autores
Bibliografia
ISBN 978-85-274-1227-8

1. Direito Empresarial. I. Guimarães, Antônio Márcio da Cunha. II. Ferreira, Carolina Iwancow.

12-14910   CDU – 34:338.93

Índices para catálogo sistemático:

1. Direito Empresarial.   34:338.93

Antônio Márcio da Cunha Guimarães
Carolina Iwancow Ferreira
[Organizadores]

Desafios Empresariais e seus Reflexos Jurídicos

Ana Cláudia Ruy Cardia
André Luís Lucas Benassi
Antônio Márcio da Cunha Guimarães
Carolina Iwancow Ferreira
Clayton Vinicius Pegoraro de Araujo
Daniel Bushatsky
Diovani Vandrei Alvares
Estêvão Nascimento Orcini
Fernanda Miranda Abreu
Karina Haidar Muller
Lucimara dos Santos D'Avila
Peterson de Souza
Renato Souza Dellova
Ricardo Rodrigo Marino Tozo

Brasil – 2013
1ª edição

© Copyright 2013
Ícone Editora Ltda.

Conselho editorial
Cláudio Gastão Junqueira de Castro
Diamantino Fernandes Trindade
Dorival Bonora Jr.
José Luiz Del Roio
Márcio Pugliesi
Marcos Del Roio
Neusa Dal Ri
Tereza Isenburg
Ursulino dos Santos Isidoro
Vinícius Cavalari

Revisão
Saulo C. Rêgo Barros
Juliana Biggi

Design gráfico, capa e diagramação
Richard Veiga

Proibida a reprodução total ou parcial desta obra, de qualquer forma ou meio eletrônico, mecânico, inclusive por meio de processos xerográficos, sem permissão expressa do editor (Lei n. 9.610/98).

Todos os Direitos reservados à:
ÍCONE EDITORA LTDA.
Rua Anhanguera, 56 – Barra Funda
CEP: 01135-000 – São Paulo/SP
Fone/Fax.: (11) 3392-7771
www.iconeeditora.com.br
iconevendas@iconeeditora.com.br

PREFÁCIO

A importante obra coordenada pelo Prof. Dr. Antônio Márcio da Cunha Guimarães e pela Dra. e Mestre Carolina Iwancow Ferreira e que recebeu o título de Desafios empresariais e seus Reflexos Jurídicos cumpre a finalidade anunciada e a desborda.

O pugilo que se reuniu para facear essa titânica tarefa como se fosse simples, jamais fácil, palmilhar os sinuosos e íngremes caminhos da correlação entre a prática diária das empresas (mormente em mercado de alcance mundial) e as sofridas injunções de tribunais e dos advogados que necessitam recortar das práticas possíveis aquelas mais adequadas para efeito da sobrevivência e crescimento das empresas, escolheu temas que, a um tempo, informam e ilustram os mais difíceis casos a resolver – sempre atentos à teoria, à jurisprudência e à adequação tributário dos mesmos.

Os controles de estado se agigantaram e na era em que os cruzamentos de informações fiscais convivem com uma concorrência tanto mais acirrada quanto mais complexa a política monetária a se implementar; as regulações do câmbio para efeito de manter a balança adequada; ao mesmo tempo em que as Bolsas impõem cautela nos investimentos e desinvestimentos vez que os pontos de equilíbrio se deslocam e a informação se difunde em tempo real.

A vida privada deveria constituir experiência diversa da vida pública, mas as fronteiras estão perdidas: o coletivo invade o individual – mesmo os desejos públicos devem ser atendidos pelo mesmo Estado Providência que se desfaz no processo de desregulamentação da sociedade, que produz outra desregulamentação, a do sujeito. Privatizar a vida pública e publicizar a vida privada são estratégias neoliberais de controle da participação política: pelo funcionamento do espaço privado sobre o espaço público, o conflito sujeito/Outro é negado, instaurando-se o solipsista conflito consigo mesmo. O espaço do exercício da política e do conflito da ordem do coletivo é privatizado atribuindo-se sempre ao âmbito do sujeito os problemas e as dificuldades encontrados.

As moléstias decorrentes desse posicionamento, as doenças psíquicas da contemporaneidade estariam ligadas, principalmente, à iniciativa de agir. O excesso normativo contemporâneo afrouxa as ligações do indivíduo com a culpa e a disciplina. O narcisismo contemporâneo rompeu seus laços com a civilização judaico-cristã da culpa.

As leis são mudadas ao sabor da necessidade neoliberal e produzem outros modos de se subjetivar. Segundo Ehrenberg o novo indivíduo decorrente dessa sistemática tem a seguinte equação: liberação psíquica e iniciativa individual, insegurança identitária e impotência de agir. Com essa forma, o sujeito pode agir (tem iniciativa), mas não sabe como; pode querer (tem liberação psíquica), mas é manipulado, pois é normalizado ao consumir. E o conflito, de fato coletivo, passa a ser visto como crise pessoal, vez que esse mal estar, componente indissociável da transformação e condição humanas, é negado. A vida circunscreve-se ao corpo e saúde perfeitos, negação da morte por processos de revitalização e inclusão social e, a busca da ausência do sofrimento e da dor.

Mas, como aponta a psicanálise, a relação com a morte é estruturante da ordem simbólica e opera na constituição do sujeito – negá-la é processo de perda simbólica, o que, sob o ponto de vista da psicanálise implica a perda da experiência de sujeito de uma Cultura, de um sujeito construído pela experiência radical da relação com o Outro. Ter consciência disso e simultaneamente persistir na negativa conduz ou ao vício por drogas (álcool, diazepínicos, cocaína etc.) como lenitivo da dissonância entre meios e fins (a anomia de Durkheim) ou, ao cálculo do risco. O individualismo neoliberal, pela ruptura das conexões coletivas, põe apenas sobre o quase-sujeito a responsabilidade pela derrota, pois, como sujeito de si mesmo permanece: destituído da dimensão social de sua humanidade e único responsável pelo seu êxito (positivo ou negativo) embora, de fato, não haja sujeito causa de si mesmo.

A modernidade pela hipostasiação de que a autonomia, em sentido kantiano, seja o máximo de liberdade, vê qualquer relação de dependência como ameaça. O próprio vínculo a uma tradição parece excessivo e a ruptura suprime as referências e as diferenças inerentes às subculturas. O "sujeito autônomo ou liberado" não sabe conviver com a dominação e, no entanto, falto dela, sente-se isolado, reflete o mundo em si e nesse paroxismo narcísico só encontrará no Outro, aquilo que estiver em si. Busca a novidade para escapar do atávico e participa de tudo que lhe sugira o pertencer a um grupo, a um convívio.

O plebiscito, o referendo, as pesquisas de opinião pública, os formulários que buscam atestar a qualidade do atendimento são exemplos de "participações", verdadeiros engodos de participação, de cidadania, de ação política: *locci exemplarii* de diluição dos espaços privado/público. O discurso neoliberal procura apresentar como consenso o resultado das consultas, os chamados (tecnicamente) plebiscitos ou referendos: toda escolha emanaria da sociedade, de sorte que as decisões políticas, nesse quadro, assumem um caráter de inexorabilidade em face da aparente desregulamentação do Estado.

Todos esses problemas parecem subsumidos na gestão – tanto pública quanto privada – e conduzem a um Direito que ao simplificar, paradoxalmente complexifica. Os juízes ao examinar os autos e, para dar satisfação è sociedade, progressivamente, apesar de si mesmos, acabam por introduzir avaliações constitucionais a problemas que o positivismo (cru e simples) aplicaria apenas normas individuais. De tudo isso se ocupam os autores, embora nem sempre de forma expressa, produzindo um trabalho necessário e original.

Por todas essas razões, ao compulsar os originais só pude indicar vivamente sua publicação, pois os tópicos – embora pareçam dispersos – comportam questões outras que ensejam reflexões reversíveis aos interesses despertados por outro. Questões relativas ao Direito Internacional Privado, ao Direito de Concorrência; às práticas do Direito Comercial; ao planejamento balizado pelo Direito do Trabalho; espinhosos problemas do Direito Esportivo (ramo ainda em desenvolvimento) – são imagens caleidoscópicas compondo essa multiforme realidade das relações de uma sociedade progressivamente complexa e, ao mesmo tempo, sob um controle cada vez maior.

Só nos resta cumprimentar – efusivamente – ao editor por ter aceitado nosso voto e ao corpo editorial pela visada serena da importância desta publicação – tornando possível a disseminação de informação atual e relevante.

Márcio Pugliesi
Doutor e Livre Docente em Direito pela Universidade de São Paulo
Doutor em Filosofia pela PUC-SP
Doutor em Educação pela PUC-SP

ORGANIZADORES

ANTÔNIO MÁRCIO DA CUNHA GUIMARÃES
Bacharel em Direito pela Faculdade de Direito da PUC/SP – Pontifícia Universidade Católica de São Paulo, instituição na qual também obteve o seu Mestrado em Direito Internacional (Privado) e o seu Doutorado em Direito Internacional (Público). Na mesma Faculdade de Direito da PUC/SP é professor doutor, contratado desde 1991, lecionando as disciplinas Direito Comercial, Direito Internacional Privado e Direito Internacional Público no Bacharelado e Direito do Comércio Internacional na Pós-Graduação *stricto sensu* – Mestrado/Doutorado. É advogado militante desde 1986, inscrito na OAB/SP, entidade da qual participa ainda como Membro da Comissão de Direito Internacional. É membro da UJUCASP – União dos Juristas Católicos do Estado de São Paulo e Avaliador de Cursos de Direito pelo MEC – Ministério da Educação e também pela Secretaria da Educação do Estado de São Paulo. Autor de diversas obras jurídicas.
E-mail: marcioguimaraes@globo.com

CAROLINA IWANCOW FERREIRA
Doutoranda em Direito Internacional pela PUC-SP. Mestrado em Direito Internacional pela PUC-SP. Graduação em Direito pela PUC-Campinas. Possui experiência em escritórios nacionais e internacionais, nas áreas do Direito Internacional e Empresarial. Advogada inscrita na Ordem dos Advogados do Brasil e Portugal. Sócia do ramo brasileiro da *International Law Association*. Professora de Direito Empresarial e Práticas Jurídicas da PUC-Campinas. Autora da Obra *Arbitragem Internacional e sua Aplicação no Direito Brasileiro*.
E-mail: carolina@iwancow.adv.br
Homepage: www.iwancow.adv.br

AUTORES

Ana Cláudia Ruy Cardia
Advogada. Mestranda em Direito das Relações Econômicas Internacionais pela Pontifícia Universidade Católica de São Paulo. Especializada em Direito Internacional Público, Direito Internacional dos Direitos Humanos e Direito da União Europeia pela Universidade de Copenhague, Dinamarca. Membro do Alumni da Academia de Direito Internacional de Haia, Holanda.

André Luís Lucas Benassi
Graduado em Ciências Jurídicas e Sociais pela Universidade Católica de Campinas, Especialista em Direito Civil e Processo Civil pela Universidade Católica Dom Bosco, Advogado membro da Benassi & Kunze Sociedade de Advogados.

Clayton Vinicius Pegoraro de Araujo
Doutorado em Direito pela PUC-SP (2012), Mestrado em Direito (área de concentração em Direito Internacional) pela Universidade Católica de Santos (2005), especialização em Direito Público pela Escola Superior de Advocacia – OAB/SP e possui graduação em Direito pela Universidade São Judas Tadeu (2000). Atualmente é sócio de Delboni Advogados Associados e Professor-assistente na Universidade Presbiteriana Mackenzie/SP, em que atua nos cursos de Graduação e Pós-Graduação *Lato Sensu*. Possui artigos publicados no Brasil e no exterior.

Daniel Bushatsky
Advogado. Mestre em Direito Comercial pela PUC/SP. Professor-assistente de Direito Empresarial na Pós-Graduação da PUC/SP (COGEAE) e Professor de Direito Comercial da FMU.

Diovani Vandrei Alvares
Doutorando em direito internacional pela PUC/SP. Professor Efetivo do Instituto Federal Barretos, professor substituto na UNESP-Franca.

Estêvão Nascimento Orcini
Bacharelando em direito pela UNESP-Franca, pesquisador da FAPESP.

Fernanda Miranda Abreu
Advogada trabalhista. Especialista em direito do trabalho, em direito processual do trabalho e direito internacional. Mestranda em Relações Econômicas Internacionais pela Pontifícia Universidade Católica de São Paulo. Professora de Direito do Trabalho no Curso Bumerangue e professora de Direito Internacional no Federal Concursos.

Karina Haidar Muller
Mestra em Propiedad Intelectual, Propiedad Industrial y Sociedad de la Información pela Universidad de Alicante (Espanha/2003); Diplomada pelo Franklin Pierce Law Center em Concord (EUA/2008); Co-coordenadora da Comissão de Transferência de Tecnologia e Franquias da ABPI – Associação Brasileira da Propriedade Intelectual (2012/2013); Mestranda em Direito Comercial pela Pontifícia Universidade Católica de São Paulo (PUC/SP); sócia de Moro, Muller, Mazzonetto Sociedade de Advogados.
Homepage profissional: www.mommalaw.com

Lucimara dos Santos D'Avila
Advogada, especialista em direito tributário, Doutoranda em Direito das Relações Econômicas Internacionais pela PUC/SP.

Peterson de Souza
Bacharel e Mestre em Direito pela UNESP. Doutorando em Direito pela PUC-SP. Diretor de Secretaria da Justiça Federal de Primeiro Grau em São Paulo – Juizado Especial Federal Cível de Campinas. Professor convidado do Curso de Pós-graduação *Lato Sensu* em Direito Processual Contemporâneo da UNESP – Campus de Franca. Autor dos livros A*posentadoria Especial dos Sapateiros* (2010), *Tutela Antecipada Previdenciária:* concessão, revogação e efeitos (2011), *Prática de Direito Previdenciário:* a defesa do segurado em Juízo (2012) e *Perícias Médicas Previdenciárias* (2012).

RENATO SOUZA DELLOVA
Mestrando em Direito das Relações Econômicas Internacionais pela PUC/SP. Especialista em Direito Processual Civil pela PUC/SP e Extensão em Educação. Formado em Direito. Advogado e Consultor. Professor de Direito na Graduação, Pós-Graduação e MBA da Faculdade Politécnica de Jundiaí; UNIBAN São Paulo; e Coordenador do Núcleo de Práticas Jurídicas da FAC III, Campinas (Anhanguera Educacional); Professor de Direito na Pós-Graduação do PROORDEM/ESAMC, Campinas; Exerceu cargos públicos municipais, como Diretoria e Assessoria Jurídica no Legislativo e Coordenação Geral em entidades do Terceiro Setor na área da Saúde Pública.
http://lattes.cnpq.br/7594607187844897

RICARDO RODRIGO MARINO TOZO
Advogado. Mestrando em Direito das Relações Econômicas Internacionais na Pontifícia Universidade Católica de São Paulo (PUC/SP). Especialista em Direito do Trabalho pela Escola Superior da Magistratura do Trabalho de Santa Catarina.

ÍNDICE

Capítulo 1
Desconsideração da personalidade jurídica, 15
    André Luís Lucas Benassi

Capítulo 2
A responsabilização dos sócios de sociedades de responsabilidade limitada, 37
    Ana Cláudia Ruy Cardia
    Antônio Márcio da Cunha Guimarães

Capítulo 3
Proteção patrimonial internacional: alternativas para um investimento seguro, 51
    Carolina Iwancow Ferreira

Capítulo 4
O direito da concorrência no Brasil: seus desdobramentos econômicos e os aspectos da regulação dos atos de concentração de empresas, 75
    Clayton Vinicius Pegoraro de Araujo

Capítulo 5
Arbitragem e direito concorrencial: o princípio da legalidade e proporcionalidade justificando a utilização da arbitragem para dirimir conflitos concorrenciais, 89
    Daniel Bushatsky

Capítulo 6
A previsão legal falha e omissa das sociedades desportivas em relação ao direito de empresa: o clube-empresa brasileiro e mundial, 113
Estêvão Nascimento Orcini
Diovani Vandrei Alvares

Capítulo 7
O custo do *sweatshop* como prática de comércio desleal, 135
Fernanda Miranda Abreu

Capítulo 8
Apontamentos sobre contratos de transferência de tecnologia no Brasil, 161
Karina Haidar Muller

Capítulo 9
Inovação tecnológica: benefício fiscal introduzido pela Lei 11.196/05 – Desafios na aplicação da lei, 177
Lucimara dos Santos D'Ávila

Capítulo 10
A insalubridade nas indústrias de calçados e os reflexos na aposentadoria especial, 191
Peterson de Souza

Capítulo 11
Relações econômicas: empresas e teoria do risco, 215
Renato Souza Dellova

Capítulo 12
O direito do trabalho como estratégia empresarial, 233
Ricardo Rodrigo Marino Tozo

Capítulo 1

DESCONSIDERAÇÃO DA PERSONALIDADE JURÍDICA

André Luís Lucas Benassi

Sumário

1. Introdução
2. Dados históricos
3. Das pessoas jurídicas
4. Da teoria da desconsideração da personalidade jurídica
5. Da teoria maior e menor da desconsideração da personalidade jurídica
6. Concepção subjetivista e objetivista da teoria maior
7. Da desconsideração inversa da personalidade jurídica
8. Teoria da sucessão de empresas
9. Das hipóteses de desconsideração da personalidade jurídica
10. Questões relevantes
11. Considerações finais
12. Referências bibliográficas

1.1. INTRODUÇÃO

Tema relevante e muito debatido na atualidade envolvendo os riscos empresariais é o da desconsideração da personalidade jurídica.

A pessoa jurídica possui existência autônoma, não se confundindo com seus membros, razão pela qual exerce direitos e assume obrigações em nome próprio.

Ante a existência autônoma da pessoa jurídica, em regra, a responsabilidade dos sócios pelas dívidas desta se limita ao valor do capital social, conforme o tipo societário adotado.

Assim, em regra, o patrimônio individual dos sócios não estaria sujeito aos riscos da atividade empresarial.

Ocorre que, por conta desta distinção entre o patrimônio da pessoa jurídica e o patrimônio de seus membros, diversas manobras fraudulentas passaram a ser empregadas, a fim de se evitar a responsabilização por dívidas.

Diante desta realidade, desenvolveu-se um instrumento de superação episódica da personalidade jurídica, pelo qual se permite que em determinadas circunstâncias não se faça diferenciação entre o patrimônio da pessoa jurídica e de seus sócios.

No ordenamento jurídico brasileiro, a desconsideração da personalidade jurídica foi prevista em diversos diplomas legais, possuindo requisitos específicos conforme a hipótese.

Desta forma, é necessário que o empresário conheça os casos em que a desconsideração da personalidade jurídica ocorre, evitando sua responsabilização pessoal por dívidas societárias.

1.2. DADOS HISTÓRICOS

Em que pese não haver consenso quanto à origem da teoria da desconsideração da personalidade jurídica ou teoria da penetração da pessoa física (*disregard of the legal entity* ou *disregard doctrine*), havendo quem sustente que foi utilizada pela primeira vez pelo Juiz Marshall, no caso *Bank of United States x Deveaux*, em 1809, a ampla maioria da doutrina afirma que a referida teoria decorreu do famoso caso *Saloman x Saloman & Com*, em 1897, no Direito Inglês.

Na ocasião, *Aaron Saloman* constituiu uma sociedade composta por mais 6 (seis) membros de sua família, atribuindo a cada familiar apenas uma ação social, reservando para si 20.000 (vinte mil) ações.

Após, *Aaron Saloman*, antevendo possível insolvência da pessoa jurídica, emitiu diversos títulos privilegiados em desfavor da sociedade dos quais era credor.

Quando da insolvência da pessoa jurídica, na qualidade de credor privilegiado da sociedade, *Aaron Saloman* obteve preferência para recebimento de seu crédito em relação aos credores quirografários.

Indignados, os demais credores da sociedade alegaram a ocorrência de ato fraudulento, pleiteando que fossem alcançados os bens pessoais de *Aaron Saloman*, o que foi acolhido em primeira instância.

Contudo, posteriormente, a *House of Lords* reformou a mencionada decisão, entendendo perfeita a constituição da sociedade e a separação patrimonial dela decorrente.

Na Inglaterra o tema não teve grande repercussão teórica e jurisprudencial, ganhando força somente anos depois nos Estados Unidos da América e, posteriormente, na Alemanha e demais países europeus.

No Brasil, o primeiro jurista a tratar do tema foi o Rubens Requião (1969, p. 14), mencionando as ideias de Rolf Serik:

> *A* disregard doctrine *aparece como algo mais do que um simples dispositivo do Direito Americano de sociedade. É algo que aparece como consequência de uma expressão estrutural da sociedade. E, por isso, em qualquer país em que se apresente a separação incisiva entre a pessoa jurídica e os membros que a compõem, se coloca o problema de verificar como há de enfrentar aqueles casos em que essa radical separação conduz a resultados completamente injustos e contrários ao direito.*
>
> *Diante do abuso de direito e da fraude no uso da personalidade jurídica, o juiz brasileiro tem o direito de indagar, em seu livre convencimento, se há de consagrar a fraude ou o abuso de direito, ou se deva desprezar a personalidade jurídica, para, penetrando em seu âmago, alcançar as pessoas e bens dentro dela se escondem para fins ilícitos e abusivos.*

Por sua vez, o primeiro diploma legal que positivou a *disregard doctrine* foi o Código de Defesa do Consumidor (Lei n. 8.078/90), em seu artigo 28[1].

---

[1] Art. 28. O juiz poderá desconsiderar a personalidade jurídica da sociedade quando, em detrimento do consumidor, houver abuso de direito, excesso de poder, infração da lei, fato ou ato ilícito ou violação dos estatutos ou contrato social. A desconsideração também será efetivada quando houver falência, estado de insolvência, encerramento ou inatividade da pessoa jurídica provocados por má administração.

Em seguida, o instituto da desconsideração da personalidade foi contemplado no art. 18 da Lei n. 8.884/1994 (revogada parcialmente pela Lei n. 12.529/2011)[2], pela legislação ambiental, por força do art. 4º da Lei n. 9.605/1998[3] e pelo atual Código Civil, em seu artigo 50[4].

1.3. DAS PESSOAS JURÍDICAS

Em vista da natureza social e gregária do ser humano, surgiu a necessidade de as pessoas físicas se agruparem para a realização de objetivos comuns, superando obstáculos intransponíveis individualmente.

Nesse sentido, Sílvio Rodrigues (2005, p. 86):

> *A pessoa jurídica surge para suprir a própria deficiência humana. Frequentemente o homem não encontra em si forças e recursos necessários para uma empresa de maior vulto, de sorte que procura, estabelecendo sociedade com outros homens, constituir um organismo capaz de alcançar o fim almejado.*

Para efetivação desta associação adveio o reconhecimento da personalidade jurídica do ente constituído pelas pessoas individuais, com existência distinta destas.

---

§ 1º. (Vetado).

§ 2º. As sociedades integrantes dos grupos societários e as sociedades controladas são subsidiariamente responsáveis pelas obrigações decorrentes deste código.

§ 3º. As sociedades consorciadas são solidariamente responsáveis pelas obrigações decorrentes deste código.

§ 4º. As sociedades coligadas só responderão por culpa.

§ 5º. Também poderá ser desconsiderada a pessoa jurídica sempre que sua personalidade for, de alguma forma, obstáculo ao ressarcimento de prejuízos causados aos consumidores.

2 A Lei n. 8.884/1994, quase totalmente revogada pela Lei n. 12.529/2011, estando atualmente prevista a desconsideração da personalidade jurídica no art. 34 desta, dispõe: "Art. 34. A personalidade jurídica do responsável por infração da ordem econômica poderá ser desconsiderada quando houver da parte deste abuso de direito, excesso de poder, infração da lei, fato ou ato ilícito ou violação dos estatutos ou contrato social. Parágrafo único. A desconsideração também será efetivada quando houver falência, estado de insolvência, encerramento ou inatividade da pessoa jurídica provocados por má administração".

3 Art. 4º. Poderá ser desconsiderada a pessoa jurídica sempre que sua personalidade for obstáculo ao ressarcimento de prejuízos causados à qualidade do meio ambiente.

4 Art. 50. Em caso de abuso da personalidade jurídica, caracterizado pelo desvio de finalidade ou pela confusão patrimonial, pode o juiz decidir, a requerimento da parte, ou do Ministério Público quando lhe couber intervir no processo, que os efeitos de certas e determinadas relações de obrigações sejam estendidos aos bens particulares dos administradores ou sócios da pessoa jurídica.

A instituição da pessoa jurídica, além de permitir a oportunidade de se obter maior quantidade de recursos para a atividade empresarial, proporciona, em regra, a proteção do patrimônio individual do empresário.

Diversas são as teorias que buscam explicar a natureza jurídica da pessoa jurídica, dividindo-se em: I – teorias negativistas, pelas quais a pessoa jurídica não possui personalidade jurídica própria, sendo uma forma especial de manifestação da vontade de seus membros; II – teorias da ficção, que afirmam ser a pessoa jurídica uma criação artificial, tratando-se de mero conceito fictício, tendo como seu principal defensor Savigny; e III – teorias da realidade, segundo as quais a pessoa jurídica possui existência de fato, não sendo uma mera abstração.

Neste contexto, modernamente se define a pessoa jurídica como "o grupo humano, criado na forma da lei, e dotado de personalidade jurídica própria, para a realização de fins comuns" (GAGLIANO & FILHO, 2003, p. 17).

São requisitos para constituição da pessoa jurídica no ordenamento jurídico brasileiro: a vontade humana, que demonstra a *affectio societatis*, ou seja, a intenção de se associar, contida no contrato social ou estatuto, de acordo com o tipo societário adotado; observância das condições legais, tendo sido adotado o sistema das disposições normativas, exigindo-se além de vontade humana de associar o cumprimento de requisitos legais, tais como a elaboração de ato constitutivo, o registro público do ato constitutivo[5] e a autorização governamental para determinadas pessoas jurídicas[6].

Nos termos do artigo 45, parágrafo único, do Código Civil, o prazo decadencial para se anular a constituição das pessoas jurídicas de direito privado é de 3 (três) anos, contados da publicação de sua inscrição no órgão de registro[7].

Por derradeiro, importante frisar que, conforme disposição contida no artigo 47 do Código Civil[8], obrigam a pessoa jurídica os atos dos administradores, exercidos nos limites de seus poderes definidos no ato constitutivo.

---

5 As sociedades empresárias devem registrar seu ato constitutivo na Junta Comercial, e as demais pessoas jurídicas de direito privado no Cartório de Registro Civil das Pessoas Jurídicas (art. 114 e SS, da Lei de Registros Públicos). As sociedades simples de advogados são registradas na Ordem dos Advogados.

6 Art. 45, do Código Civil. Começa a existência legal das pessoas jurídicas de direito privado com a inscrição do ato constitutivo no respectivo registro, precedida, quando necessário, de autorização ou aprovação do Poder Executivo, averbando-se no registro todas as alterações por que passar o ato constitutivo.

7 Art. 45, parágrafo único, do Código Civil. Decai em três anos o direito de anular a constituição das pessoas jurídicas de direito privado, por defeito do ato respectivo, contado o prazo da publicação de sua inscrição no registro.

8 Art. 47, do Código Civil. Obrigam a pessoa jurídica os atos dos administradores, exercidos nos limites de seus poderes definidos no ato constitutivo.

1.4. DA TEORIA DA DESCONSIDERAÇÃO DA PERSONALIDADE JURÍDICA

Leciona Flávio Tartuce (2008, p. 235):

> *Como é notório, a regra é de que a responsabilidade dos sócios em relação às dívidas sociais seja sempre subsidiária, ou seja, primeiro exaure-se o patrimônio da pessoa jurídica para depois, e desde que o tipo societário adotado permita, os bens particulares dos sócios serem executados.*
>
> *Devido a essa possibilidade de exclusão da responsabilidade dos sócios, a pessoa jurídica, por vezes, desviou-se de seus princípios e fins, cometendo fraudes e lesando à sociedade ou a terceiros, provocando reações na doutrina e na jurisprudência. Visando coibir tais abusos, surgiu a figura da teoria da desconsideração da personalidade jurídica ou da penetração na pessoa física* (disregard of the legal entity).

A teoria da desconsideração da personalidade jurídica, portanto, consiste na superação episódica da personalidade jurídica, nas hipóteses previstas na lei, tratando-se de solução excepcional, contemplada no ordenamento jurídico brasileiro no Código de Defesa do Consumidor, na legislação ambiental, no atual Código Civil e na Lei do CADE.

Sobre os efeitos da desconsideração, esclarece Waldo Fazzio Júnior (2008, p. 114):

> *[...] com efeito, a teoria da* disregard of legal entity *tem por finalidade coibir abusos que transformam a pessoa jurídica "em capa eficiente do engodo nas transações comerciais. Não faz desaparecer a sociedade, apenas a desconhece para ver através dela, com transparência, os responsáveis pela prática de ilicitudes". Busca atingir a responsabilidade dos sócios por atos de malícia e prejuízo. A jurisprudência aplica essa teoria quando a sociedade acoberta a figura do sócio e torna-se instrumento de fraude.*

Como explicitado, a aplicação da desconsideração da pessoa jurídica não faz desaparecer a pessoa jurídica, apenas a desconhece momentaneamente, não pondo fim à sociedade empresária.

1.5. DA TEORIA MAIOR E MENOR DA DESCONSIDERAÇÃO DA PERSONALIDADE JURÍDICA

Fábio Ulhoa Coelho (2000, p. 35) aponta a existência de duas grandes teorias da desconsideração da personalidade jurídica: *"Há duas formulações para a teoria da desconsideração: a maior, pela qual o juiz é autorizado a ignorar a autonomia patrimonial das pessoas jurídicas, como forma de coibir fraudes e abusos praticados por meio dela, e a menor, em que o simples prejuízo do credor já possibilita o afastar a autonomia patrimonial"*.

Desta forma, a expressão *teoria maior da desconsideração* tem sido utilizada para se referir à concepção clássica que admite a superação da personalidade jurídica apenas quando constatado seu uso abusivo. Já a *teoria menor da desconsideração* exige tão somente a ocorrência do prejuízo ao credor.

Sobre as referidas teorias já se manifestou o Superior Tribunal de Justiça, em voto da lavra da Ministra Nanci Andrighi, no REsp 279.273/SP.

> • *A teoria maior da desconsideração, regra geral no sistema jurídico brasileiro, não pode ser aplicada com a mera demonstração de estar a pessoa jurídica insolvente para o cumprimento de suas obrigações. Exige-se, aqui, para além da prova de insolvência, ou a demonstração de desvio de finalidade (teoria subjetiva da desconsideração), ou a demonstração de confusão patrimonial (teoria objetiva da desconsideração).*
>
> • *A teoria menor da desconsideração, acolhida em nosso ordenamento jurídico excepcionalmente no Direito do Consumidor e no Direito Ambiental, incide com a mera prova de insolvência da pessoa jurídica para o pagamento de suas obrigações, independentemente da existência de desvio de finalidade ou de confusão patrimonial.*
>
> • *Para a teoria menor, o risco empresarial normal às atividades econômicas não pode ser suportado pelo terceiro que contratou com a pessoa jurídica, mas pelos sócios e/ou administradores desta, ainda que estes demonstrem conduta administrativa proba, isto é, mesmo que não exista qualquer prova capaz de identificar conduta culposa ou dolosa por parte dos sócios e/ou administradores da pessoa jurídica.*
>
> • *A aplicação da teoria menor da desconsideração às relações de consumo está calcada na exegese autônoma do § 5º do art. 28, do CDC, porquanto a incidência desse dispositivo não se subordina à*

demonstração dos requisitos previstos no caput *do artigo indicado, mas apenas à prova de causar, a mera existência da pessoa jurídica, obstáculo ao ressarcimento de prejuízos causados aos consumidores.*

A aplicação da teoria maior no ordenamento jurídico brasileiro é a regra geral, cabível quando configurado o abuso da personalidade, sendo excepcional a utilização da teoria menor, que exige tão somente o prejuízo do credor.

1.6. CONCEPÇÃO SUBJETIVISTA E OBJETIVISTA DA TEORIA MAIOR

A formulação originária da teoria maior da desconsideração da personalidade jurídica trazia a ideia de ineficácia da personalidade em caso comprovado de fraude, ficando tal concepção conhecida como subjetivista, pois se exigia a demonstração efetiva da intenção de fraudar, de prejudicar credores.

Ante a difícil comprovação prática da intenção de fraudar, buscou-se aprimorar a teoria maior, a fim de que sua caracterização ficasse atrelada a elementos objetivos, que permitissem, por si só, a desconsideração.

Nesta ótica, objetivista, o reconhecimento do abuso de personalidade passaria a depender de elementos como o desvio de finalidade e a confusão patrimonial.

Sobre o tema, André Luiz Santa Cruz Ramos (2009, p. 326) faz menção às concepções objetivista e subjetivista da teoria maior, afirmando:

> *Tradicionalmente, esse abuso de personalidade jurídica que admite sua desconsideração só se caracterizava quando houvesse a prova efetiva da fraude, ou seja, da atuação dolosa, maliciosa, desonesta dos sócios em detrimento dos credores da sociedade.*
>
> *Fala-se, então, que essa corrente doutrinária que exige a prova da fraude como elemento indispensável à aplicação da teoria da desconsideração se basearia numa corrente subjetivista, por exigir, para a caracterização do abuso, a demonstração inequívoca de uma intenção (elemento subjetivo de prejudicar credores).*
>
> *Essa prova da fraude, todavia, é no mais das vezes extremamente difícil, o que acabava por dificultar a aplicação da teoria da desconsideração em inúmeras situações, nas quais os credores interessados não desincumbiam do seu ônus de demonstração do uso fraudulento da pessoa jurídica.*

Foi por isso que os estudos modernos acerca da *disregard doctrine* tentaram construir uma base sólida e segura para a sua aplicação sem que fosse necessária a prova da fraude, ou seja, sem que fosse preciso demonstrar a intenção de usar a pessoa jurídica de forma fraudulenta. Passou-se a entender, então, que a caracterização do abuso de personalidade poderia ser verificada por meio da análise de dados estritamente objetivos, como o desvio de finalidade e a confusão patrimonial.

1.7. DA DESCONSIDERAÇÃO INVERSA DA PERSONALIDADE JURÍDICA

Originalmente, a teoria da desconsideração foi aplicada para permitir a responsabilização dos sócios por dívidas da sociedade.

Contudo, é possível que o sócio se valha da personalidade jurídica da sociedade para ocultar ou desviar bens particulares, em prejuízo alheio.

Em tal situação, tem-se defendido a adoção da teoria da desconsideração da personalidade jurídica inversa, pela qual se responsabiliza a sociedade pelas dívidas do sócio.

No Brasil, o primeiro a tratar do tema foi Fábio Konder Comparato, em sua obra *O Poder de Controle na Sociedade Anônima* (2008, p. 464):

> *Aliás, a desconsideração da personalidade jurídica não atua apenas no sentido da responsabilidade do controlador por dívidas da sociedade controlada, mas também em sentido inverso, ou seja, no da responsabilidade desta última por atos do seu controlador. A jurisprudência americana, por exemplo, já firmou o princípio de que os contratos celebrados pelo sócio único, ou pelo acionista largamente majoritário, em benefício da companhia, mesmo quando não foi a sociedade formalmente parte do negócio, obrigam o patrimônio social, uma vez demonstrada a confusão patrimonial de fato.* (fl. 464)

Acolhendo a teoria da desconsideração inversa da personalidade jurídica vem se manifestando o Superior Tribunal de Justiça[9]:

> *A insurgência do recorrente decorre da aplicação, na hipótese dos autos, da chamada desconsideração da personalidade jurídica em*

---
[9] Vide também REsp 948.177-MS, Min. Nancy Andrighi, julgado em 22/6/2010.

sua forma inversa. O recorrente sustenta que o acórdão impugnado teria violado a regra contida no art. 50 do CC/02, porquanto manteve a decisão proferida no primeiro grau de jurisdição, que desconsiderou a personalidade jurídica da empresa da qual o recorrente é sócio majoritário, e determinou, como consequência, a penhora de automóvel de propriedade do ente societário. O recorrente aduz que o dispositivo de lei tido como ofendido não traz a previsão da desconsideração da personalidade jurídica inversa.

De início, impende ressaltar que a desconsideração inversa da personalidade jurídica caracteriza-se pelo afastamento da autonomia patrimonial da sociedade, para, contrariamente do que ocorre na desconsideração da personalidade jurídica propriamente dita, atingir o ente coletivo e seu patrimônio social, de modo a responsabilizar a pessoa jurídica por obrigações do sócio.

Conquanto a consequência de sua aplicação seja inversa, sua razão de ser é a mesma da desconsideração da personalidade jurídica propriamente dita: combater a utilização indevida do ente societário por seus sócios. Em sua forma inversa, mostra-se como um instrumento hábil para combater a prática de transferência de bens para a pessoa jurídica sobre o qual o devedor detém controle, evitando com isso a excussão de seu patrimônio pessoal.

A interpretação literal do art. 50 do CC/02, de que esse preceito de lei somente serviria para atingir bens dos sócios em razão de dívidas da sociedade e não o inverso, não deve prevalecer. Há de se realizar uma exegese teleológica, finalística desse dispositivo, perquirindo os reais objetivos vislumbrados pelo legislador.

Assim procedendo, verifica-se que a finalidade maior da disregard doctrine, *contida no referido preceito legal, é combater a utilização indevida do ente societário por seus sócios. A utilização indevida da personalidade jurídica da empresa pode, outrossim, compreender tanto a hipótese de o sócio esvaziar o patrimônio da pessoa jurídica para fraudar terceiros, quanto no caso de ele esvaziar o seu patrimônio pessoal, enquanto pessoa natural, e o integralizar na pessoa jurídica, ou seja, transferir seus bens ao ente societário, de modo a ocultá-los de terceiros.*

Feitas essas considerações, tem-se que a interpretação teleológica do art. 50 do CC/02 legitima a inferência de ser possível a desconsideração inversa da personalidade jurídica, de modo a atingir bens da sociedade em razão de dívidas contraídas pelo sócio controlador, conquanto preenchidos os requisitos previstos na norma.

Ademais, ainda que não se considere o teor do art. 50 do CC/02 sob a ótica de uma interpretação teleológica, entendo que a aplicação da teoria da desconsideração da personalidade jurídica em sua modalidade inversa encontra justificativa nos princípios éticos e jurídicos intrínsecos à própria disregard doctrine, *que vedam o abuso de direito e a fraude contra credores. Outro não era o fundamento usado pelos nossos Tribunais para justificar a desconsideração da personalidade jurídica propriamente dita, quando, antes do advento do CC/02, não podiam se valer da regra contida no art. 50 do diploma atual. Nesse sentido, destacam-se os seguintes precedentes: REsp 86.502/SP, 4ª Turma, Rel. Min. Ruy Rosado de Aguiar, DJ de 26.08.1996 e REsp 158.051/RJ, 4ª Turma, Rel. Min. Barros Monteiro, DJ de 12.04.1999 (REsp 948117/MS, Rel. Min. Nanci Andrighi, DJ de 03/08/2010).*

Segundo a jurisprudência do Superior Tribunal de Justiça a desconsideração inversa tem duplo fundamento, a interpretação teleológica dos dispositivos que preveem a desconsideração da personalidade jurídica e os princípios éticos e jurídicos intrínsecos à própria *disregard doctrine*, que vedam o abuso de direito e a fraude contra credores.

Admitindo a desconsideração inversa, o Conselho da Justiça Federal editou o Enunciado 283: *"É cabível a desconsideração da personalidade jurídica denominada 'inversa' para alcançar bens dos sócios que se valeram da pessoa jurídica para ocultar ou desviar bens pessoais, com prejuízo a terceiros"*.

1.8. TEORIA DA SUCESSÃO DE EMPRESAS

Tem-se admitido, ainda, que diante de prova inequívoca caracterizadora de conluio entre sociedades empresárias para prejudicar credores, seja afastada personalidade jurídica, com base na teoria da sucessão de empresas.

1.9. DAS HIPÓTESES DE DESCONSIDERAÇÃO DA PERSONALIDADE JURÍDICA

Atualmente, a *disregard doctrine* encontra-se positivada no artigo 50 do Código Civil, no artigo 28 do Código de Defesa do Consumidor, no art. 4º da Lei n. 9.605/1998 e no artigo 34 da Lei do CADE.

Os dispositivos supra exigem requisitos específicos que passaremos a analisar.

1.9.1. CÓDIGO CIVIL

Dispõe o Código Civil:

> *Art. 50. Em caso de abuso da personalidade jurídica, caracterizado pelo desvio de finalidade, ou pela confusão patrimonial, pode o juiz decidir, a requerimento da parte, ou do Ministério Público quando lhe couber intervir no processo, que os efeitos de certas e determinadas relações de obrigações sejam estendidos aos bens particulares dos administradores ou sócios da pessoa jurídica.*

Como se percebe, o Diploma Civil adotou a teoria maior da desconsideração, contemplando a ótica objetivista, exigindo para o reconhecimento do abuso de personalidade os elementos do desvio de finalidade ou a confusão patrimonial.

Por previsão expressa do dispositivo acima, a decretação da desconsideração da personalidade jurídica depende de requerimento expresso da parte do Ministério Público, não podendo ocorrer por iniciativa do Juiz, ou seja, de ofício.

Sobre o artigo 50 do Código Civil, o Conselho da Justiça Federal aprovou diversos enunciados, que, embora não sejam vinculantes, possuem caráter orientador para a doutrina e jurisprudência, sendo elaborados por renomados juristas.

De acordo com o Enunciado 50 do Conselho da Justiça Federal:

> *Nas relações civis, os parâmetros de desconsideração da personalidade jurídica previstos no art. 50 (desvio de finalidade social ou confusão patrimonial) interpretam-se restritivamente.*

Explicitando o mencionado enunciado, afirma Flávio Tartuce (2008, p. 240):

> *Em resumo, não se pode esquecer que, para a aplicação da desconsideração da personalidade jurídica, devem ser utilizados os parâmetros constantes no art. 187 do CC, que conceitua o abuso de direito como ato ilícito. Esses parâmetros são o fim social ou econômico da empresa, a boa-fé objetiva e os bons costumes, que constituem cláusulas gerais.*

Outra importante disposição é a aprovada no Enunciado 281 do CJF, que estabelece que a aplicação da teoria da desconsideração da personalidade jurídica, prevista no artigo 50 do Código Civil, dispensa a demonstração de insolvência da pessoa jurídica.[10]

Já no Enunciado n. 284 do Conselho da Justiça Federal se fixou a interpretação de que as pessoas jurídicas de direito privado sem fins lucrativos ou de fins não econômicos também estão abrangidas no conceito de abuso da personalidade jurídica.[11]

Por derradeiro, dispõe-se no Enunciado n. 285 do CJF que a teoria da desconsideração, prevista no art. 50 do Código Civil, pode ser invocada pela pessoa jurídica em seu favor. Assim, a desconsideração da personalidade jurídica pode ser requerida por determinada sociedade empresária credora em desfavor de outra devedora.[12]

1.9.2. LEI DO CADE

A Lei n. 12.529/2011, conhecida como Lei do CADE, que estrutura o Sistema Brasileiro de Defesa da Concorrência, dispondo sobre a prevenção e repressão às infrações contra a ordem econômica, revogou em parte a Lei n. 8.884/1994, contemplando a teoria da desconsideração da personalidade jurídica em seu art. 34:

---

[10] Enunciado 281 do CJF – Art. 50. A aplicação da teoria da desconsideração, descrita no art. 50 do Código Civil, prescinde da demonstração de insolvência da pessoa jurídica.

[11] Enunciado 284 do CJF – Art. 50. As pessoas jurídicas de direito privado sem fins lucrativos ou de fins não econômicos estão abrangidas no conceito de abuso da personalidade jurídica.

[12] Enunciado 285 do CJF – Art. 50. A teoria da desconsideração, prevista no art. B50 do Código Civil, pode ser invocada pela pessoa jurídica em seu favor.

> *Art. 34. A personalidade jurídica do responsável por infração da ordem econômica poderá ser desconsiderada quando houver da parte deste abuso de direito, excesso de poder, infração da lei, fato ou ato ilícito ou violação dos estatutos ou contrato social.*
>
> *Parágrafo único. A desconsideração também será efetivada quando houver falência, estado de insolvência, encerramento ou inatividade da pessoa jurídica provocados por má administração.*

A referida lei também adotou a teoria maior da desconsideração, tendo por requisito a ocorrência de infração da ordem econômica, bem como que tenha havido por parte do infrator abuso de direito, excesso de poder, infração da lei, fato ou ato ilícito ou violação dos estatutos ou contrato social.

A desconsideração ainda será cabível quando houver falência, estado de insolvência, encerramento ou inatividade da pessoa jurídica por má administração.

1.9.3. CÓDIGO DE DEFESA DO CONSUMIDOR

Reza o artigo 28 do Código de Defesa do Consumidor:

> *Art. 28. O juiz poderá desconsiderar a personalidade jurídica da sociedade quando, em detrimento do consumidor, houver abuso de direito, excesso de poder, infração da lei, fato ou ato ilícito ou violação dos estatutos ou contrato social. A desconsideração também será efetivada quando houver falência, estado de insolvência, encerramento ou inatividade da pessoa jurídica provocados por má administração.*
>
> *§ 1º. (Vetado).*
>
> *§ 2º. As sociedades integrantes dos grupos societários e as sociedades controladas são subsidiariamente responsáveis pelas obrigações decorrentes deste código.*
>
> *§ 3º. As sociedades consorciadas são solidariamente responsáveis pelas obrigações decorrentes deste código.*
>
> *§ 4º. As sociedades coligadas só responderão por culpa.*
>
> *§ 5º. Também poderá ser desconsiderada a pessoa jurídica sempre que sua personalidade for, de alguma forma, obstáculo ao ressarcimento de prejuízos causados aos consumidores.*

Em vista de seu artigo 28 § 5º, o Código de Defesa do Consumidor adota a teoria menor da desconsideração da personalidade jurídica, exigindo-se para aplicação desta tão somente que a personalidade seja obstáculo ao ressarcimento de prejuízos ao consumidor.

Como esclarece Leonardo de Medeiros Garcia (2007, p. 111), referindo-se ao dispositivo acima:

> *O artigo também disciplina as responsabilidades de alguns tipos de sociedades. As sociedades integrantes dos grupos societários e as sociedades controladas respondem subsidiariamente (art. 28, § 2º), as sociedades consorciadas respondem solidariamente (art. 28, § 3º) e as sociedades coligadas respondem somente por culpa (art. 28, § 4º). O que varia entre elas são somente os requisitos e a natureza da responsabilidade.*
>
> *Grupo de sociedades é o formado pela sociedade controladora e suas controladas, mediante convenção, pela qual se obrigam a combinar recursos ou esforços para a realização dos respectivos objetos, ou a participar de atividades ou empreendimentos comuns. Segundo o CDC, esgotados os recursos, seja da sociedade controladora, seja da sociedade controlada, qualquer outra integrante do grupo responde pela dívida perante os consumidores.*
>
> *Sociedade controlada é aquela cuja preponderância nas deliberações e decisões pertencem à outra sociedade, dita controladora. Assim, diante da manifestação de insuficiência dos bens que compõem o patrimônio da sociedade controladora, a sociedade controlada responde pelas dívidas.*
>
> *Consórcio é uma reunião de sociedades que se agrupam para executar um determinado empreendimento. Para o CDC, ao contrário da Lei 6.404/1976 (Lei das Sociedades Anônimas), a responsabilidade entre as sociedades consorciadas é solidária.*
>
> *As sociedades são coligadas quando uma participa com 10% ou mais do capital da outra, porém, sem controlá-la. Justamente pela falta de controle nas deliberações de uma sobre a outra é que a responsabilidade de cada qual é apurada mediante culpa na participação do evento danoso.*

1.9.4. LEI N. 9.605/1998

Dada a relevância do meio ambiente para a coletividade, tratando-se de bem de uso comum do povo e essencial à sadia qualidade de vida, impõe-se ao Poder Público e à coletividade o dever de defendê-lo e preservá-lo para as presentes e futuras gerações (Art. 225, *caput*, da CF).

Desta forma, buscou a Lei n. 9.605/1998, que dispõe sobre as sanções penais e administrativas derivadas de condutas e atividades lesivas ao meio ambiente, facilitar a reparação deste, estabelecendo: *"Art. 4º Poderá ser desconsiderada a pessoa jurídica sempre que sua personalidade for obstáculo ao ressarcimento de prejuízos causados à qualidade do meio ambiente".*

Assim como o Código de Defesa do Consumidor, a Lei n. 9.605/1998[13] adotou a teoria menor da desconsideração da personalidade jurídica, bastando que a personalidade seja obstáculo ao ressarcimento de prejuízos causados ao meio ambiente para que a desconsideração possa ocorrer, em observância ao comando constitucional.

1.10. QUESTÕES RELEVANTES

Embora haja previsão legal quanto às hipóteses em que deve ocorrer a desconsideração da personalidade jurídica, inexiste regulamentação no concernente ao procedimento a ser seguido.

Desta maneira, diversos são os questionamentos que se faz sobre a aplicação do instituto.

De proêmio, discute-se sobre a possibilidade de se decretar a *disregard doctrine* no processo de execução.

Uma primeira corrente afirma que no processo de execução o contraditório não é exercido de forma plena, razão pela qual seria inviável a desconsideração.

Uma segunda corrente, adotada pelo Superior Tribunal de Justiça, afirma que para a decretação da *disregard doctrine* é desnecessária a propositura de ação autônoma, podendo ser aplicada no processo de execução, por decorrência da própria lógica conceitual inerente à formulação da teoria da desconsideração da personalidade jurídica[14]:

---

13 Art. 4º Poderá ser desconsiderada a pessoa jurídica sempre que sua personalidade for obstáculo ao ressarcimento de prejuízos causados à qualidade do meio ambiente.

14 No mesmo sentido, vide REsp 228357/SP:
"FALÊNCIA – EXTENSÃO DOS SEUS EFEITOS ÀS EMPRESAS COLIGADAS – TEORIA DA DESCONSIDERAÇÃO DA PERSONALIDADE JURÍDICA – POSSIBILIDADE – REQUE-

> *No presente processo, a desconsideração da pessoa jurídica torna cada um de seus sócios parte no processo de execução, porquanto a desconsideração da personalidade suprime o sujeito de direito representado* pela pessoa jurídica, *fazendo-o substituir-se, por ampliação subjetiva, pelas pessoas de seus sócios, sejam essas naturais ou jurídicas.*
>
> *E isto se dá porque a aplicação da teoria da desconsideração da personalidade jurídica dispensa a propositura de ação autônoma para tal. Tal entendimento exsurge da própria lógica conceitual inerente à formulação da* Doctrine of Disregard of Legal Entity.
>
> *Verificados os pressupostos de sua incidência (uso abusivo da personificação societária para fraudar a lei ou prejudicar terceiros, como se depreende do REsp n. 158.051/RJ, Rel. Min. Barros Monteiro, Quarta Turma, unânime, DJ 12/04/1999), poderá o Juiz, incidentemente no próprio processo de execução (singular ou coletiva),* levantar o véu *da personalidade jurídica para que o ato de expropriação atinja os bens particulares de seus sócios. (RMS 16.274, Rel. Min. Nancy Andrighi, DJ 2/8/2004).*

Outra questão controvertida se refere à possibilidade de o juiz decretar desconsideração da personalidade sem que a parte tenha realizado tal pedido.

Em relação às hipóteses abrangidas pelo artigo 50 do Código Civil, a necessidade de pedido da parte ou do Ministério Público para a decretação da desconsideração é manifesta, sendo tal requisito previsto no mencionado dispositivo.

Contudo, nos demais casos de desconsideração não há previsão semelhante, existindo autores que defendem a aplicação da exigência de formulação de pedido também nestas hipóteses.

Outros sustentam que, nos casos regulados por lei especial, o juiz pode decretar de ofício a desconsideração da personalidade.

RIMENTO – SÍNDICO – DESNECESSIDADE – AÇÃO AUTÔNOMA – PRECEDENTES DA SEGUNDA SEÇÃO DESTA CORTE. I – O síndico da massa falida, respaldado pela Lei de Falências e pela Lei n. 6.024/74, pode pedir ao juiz, com base na teoria da desconsideração da personalidade jurídica, que estenda os efeitos da falência às sociedades do mesmo grupo, sempre que houver evidências de sua utilização com abuso de direito, para fraudar a lei ou prejudicar terceiros. II – A providência prescinde de ação autônoma. Verificados os pressupostos e afastada a personificação societária, os terceiros alcançados poderão interpor, perante o juízo falimentar, todos os recursos cabíveis na defesa de seus direitos e interesses. Recurso especial provido". (STJ, Rel. Min. Castro Filho, DJ 2/02/2004).

Em relação às normas de proteção ao consumidor, o Superior Tribunal de Justiça já reconheceu a possibilidade de desconsideração da personalidade mesmo sem requerimento da parte:

> *Outra questão é saber se o ato do Juiz depende de pedido da parte. E, a meu juízo, não depende a aplicação do art. 28 de requerimento da parte. Se houver a presença de situações descritas no* caput, *em detrimento do consumidor, o Juiz poderá fazer incidir o dispositivo, independentemente de requerimento da parte. O que provoca a incidência da desconsideração é a existência de prejuízo para o consumidor. Havendo o prejuízo, está o Juiz autorizado a fazer valer o art. 28.* (STJ, Min. Carlos Alberto Menezes Direito, REsp 279.273/SP)

Entendemos que, ressalvadas as hipóteses regidas pelo art. 50 do Código Civil, nas demais se deve levar em consideração a natureza jurídica dos interesses envolvidos, permitindo-se ao Magistrado decretar a *disregard doctrine* sempre que se tratar de matéria de ordem pública, ante o interesse social existente.

O tema sobre a dissolução irregular da sociedade também traz divergência.

De acordo com julgados do Superior Tribunal de Justiça, o mero indício de dissolução irregular da sociedade seria suficiente para embasar a desconsideração da personalidade jurídica:

> *Processual civil. Embargos de declaração. Ausência de indicação de quaisquer dos vícios previstos no art. 535 do CPC. Rejeição. Efeitos infringentes. Impossibilidade.* (Recurso especial. Execução fiscal. Sociedade por quotas de responsabilidade limitada. Existência de indícios de dissolução irregular. Redirecionamento da execução para o sócio-gerente. Possibilidade.)
>
> *1. A existência de indícios do encerramento irregular das atividades da empresa executada autoriza o redirecionamento do feito executório à pessoa do sócio [...]*
>
> *2.* In casu, *consta expressamente do voto condutor do aresto impugnado a existência de inúmeros indícios que indicam a*

ocorrência de dissolução irregular da empresa executada. (EDcl no REsp 750.335-PR (2005/0078672-2), Rel. Min. Luiz Fux, 1ª Turma do STJ, j. 28.03.2006, DJU 10.04.2006).[15]

Contudo, o Conselho da Justiça Federal, interpretando o art. 50 do Código Civil, aprovou o Enunciado n. 282, entendendo que o encerramento irregular das atividades da pessoa jurídica, por si só, não basta para caracterizar abuso da personalidade jurídica.

Na jurisprudência é dominante a corrente que defende que a dissolução irregular da sociedade configura abuso da personalidade jurídica, sendo este o entendimento adotado por diversos Tribunais.

Há, ainda, que se frisar que no Direito do Trabalho inexiste previsão específica da *disregard doctrine*, conquanto alguns doutrinadores façam referência ao art. 2º, § 2º, da CLT, para justificá-la. O dispositivo legal, contudo, relaciona-se à regra de responsabilidade solidária de sociedades e não à desconsideração de personalidade.

Essa ausência de previsão específica da desconsideração da personalidade jurídica traz enorme insegurança ao empresário, uma vez que não se segue entendimento uníssono sobre a matéria, gerando abuso em alguns casos.

Por conta da omissão legal, há autores que sustentam a aplicação da teoria menor da desconsideração nas questões envolvendo os trabalhadores, pois estes seriam hipossuficientes assim como os consumidores, devendo ocorrer diálogo das fontes.

Não se pode olvidar, contudo, que, como explicitado nos julgados do Superior Tribunal de Justiça, a aplicação da teoria menor no Direito Brasileiro é excepcional, somente podendo ser utilizada quando houver previsão legal, o que não ocorre no Direito do Trabalho.

1.11. CONSIDERAÇÕES FINAIS

Feita tal exposição, verifica-se que o empresário deve estar atento ao instituto da desconsideração da personalidade jurídica, ante os reflexos patrimoniais dele decorrentes.

---

15 Vide também: Embargos de Terceiro. Execução. Penhora Incidente sobre Bens Particulares do Sócio. Dissolução Irregular das Empresas Executadas. Constrição Admissível. O sócio de sociedade por cotas de responsabilidade limitada responde com seus bens particulares por dívidas da sociedade quando dissolvida esta de modo irregular. Incidência no caso dos arts. 592, II, 596 e 10 do Decreto n. 3.708, de 10.01.1919. Recurso especial não conhecido. (REsp 140.564-SP (1997/0049641-4), Rel. Min. Barros Monteiro, 4ª Turma do STJ, j. 21.10.2004, DJU 17.12.2004).

Em especial, é preciso que sejam consideradas nos riscos da atividade empresária as hipóteses que envolvem a aplicação da teoria menor da desconsideração (legislação ambiental e consumerista), pois nestas o patrimônio individual do sócio pode responder por dívidas societárias independentemente de fraude ou abuso da personalidade, bastante o mero prejuízo do credor.

Embora não esteja previsto expressamente no Direito do Trabalho, no âmbito da Justiça Especializada são inúmeras as decisões que decretam a desconsideração da personalidade jurídica com fulcro no Código de Defesa do Consumidor, utilizando-se a teoria menor da desconsideração, o que também precisa ser valorado na análise dos riscos do negócio.

O empresário deve ainda ter preocupação com o contido na teoria da desconsideração inversa da personalidade jurídica, a fim de que a sociedade não seja responsabilizada por dívidas pessoais dos sócios, comprometendo o patrimônio societário.

Igualmente, é necessário que exista precaução no que se refere à teoria da sucessão de empresas, uma vez que esta também pode dar ensejo à desconsideração da personalidade jurídica.

Em relação ao encerramento da sociedade, é mister que o empresário o realize de forma regular, tendo em vista o posicionamento jurisprudência e doutrinária que admite a *disregard doctrine* no caso de dissolução irregular.

Ademais, interessante ressaltar que a sociedade empresária também pode valer-se da desconsideração da personalidade jurídica para recebimento de seus créditos.

Por fim, cumpre frisar que a ampliação demasiada das hipóteses de aplicação da teoria menor da desconsideração pode trazer desestímulo à atividade empresarial, ante o risco de o sócio responder com frequência com seu patrimônio particular pelas dívidas da sociedade.

Não se pode olvidar que a separação patrimônio é um dos objetivos pretendidos pelas pessoas naturais quando da constituição da pessoa jurídica.

Em razão disso, é preciso cautela na aplicação da *disregard doctrine*, sendo a regra em nosso ordenamento a separação do patrimônio individual do sócio e da sociedade.

1.12. REFERÊNCIAS BIBLIOGRÁFICAS

COELHO, Fábio Ulhoa. *Curso de Direito Comercial*. 3ª ed. São Paulo: Saraiva, v. 2. 2000.
COMPARATO, Fábio Konder. *O Poder de Controle na Sociedade Anônima*. Rio de Janeiro: Forense, 2008.

GARCIA, Leonardo de Medeiros. *Direito do Consumidor – Código Comentado e Jurisprudência*. Niterói: Impetus, 2007.

JÚNIOR, Waldo Fazzio. *Manual de Direito Comercial*. 9ª ed. São Paulo: Atlas, 2008.

GAGLIANO, Pablo Stolze; FILHO, Rodolfo Pamplona. *Novo Curso de Direito Civil*. 4 ed. São Paulo: Saraiva, v. I. 2003.

RAMOS, André Luiz Santa Cruz. *Curso de Direito Empresarial – O Novo Regime Jurídico-Empresarial Brasileiro*. 3ª ed. Salvador: Jus Podivm, 2009.

REQUIÃO, Rubens. *Abuso de Direito e Fraude Através da Personalidade Jurídica*. São Paulo: Revista do Tribunais, v. 410, 1969.

RODRIGUES, Silvio. *Direito Civil – Parte Geral*. São Paulo: Saraiva, v. 1, 2005.

TARTUCE, Flávio. *Direito Civil – Lei de Introdução e Parte Geral*. 4ª ed. São Paulo: Método, v. 1, 2008.

Capítulo 2

A RESPONSABILIZAÇÃO DOS SÓCIOS DE SOCIEDADES DE RESPONSABILIDADE LIMITADA

Ana Cláudia Ruy Cardia
Antônio Márcio da Cunha Guimarães

Sumário

1. Noção de responsabilidade
2. Responsabilidade penal
3. Responsabilidade administrativa ou funcional
4. Responsabilidade civil
5. A responsabilidade dos sócios no direito empresarial
6. Conclusões
7. Referências bibliográficas

2.1. NOÇÃO DE RESPONSABILIDADE

A origem do termo responsabilidade decorre do latim, cujo termo *re-spondere* (GONÇALVES, 2011, p. 50) significa resposta, sendo a assunção do cumprimento de obrigação que fora avocada ou do ato que fora praticado.

Em sentido amplo, responsabilidade significa a obrigação de responder por algo, de satisfazer ou executar um ato previamente convencionado e não cumprido, sendo a obrigação, assim, um dever ou compromisso de reparar eventual dano.

No Direito Brasileiro[16], a responsabilidade pode decorrer em razão de lei ou de convenção entre as partes, no sentido de satisfação de algo a que se tenha dado causa, de maneira que é possível inferir que, independentemente de sua modalidade (convencional ou legal), a responsabilidade surge como uma forma de sanção (DINIZ, 2007, p. 8).

Com relação à sua natureza, a responsabilidade pode ser de natureza penal, administrativa (ou funcional) e civil, subdividindo-se esta última em contratual e legal (ou extracontratual). No âmbito da responsabilidade civil, insere-se a responsabilidade dos sócios das sociedades empresárias, tema central do presente trabalho.

2.2. RESPONSABILIDADE PENAL

A responsabilidade penal, ao lado da responsabilidade civil, constitui-se como uma das modalidades de responsabilidade jurídica (DINIZ, 2007, p. 23), e pressupõe, para sua caracterização, a ocorrência de um dano para a sociedade como um todo.

A responsabilidade penal decorre da violação de uma norma de natureza criminal, exigindo como forma de restabelecimento do *status quo ante* uma investigação prévia a respeito da culpabilidade do agente, restando ainda este sujeito ao cumprimento da sanção que lhe for imposta pelo órgão judicante, em observância às leis processuais penais e penais materiais.

---

[16] No Direito Anglo-Americano (Inglaterra/EUA), os conceitos de responsabilidade assemelham-se aos propostos pelo Direito Brasileiro. Fala-se naqueles países em (i) *liability*, ou seja, obrigação, encargo ou ônus que deve ser satisfeito pela pessoa que conta com o dever jurídico de fazê-lo; (ii) *responsibility*, que se traduz na obrigação de responder por um ato praticado ou restituir o bem ao seu *status quo ante*; e (iii) *civil liability*, que é a responsabilidade decorrente de ato ilícito, em que cumpre à pessoa responder aos prejuízos ocorridos por meio de uma ação civil.

Assim, entende-se que, em referida modalidade de responsabilidade, a reparação de natureza penal tem o condão de garantir a reparação do agente criminoso perante a ordem social.

Por fim, é de rigor a distinção e a independência entre a reparação de natureza civil (pecuniária, de Direito Privado) e a de natureza penal (oriunda de Direito Público)[17]. Ambas apresentam características próprias, devendo ser apuradas em separado.

2.3. RESPONSABILIDADE ADMINISTRATIVA OU FUNCIONAL

A responsabilidade administrativa ou funcional é também conhecida como responsabilidade patrimonial extracontratual do Estado, e, no entender de MELLO (2009, p. 983), se traduz na obrigação do Estado de reparar economicamente os danos lesivos à esfera juridicamente garantida de outrem e que lhe sejam imputáveis em decorrência de comportamentos unilaterais, lícitos ou ilícitos, comissivos ou omissivos, materiais ou jurídicos.

Em outras palavras, referida responsabilidade decorre do desempenho irregular das atividades dos servidores no exercício de um cargo ou função e que acarretem em prejuízo a outrem. Referidos prejuízos podem ser tanto de natureza civil (falando-se, novamente, em reparação pecuniária) quanto de natureza penal (caso de sanção penal legal)[18].

Apesar da relevância das responsabilidades penal e administrativa, estas não serão objeto do presente estudo, sendo de rigor, portanto, o estudo da responsabilidade civil e de suas consequências para o Direito Empresarial.

---

[17] A independência entre a responsabilidade civil e a penal encontra guarida no artigo 935 do Código Civil de 2002, que estabelece o seguinte: *"A responsabilidade civil é independente da criminal, não se podendo questionar mais sobre a existência do fato, ou sobre quem seja o seu autor, quando estas questões se acharem decididas no juízo criminal"*. Além disso, o mesmo diploma normativo prevê, em seu artigo 948, a possibilidade de reparação pecuniária em casos de infração à lei penal no tocante ao homicídio: *"No caso de homicídio, a indenização consiste, sem excluir outras reparações: I – no pagamento das despesas com o tratamento da vítima, seu funeral e o luto da família; II – na prestação de alimentos às pessoas a quem o morto os devia, levando-se em conta a duração provável da vida da vítima"*.

[18] Há ainda autores que sustentem a possibilidade de tripla responsabilidade (TARTUCE, 2012, p. 418), que abrange as esferas penal, civil e administrativa, como, por exemplo, em caso de condutas que ocasionem danos ao meio ambiente, em conformidade com as Leis n. 6.938/1981 (Política Nacional do Meio Ambiente) e 9.605/1998 (Lei de Crimes Ambientais).

2.4. RESPONSABILIDADE CIVIL

A responsabilidade civil, diferentemente da responsabilidade penal[19], consubstancia-se na reparação do dano injustamente causado a outrem por meio de ato ilícito praticado ou fato ilícito pelo qual se obrigue, de maneira que o interesse em restabelecer o equilíbrio violado pelo dano (restituição ao *status quo ante*) se traduz em sua fonte geradora (DINIZ, 2007, p. 5).

Referida modalidade de responsabilidade surge em razão do descumprimento de uma lei ou de uma regra estabelecida em um contrato celebrado entre as partes, cuja consequência imediata de ambas se traduz na violação de direitos com prejuízo a terceiros. Nesse sentido, fala-se respectivamente em responsabilidade civil contratual ou negocial e em responsabilidade civil extracontratual (também denominada responsabilidade civil delitual ou aquiliana), em que ambas as modalidades compõem o chamado sistema binário de responsabilidades (TARTUCE, 2012, p. 416).

Ainda, a responsabilidade civil no Código Civil de 2002 fundamenta-se em dois alicerces categóricos, a saber: o ato ilícito e o abuso de direito (TARTUCE, 2012, p. 416)[20]. Tais premissas são expressamente referidas no corpo de referido diploma normativo, como, por exemplo, em seus artigos 186[21], 187 e 927[22], este último caracterizando-se como regra genérica referente à responsabilidade civil objetiva (CUNHA, 2006, p. 359).

Por fim, no que diz respeito às formas de responsabilização, sejam elas legais ou contratuais, o Código Civil Brasileiro determina o cumprimento das obrigações independentemente de sua determinação. Em outras palavras,

---

19 Deve-se atentar novamente para o fato de que a responsabilidade civil independe da responsabilidade penal, em conformidade com o disposto no artigo 935 do Código Civil de 2002.

20 Ambos os alicerces categóricos da responsabilidade civil, seja ela extracontratual ou contratual, encontram-se previstos no Código Civil de 2002, em seus artigos 186 e 187, a saber: *Art. 186. "Aquele que, por ação ou omissão voluntária, negligência ou imprudência, violar direito e causar dano a outrem, ainda que exclusivamente moral, comete ato ilícito". Art. 187. "Também comete ato ilícito o titular de um direito que, ao exercê-lo, excede manifestamente os limites impostos pelo seu fim econômico ou social, pela boa-fé ou pelos bons costumes."*

21 O art. 186 do Código Civil de 2002 tinha por correspondente o art. 159 do Código Civil de 1916: *"Aquele que, por ação ou omissão voluntária, negligência, ou imprudência, violar direito, ou causar prejuízo a outrem, fica obrigado a reparar o dano".*

22 Determina o art. 927 do Código Civil de 2002: *"Aquele que, por ato ilícito (arts. 186 e 187), causar dano a outrem, fica obrigado a repará-lo.*
Parágrafo único. Haverá obrigação de reparar o dano, independentemente de culpa, nos casos específicos em lei, ou quando a atividade normalmente desenvolvida pelo autor do dano implicar, por sua natureza, risco para os direitos de outrem".

até mesmo as obrigações indeterminadas, se descumpridas, serão passíveis de reparação, que se traduzirá em eventual indenização por perdas e danos[23].

2.4.1. RESPONSABILIDADE CIVIL EXTRACONTRATUAL

A responsabilidade civil extracontratual decorre da inobservância de norma jurídica ou de infração ao dever jurídico geral de abstenção atinente aos direitos reais ou de personalidade, sem que haja qualquer vínculo contratual entre a parte lesada e a lesante (DINIZ, 2007, p. 505). Referido instituto encontra amparo no Código Civil de 2002, em especial nos artigos 186, 188 e 927 a 954.

Em regra, a responsabilidade civil extracontratual ou aquiliana fundamenta-se na culpa do lesante[24] (teoria da responsabilidade civil subjetiva ou teoria da culpa, em que, de acordo com GONÇALVES (2011, p. 54), a prova da culpa do agente passa a ser pressuposto necessário do dano indenizável). Contudo, considerando-se a determinação genérica de responsabilidade trazida pelo artigo 927 do Código Civil de 2002, o parágrafo único de referido artigo dispõe que a obrigação de reparação do dano dar-se-á em determinados casos independentemente da apuração da culpa do agente, verificando-se, assim, a evolução da teoria da responsabilidade, feita a partir da exigência de apuração da culpa do agente para a moderna noção de responsabilidade civil sem culpa[25] (teoria da responsabilidade objetiva ou teoria do risco[26]), ou seja, independentemente da intenção ou modo de agir do agente.

---

23 A esse respeito, os artigos 946 e 947 do Código Civil de 2002 são categóricos: Art. 946. *"Se a obrigação for indeterminada, e não houver na lei ou no contrato disposição fixando a indenização devida pelo inadimplente, apurar-se-á o valor das perdas e danos na forma que a lei processual determinar"*. E art. 947. *"Se o devedor não puder cumprir a prestação na espécie ajustada, substituir-se-á pelo seu valor, em moeda corrente"*.

24 O presente trabalho faz menção à culpa individual, mas deve-se atentar para o fato de que, em determinadas situações, o descumprimento de determinada obrigação pode se dar por um grupo de pessoas, em que todas responderão solidariamente pelo dano causado, a rigor do artigo 942 do Código Civil de 2002: Art. 942. *"Os bens do responsável pela ofensa ou violação do direito de outrem ficam sujeitos à reparação do dano causado; e, se a ofensa tiver mais de um autor, todos responderão solidariamente pela reparação. Parágrafo único. São solidariamente responsáveis com os autores os coautores e as pessoas designadas no art. 932"*.

25 Deve-se frisar, no entanto, que apesar de verificada essa evolução no instituto da responsabilidade civil, a teoria da culpa continua a fundamentar referido instituto, sendo considerada ainda hodiernamente como a regra geral da responsabilidade civil.

26 Com relação à teoria do risco, a doutrina (FIUZA, 2003, p. 814) a subdivide em (i) *teoria do risco integral*, em que a ocorrência de qualquer fato é suficiente para ocasionar ao agente lesante o dever de reparação do dano, bastando apenas o nexo de causalidade para que se configure o direito à indenização; (ii) *teoria do risco proveito*, fundamentada na ideia de quem tira proveito ou vantagem de uma atividade e provoca dano a terceiro conta com o ônus de repará-lo; (iii) *teoria dos atos normais e anormais*, estes medidos em

2.4.2. RESPONSABILIDADE CIVIL CONTRATUAL

A responsabilidade civil contratual, por sua vez, pressupõe a existência de um contrato celebrado entre o credor e o devedor, restando configurada todas as vezes que houver eventual desrespeito a referido contrato, e que este desrespeito esteja intrinsecamente relacionado com a obrigação avençada[27].

Nesta modalidade de responsabilidade civil, uma vez caracterizado o dano, verifica-se a inobservância dos princípios que regem os contratos em geral, quais sejam: o princípio da função social do contrato e o princípio da boa-fé contratual[28]. Além disso, se presente a regra prevista no artigo 187 do Código Civil de 2002, que se caracteriza como um dos alicerces categóricos da responsabilidade civil e que faz referência a eventual abuso de direito por parte do lesante, a responsabilidade do lesante pelo descumprimento do contrato será objetiva, fundamentando-se apenas no objeto finalístico da conduta, e não na culpa do agente[29].

Assim, é possível concluir que na responsabilidade civil contratual, caso haja o inadimplemento de cláusula contratual avençada, o contratante responsável poderá ser obrigado ao cumprimento de alguma penalidade contratualmente prevista[30], que pode se consubstanciar na obrigação de fazer algo ou mesmo no pagamento de indenização pecuniária[31] com a finalidade de reparar o dano e garantir o retorno ao *status quo ante*.

Vistas ambas as modalidades de responsabilidade civil, é no âmbito de seu estudo que se insere a responsabilidade dos sócios das sociedades empresárias, que se verá a seguir.

---

conformidade com o padrão médio da sociedade; e (iv) *teoria do risco criado*, em que o dever de reparar o dano emerge da atividade normalmente exercida pelo agente, que, por si só, cria riscos a direitos ou interesses alheios.

[27] Seja ela a obrigação principal ou acessória.

[28] Princípios estes previstos nos artigos 421 e 422 do Código Civil de 2002.

[29] Referida determinação encontra amparo no Enunciado n. 414 da V Jornada de Direito Civil, realizada em novembro de 2011 pelo Conselho da Justiça Federal e pelo Superior Tribunal de Justiça, nos seguintes termos: *"A cláusula geral do art. 187 do Código Civil tem fundamento constitucional nos princípios da solidariedade, devido processo legal e proteção da confiança e aplica-se a todos os ramos do direito"*.

[30] Deve-se atentar para o fato de que as penalidades contratualmente previstas devem estar em conformidade com o disposto em lei. Qualquer cláusula de responsabilidade contratual que seja atentatória à lei e aos bons costumes deverá ser desconsiderada para fins de responsabilidade.

[31] Em razão da impossibilidade material de se reparar o dano de outra maneira.

2.5. A RESPONSABILIDADE DOS SÓCIOS NO DIREITO EMPRESARIAL

Com relação à responsabilidade dos sócios das sociedades empresárias, alguns breves apontamentos iniciais devem ser feitos para melhor compreensão da matéria.

Em primeiro lugar, estudou-se na responsabilidade civil contratual a possibilidade de aplicabilidade do artigo 187 do Código Civil de 2002, que consagra a teoria da responsabilidade civil objetiva, ou teoria do risco[32].

Ainda, com relação às atividades exercidas pelos empresários, a existência de riscos por eles assumidos no exercício de suas atividades é premissa da qual não se é possível dispor. Uma vez que a atividade empresarial se torna profissionalizada, ela trará consigo a conotação inerente do risco reflexo de seu desempenho.

Conclui-se, assim, que a responsabilidade empresarial é ampla[33], sendo, em regra, subjetiva, mas também abrangendo todas as atividades referentes à sociedade empresária pelos riscos por ela assumidos na conjugação dos esforços por ela empenhados para a efetivação de seu lucro (MARTINS, 2011, p. 397).

Feitas referidas considerações, passa-se ao estudo das obrigações dos sócios das sociedades e de sua responsabilidade no Direito Empresarial.

2.5.1. OBRIGAÇÕES ASSUMIDAS PELOS SÓCIOS DAS SOCIEDADES EMPRESÁRIAS E TIPOS DE RESPONSABILIDADE EMPRESARIAL

Ao fazerem parte de determinada sociedade, os sócios assumem certas obrigações, a saber[34]: (i) obrigação de cooperação entre os sócios e de concorrer para o capital social; (ii) obrigação de não aplicar os fundos sociais em seus interesses particulares; (iii) obrigação de não modificar o objeto da sociedade

---

[32] Convém repetir, contudo, que a regra da responsabilidade civil é a da responsabilidade civil subjetiva, ou seja, fundada em culpa e expressamente prevista no artigo 186 do Código Civil de 2002.

[33] Breve diferenciação deve ser feita entre a responsabilidade dos representantes legais da empresa e de seus empregados. No primeiro caso, a responsabilidade recai sobre a própria empresa, ao passo que, no caso de descumprimento de obrigação de empregado no exercício de suas funções, a responsabilidade deverá observar as normas trabalhistas atinentes ao assunto.

[34] Além de outras obrigações previstas no contrato social, desde que não sejam contrárias à lei e aos bons costumes.

ou ceder a terceiros sua parte social sem o consentimento dos demais sócios[35]; e (iv) obrigação de concorrer para as perdas sociais havidas nestas[36].

Referidas obrigações societárias conduzem a duas conclusões: a primeira delas, no sentido de que as obrigações dos sócios nas sociedades empresárias são subsidiárias[37], ou seja, enquanto não for exaurido o patrimônio social, resta vedado o comprometimento do patrimônio do sócio para a satisfação de dívida da sociedade; a segunda conclusão diz respeito à responsabilidade dos sócios, que se subdivide em ilimitada, mista e limitada (COELHO, 2011, p. 47).

Nas sociedades de responsabilidade ilimitada, os sócios comprometem-se a garantir os compromissos sociais não apenas com o patrimônio social, mas também com seu próprio patrimônio, não havendo, assim, limite para sua responsabilização[38]. Já nas sociedades mistas, segundo COELHO (2011, p. 47), apenas parte dos sócios responde de forma ilimitada, respondendo a outra parte de forma limitada[39]. Por sua vez, nas sociedades de responsabilidade limitada[40] os sócios[41] declaram, no contrato constitutivo da sociedade[42], qual será o limite de sua responsabilidade em caso de eventual descumprimento por parte da empresa, não podendo, dessa maneira, ser compelidos a contribuir para as perdas nela verificadas, além de estarem imunes a eventuais ações intentadas por terceiros (MARTINS, 2011, p. 177).

O tema da responsabilidade limitada dos sócios encontra-se normatizado no artigo 1.052 e seguintes do Código Civil de 2002. Da leitura do artigo 1.052 depreende-se que o início da responsabilização dos sócios nas sociedades empresárias limitadas ocorre no momento da integralização do capital social, feita por todos os sócios, tornando marcante, assim, a solidariedade[43] como

---

[35] Referida obrigação aplica-se apenas às sociedades contratuais, excluídas as sociedades de capitais ou institucionais.

[36] Obrigação que, por sua natureza, é prevista apenas para as sociedades de pessoas ou sociedades contratuais.

[37] A rigor do disposto no artigo 1.024 do Código Civil de 2002: *"Os bens particulares dos sócios não podem ser executados por dívidas da sociedade, senão depois de executados os bens sociais"*.

[38] Como verificado nas sociedades em nome coletivo.

[39] Como exemplo de sociedades de responsabilidade mista, mencionam-se as sociedades em comandita simples ou por ações.

[40] Sociedades limitada e anônima.

[41] Sócios comanditários, nas sociedades por comanditas simples; sócios acionistas, nas sociedades anônimas; e sócios quotistas, nas sociedades limitadas.

[42] O contrato de sociedade tem previsão no artigo 981 do Código Civil de 2002.

[43] Não há, no Direito Brasileiro, regra geral referente à solidariedade entre os sócios de sociedades empresárias. A título de exemplo, menciona-se o artigo 158, § 2º do art. 158 da Lei n. 6.404/1976 (Lei das Sociedades Anônimas), que traz determinação específica para aquela forma societária.

fundamento da responsabilidade empresarial[44]. A partir desse momento, o patrimônio pessoal dos sócios não poderá ser atingido pelas obrigações sociais (GONÇALVES, 2012, p. 124)[45].

Sendo o estudo da responsabilidade limitada das sociedades de extrema importância para o Direito Empresarial, passa-se a seguir à análise de algumas de suas particularidades.

2.5.2. RESPONSABILIZAÇÃO DOS SÓCIOS DE SOCIEDADES DE RESPONSABILIDADE LIMITADA

Conforme visto anteriormente, as sociedades de responsabilidade limitada caracterizam-se pela ausência de vínculo entre as dívidas da sociedade e as obrigações pecuniárias dos sócios (GONÇALVES NETO, 2008, p. 144). As modalidades de sociedades de responsabilidade limitada são as sociedades anônimas e as sociedades limitadas.

Nas sociedades anônimas[46], cada acionista é responsável apenas por aquilo que contribuiu para a sociedade, de maneira que o acionista responde somente pelo preço de emissão das ações que subscreveu ou adquiriu (GONÇALVES NETO, 2008, p. 144). No caso dos sócios administradores[47], a ação de responsabilidade civil pelos prejuízos causados ao patrimônio social encontra guarida no artigo 159 da Lei n. 6.404/1976, não restando excluída, contudo, eventual ação cabível ao acionista ou terceiro diretamente prejudicado pelo ato do administrador. Ainda, deve-se observar o disposto no parágrafo 6º de referido artigo, que dispõe que o administrador da sociedade anônima poderá ter sua responsabilidade excluída se comprovar

---

[44] Contudo, conforme ensinamentos de REQUIÃO (2011, p. 276), não há solidariedade para os atos ilícitos praticados pelos administradores das sociedades anônimas, respondendo cada qual por sua culpa e dolo.

[45] A responsabilidade limitada dos sócios conta com algumas exceções, expressamente previstas em lei, como, por exemplo, a aplicada aos sócios que aprovarem, em assembleia, deliberações infringentes à lei (artigo 1.080 do Código Civil de 2002), ou mesmo que praticarem fraude ou abuso de direito, caso em que será aplicada a desconsideração da personalidade jurídica dos sócios, a rigor do disposto no artigo 50 do Código Civil de 2002.

[46] As sociedades anônimas são regidas pelas disposições da Lei n. 6.404/1976, vulgarmente conhecida como Lei das S.A.

[47] Deve-se aqui fazer importante distinção entre a figura do sócio e do administrador da sociedade. O administrador da sociedade é a pessoa encarregada de gerir as atividades empresariais, e pode ou não se consubstanciar na figura do sócio. O presente trabalho faz menção exclusiva ao administrador que seja sócio da empresa, e não ao administrador escolhido pelos sócios, mas que não faça parte do quadro societário. Dessa maneira, além das obrigações a que todos os sócios estão encarregados, o sócio administrador também será responsabilizado por eventuais falhas de gestão, sendo, assim, a ele aplicáveis os artigos 158 e seguintes da Lei n. 6.404/1976, mencionados no presente trabalho.

que agiu em conformidade com o princípio da boa-fé e com vistas ao bom desempenho da sociedade.

Já nas sociedades limitadas, duas são as regras principais de responsabilização dos sócios, quais sejam: (i) a responsabilização solidária dos sócios pela integralização do capital social; e (ii) a limitação da responsabilidade de cada sócio às suas quotas sociais integralizadas.

Dessas duas regras, outras formas de responsabilidade são verificadas, como a responsabilidade por perdas e danos do sócio cujo voto aprovar alguma operação de interesse contrário ao da sociedade (VERÇOSA, 2010, p. 416), além das hipóteses de responsabilização ilimitada, anteriormente mencionadas.

No que tange à responsabilização dos sócios administradores das sociedades limitadas[48], o Código Civil de 2002 mostrou-se omisso, devendo ser aplicadas as regras correspondentes às sociedades simples, previstas nos artigos 1.052 e seguintes daquele diploma normativo, sendo possível ainda, de forma supletiva (e caso haja previsão expressa no contrato da sociedade limitada), a utilização de dispositivos da Lei n. 6.404/76 (VERÇOSA, 2010, p. 416). Nesse último caso, a responsabilidade dos sócios administradores de sociedades limitadas se dará mediante a observância do artigo 158 e seguintes de referida lei, de típico descumprimento de dever legal.

Assim, em resumo, serão responsabilizados os sócios administradores das sociedades limitadas caso pratiquem atos violadores de lei ou mesmo culposos ou dolosos, ainda que dentro dos limites de suas atribuições ou poderes. Serão também os administradores responsabilizados caso sejam negligentes, imprudentes ou imperitos na prática de atos de gestão da empresa[49].

Por fim, deve-se observar que a sociedade limitada poderá se eximir de sua responsabilidade se restar provada em ação de responsabilidade[50] eventual negligência de terceiro na relação jurídica travada com aquela sociedade.

2.6. CONCLUSÕES

O presente trabalho teve por objetivo analisar brevemente o tema da responsabilidade no Direito Brasileiro. Entendida como uma forma de sanção, a responsabilidade apresenta diferentes naturezas, quais sejam: penal,

---

[48] E aqui novamente se atenta para a distinção feita entre administradores e sócios, tratando o presente trabalho apenas da figura do sócio administrador.

[49] O rol mencionado no presente trabalho não é taxativo, sendo consideradas pela lei empresarial e pela doutrina diversas outras formas de responsabilização dos sócios de sociedades limitadas. A esse respeito, válida será a leitura dos entendimentos de VERÇOSA (2010, p. 476-482).

[50] Neste caso também regida pelo disposto no artigo 159 da Lei das S.A.

administrativa e civil, inserindo-se a responsabilidade dos administradores de empresas nesta última seara.

Entendida genericamente como subsidiária, a responsabilidade dos administradores de empresas pauta-se pela solidariedade e se subdivide em ilimitada, mista e limitada, sendo a última modalidade estudada com maior profundidade, em especial no âmbito das sociedades limitadas e sociedades anônimas.

Ao final, verificou-se, na esfera dessas modalidades societárias, que a responsabilidade dos sócios administradores restringe-se ao capital social por eles integralizado, regendo-se a responsabilidade das sociedades anônimas por meio de lei específica (Lei n. 6.404/76) e a responsabilidade das sociedades limitadas por meio da observância dos dispositivos do Código Civil de 2002, bem como, em casos em que houver expressa menção no contrato social, mediante a observância da lei regente das sociedades anônimas.

2.7. REFERÊNCIAS BIBLIOGRÁFICAS

COELHO, Fábio Ulhoa. *Curso de Direito Comercial*. v. 2. Direito de Empresa. 15ª ed. São Paulo: Saraiva, 2011.

_____. *Manual de Direito Comercial:* direito de empresa. 23ª ed. São Paulo: Saraiva, 2011.

CUNHA, Alexandre dos Santos. *O Direito da Empresa e das Obrigações e o Novo Código Civil Brasileiro*. São Paulo: Quartier Latin, 2006.

DINIZ, Maria Helena. *Curso de Direito Civil Brasileiro. Responsabilidade Civil*. 21ª ed. São Paulo: Editora Saraiva, 2007.

FIUZA, Ricardo [Coord.]. *Novo Código Civil comentado*. 6ª ed. São Paulo: Saraiva, 2008.

GOMES, Orlando. *Obrigações*. 4ª ed. Rio de Janeiro: Forense, 1976.

GONÇALVES, Carlos Roberto. *Responsabilidade Civil*. 13ª ed. São Paulo: Saraiva, 2011.

GONÇALVES, Maria Gabriela Venturoti Perrotta Rios. *Direito Comercial: direito de empresa e sociedades empresárias*. 5ª ed. São Paulo: Saraiva, 2012.

GONÇALVES NETO, Alfredo de Assis. *Direito de empresa:* comentários aos artigos 966 a 1.195 do Código Civil. 2ª ed. São Paulo: Editora Revista dos Tribunais, 2008.

MARTINS, Fran. *Curso de Direito Comercial:* empresa comercial, empresários individuais, microempresas, sociedades empresárias, fundo de comércio. 34ª ed. Rio de Janeiro: Forense, 2011.

MELLO, Celso Antônio Bandeira de. *Curso de Direito Administrativo*. 26ª ed. São Paulo: Malheiros, 2009.

REQUIÃO, Rubens. *Curso de Direito Comercial – 1º Volume*. 30ª ed. São Paulo: Saraiva, 2011.

_____. *Curso de Direito Comercial – 2º Volume*. 28ª ed. São Paulo: Saraiva, 2011.

TARTUCE, Flávio. *Manual de Direito Civil: volume único*. 2ª ed. São Paulo: Método, 2012.

VERÇOSA, Haroldo Malheiros Duclerc. *Curso de Direito Comercial*. V. 2. 2ª ed. São Paulo: Malheiros, 2010.

Capítulo 3

PROTEÇÃO PATRIMONIAL INTERNACIONAL: ALTERNATIVAS PARA UM INVESTIMENTO SEGURO

Carolina Iwancow Ferreira

Sumário

1. Internacionalização das empresas
2. Riscos empresariais no cenário internacional
3. Princípios regentes dos contratos internacionais
4. Padronização dos contratos internacionais
5. Cautelas na elaboração dos contratos
6. Importância da fatura pró-forma
7. Pagamentos na negociação internacional
8. Mitigação dos riscos e da carga tributária
9. Blindagem patrimonial: mundo *offshore*
10. Considerações finais
11. Referências bibliográficas

3.1. INTERNACIONALIZAÇÃO DAS EMPRESAS

A difusão de novas tecnologias, a expansão sem precedentes da comunicação, a crescente mobilidade do capital e mão de obra qualificada, condições geopolíticas imprevisíveis, aumento da população e abertura de mercados internacionais, entre outros fenômenos, vêm impondo transformações nas relações internacionais que, juntamente com a globalização da economia mundial, proporcionam amplos impactos sobre o comércio internacional, com mudanças radicais também sobre a relação entre as nações e empresas.

A mundialização da economia torna cada vez mais frequentes as relações que extravasam o âmbito de cada comunidade estatal ou nacional, obrigando os sujeitos de direito a lançarem seu olhar para além das respectivas ordens nacionais (ARAÚJO; MARQUES, 2005, p. 31).

Apresenta-se o cenário mundial diante dessa série de processos e mudanças, entre as mais evidentes: mudança dos padrões de produção; união de mercados financeiros; aumento da importância das empresas transnacionais; aumento da importância do intercâmbio e crescimento de blocos regionais de comércio; ajuste estrutural e privatização; hegemonia de conceitos neoliberais de relações econômicas; tendência mundial à democratização e proteção dos direitos humanos; surgimento de protagonistas supranacionais e transnacionais, promovendo direitos humanos e democracia (FARIA, 2010, pp. 29-30).

As empresas, por sua vez, diversificam geograficamente sua atuação para não depender de um só mercado que garanta toda sua receita, expondo-se a grandes riscos não apenas econômicos como também riscos políticos ou sociais.

Por isso, é bastante frequente confundir globalização com internacionalização de uma empresa. A globalização é um contexto diferenciado, atual, em que as empresas não perdem suas características individuais no compartilhamento de fatos e ideias que lhes proporcionarão vantagens competitivas. A internacionalização é a divisão de uma empresa em partes, cada qual tendo sua organização, produção e coordenação semelhantes à original.

Tornar-se global significa expandir, procurar mercados distintos, atingir outras culturas e países, produzir ou ser representado em outros mercados. Significa, ainda, aumentar riscos, enfrentar dificuldades e problemas, pessoas e concorrentes, governos e sistemas socioeconômicos diferentes (MARTINELLI; VENTURA; MACHADO, 2004, p. 17).

Outro fenômeno muito importante na atualidade em relação aos negócios internacionais é o movimento de integração econômica propagado por alguns Estados por meio de organizações internacionais, denominadas organizações de integração econômica (RACY, 2006).

As operações de Investimento Direto Externo (IDE), por exemplo, têm por objetivo estimular a inserção e o fortalecimento de empresas de capital nacional no mercado internacional, por meio do apoio a investimentos ou projetos a serem realizados no exterior, desde que contribuam para o desenvolvimento econômico e social do país[51].

3.2. RISCOS EMPRESARIAIS NO CENÁRIO INTERNACIONAL

A dinâmica empresarial no comércio internacional e a globalização das economias introduziram um novo elemento à tomada de decisões, especialmente sob condições de incerteza: os riscos inerentes ao negócio globalizado. O empresariado, repentinamente, poderá deparar-se com questões de cunho político, como exigências regulamentares, econômicas, moratórias e outras, como restrições éticas, costumeiras ou religiosas. Depois que uma empresa deixa o âmbito do direito empresarial doméstico que lhe é favorecidamente familiar, o ambiente global é bastante dificultoso e multifacetado.

No momento em que uma empresa se coloca no contexto internacional, ela estará imediatamente sujeita aos riscos próprios do comércio internacional, divididos em duas categorias: riscos econômicos ou comerciais e riscos de ordem política.

3.2.1. RISCOS ECONÔMICOS OU COMERCIAIS

São riscos típicos do comerciante (importador e exportador) ou banco, resultantes de eventos como: insolvência do comprador, solvência (liquidez) da empresa, atraso dos pagamentos, flutuações ou variações cambiais, falta de aceitação do mercado, qualidade duvidosa, risco país[52].

---

[51] Disponível em: www.bndes.gov.br.

[52] O risco país é um índice denominado *Emerging Markets Bond Index Plus* (EMBI+) e mede o grau de "perigo" que um país representa para o investidor estrangeiro. Este indicador concentra-se nos países emergentes. Na América Latina, os índices mais significativos são aqueles relativos às três maiores economias da região: Brasil, México e Argentina. Dados comparativos de outros países, como Rússia, Bulgária, Marrocos, Nigéria, Filipinas, Polônia, África do Sul, Malásia e outros, também são considerados no cálculo dos índices.

3.2.2. RISCOS POLÍTICOS

São riscos relativos à política interna ou externa do país do exportador e importador. Ocorrem por inúmeros fatores, geralmente políticos ou econômicos. Contra estes riscos, as empresas acabam por dispor de planos de contingência detalhados, prescritos por gestores de risco qualificados. Tais riscos podem resultar de: conflitos armados, fenômenos naturais (terremotos, vulcões, furacões, enchentes e outras calamidades), cancelamento ou não renovação de licenças de exportação ou importação, expropriação ou confisco por companhias importadoras, imposição de banimento de algum bem após o embarque, transferência e inconversibilidade de moeda, crise de soberania política, riscos legais e regulatórios, demora nas decisões judiciais, etc.

O risco político no comércio internacional é baseado na existência de possíveis ameaças de instabilidade política e ilegalidade na área de investimentos para as empresas. A maioria dos Estados pode valer-se do poder político para extrair mais investimentos de uma companhia. Com isso, o risco político influencia o comércio internacional.

Qualquer risco político interrompe o fluxo normal da prática de negócios. Ameaças específicas a uma empresa podem ser tratadas por meio de contratos de comércio regulares com a entidade estrangeira, de modo que as ameaças de retaliação podem ser eficazes.

Nos últimos anos, os riscos políticos e regulatórios vêm crescendo no mundo, especialmente em países da América Latina. Exemplos recentes incluem expropriações na Venezuela e Bolívia (caso Petrobras), quebra de contrato no Equador, questões regulatórias nos Estados Unidos da América e na União Europeia, embargos contra o Irã e a Coreia do Norte, danos físicos na Colômbia, África e no Nepal, *defaults*[53] de importadoras ucranianas de milhões de dólares e interferências no câmbio da moeda local na Argentina. São prejuízos significativos que, em geral, poderiam ser evitados ou mitigados.

A expropriação (nacionalização) acontece de forma mais frequente em países em desenvolvimento, que evocam o chamado "interesse nacional" ou "interesse público", com fundamento em decisão soberana do Estado receptor.

Tais ações por parte do país importador de capital estrangeiro, independentemente de sua justificativa ou indenização concedida, causam insegurança jurídica para os investidores internacionais e, obviamente, os afasta do Estado que realizou a expropriação.

---

[53] Inadimplência.

Por outro lado, um risco regional ou nacional não é tarefa fácil enfrentar, uma vez que essas práticas são direcionadas a um local ou governo específico.

3.3. PRINCÍPIOS REGENTES DOS CONTRATOS INTERNACIONAIS

Os contratos internacionais, em virtude de sua natureza jurídica e graças ao variado número de condições e fatores que envolvem, carregam incertezas e complicações maiores do que os contratos do comércio interno. Por isso, certos cuidados são necessários no momento da confecção destes contratos.

Os contratos internacionais de comércio estão sujeitos aos princípios do direito internacional privado. Entre estes princípios, os mais importantes são autonomia da vontade, *pacta sunt servanda*[54] e boa-fé.

Consequentemente, as controvérsias daí decorrentes não são de simples solução, exigindo esforços e melhor técnica interpretativa por parte dos envolvidos na celebração do pacto. Problemas concretos exigem teorização sofisticada (GODOY, 2009, p. 9).

Para assegurar a exata interpretação do objeto e condições que envolvem os contratos internacionais, foram criadas, ao longo do tempo, algumas regras de padronização das cláusulas contratuais, universalmente aceitas e utilizadas.

Segundo GARCEZ (1994, p. 146), essas regras de padronização representam "um fator de segurança para o pacto quanto à expressão da manifestação da vontade das partes e no que se relaciona a futuras controvérsias".

Organizações ou associações internacionais que buscam uniformizar a prática comercial elaboraram fórmulas contratuais, com cláusulas-padrão, que variam conforme o ramo de atividade, os chamados contratos-tipo ou *standards*, como aqueles propostos pela *London Corn Trade Association*[55] que, apenas para a comercialização de grãos, dispõe de cerca de 60 contratos-tipo.

O Instituto Internacional para a Unificação do Direito Privado (UNIDROIT) publicou documento denominado Princípios Relativos aos Contratos do Comércio Internacional *(Principles of International Commercial Contracts*[56]*)*, objetivando a interpretação uniforme de cláusulas contratuais por agentes de diferentes nacionalidades e sistemas jurídicos.

---

54 Princípio da força obrigatória, segundo o qual o contrato obriga as partes nos limites da lei. É uma regra que versa sobre a vinculação das partes ao contrato, como se norma legal fosse, tangenciando a imutabilidade. A expressão significa "os pactos devem ser cumpridos".

55 Associação inglesa fundada em 1878 também se ocupa do comércio de seda e produtos florestais e minerais.

56 Disponível em: www.unidroit.org.

Os princípios estabelecidos pelo UNIDROIT representam a tentativa de aproximação do direito dos negócios internacionais e refletem a tendência atual de formação de um direito transnacional próprio das relações comerciais internacionais (desnacionalizadas).

Seu caráter não convencional veio preencher importante lacuna do direito comercial internacional, não abrangida por convenções internacionais de direito uniforme como, por exemplo, a de Compra e Venda Internacional de Mercadorias da ONU (Viena, 1980).

Os princípios preconizam regras relativas a tradicionais institutos jurídico-processuais (procedimentos cautelares, intervenção de terceiros, produção de provas, coisa julgada, exequibilidade das decisões, entre outros). Estes princípios já exercem forte influência sobre a jurisprudência, prática contratual e elaboração de nova legislação sobre contratos internacionais.

A Câmara de Comércio Internacional[57] (CCI) os incorporou. Tais regras buscam superar as insuficiências das legislações nacionais, cuja vocação não alcança os contratos transnacionais, bem como preencher as lacunas existentes nas convenções internacionais sobre a temática.

Tais princípios não são de cunho obrigatório, podendo ser aplicados ao contrato, bastando que as próprias partes os tenham escolhido ou que a escolha seja do árbitro ou juiz, no caso de uma disputa internacional.

A regra da liberdade contratual é o instrumento jurídico necessário à atuação do princípio econômico da *livre empresa*, princípio este básico à atividade econômica (MONCADA, 2007, p. 628).

Considerando a realidade brasileira, os princípios podem ser utilizados como direito aplicável ao contrato internacional, na negociação ou elaboração de contratos internacionais, ou como instrumento auxiliar no julgamento de conflitos.

A Lei Modelo da UNCITRAL, elaborada pela Comissão das Nações Unidas sobre Direito Comercial Internacional, também tem por objetivo a modernização e harmonização das normas dos negócios internacionais.

Portanto, nos mercados internacionais globalizados ou integrados é possível constatar denominadores comuns entre as diferentes normas que regem a matéria contratual.

---

[57] Disponível em: www.iccwbo.org.

3.4. PADRONIZAÇÃO DOS CONTRATOS INTERNACIONAIS

As empresas em suas negociações, em função dos usos e costumes do comércio mundial, tinham certa dificuldade em definir as responsabilidades entre as partes para estabelecer a quem caberia os riscos na operação.

Diante disso, foram vislumbrados os INCOTERMS[58] *(International Commercial Terms*[59]*)*, que representam termos ou condições comerciais de compra e venda de mercadorias (FOB, FAS, FCA, CRF, CIF, CPT, CIP, etc.), internacionalmente reconhecidos pelas partes contratantes. Tais regras definem as obrigações, custos e riscos assumidos por comprador e vendedor ao efetuar uma transação comercial de cunho internacional, que poderão ser igualmente aplicados às transações nacionais.

A última revisão dos INCOTERMS, em 2010, entrou em vigor a partir de 1º de janeiro de 2011. As modificações são pequenas, detalhadas e praticadas no comércio internacional. É imprescindível que todos os compradores e vendedores internacionais compreendam como utilizar adequadamente as regras e reconheçam a fundamental aplicação em seus contratos de compra e venda mercantil. É de suma relevância a aplicação do termo correto e preciso na negociação, de comum acordo entre as partes, que irá estabelecer suas obrigações e assegurar o sucesso da negociação (MURTA, 2011).

Destarte, a interpretação ínsita nas cláusulas permite especificar: o contratante responsável pelo pagamento do serviço de transporte, do seguro e dos ônus aduaneiros, o lugar de entrega da carga, o contratante responsável pelo atraso ou avaria da mercadoria.

Toda negociação internacional também engloba, além de riscos, delimitação das responsabilidades das partes envolvidas.

O uso dessas regras permite que não pairem dúvidas no momento da solução de um problema surgido na operação, especialmente no que diz respeito às responsabilidades sobre as mercadorias e demais providências. Dessa forma, delimita-se o início e término, exatos, da responsabilidade de cada contratante.

As partes devem avaliar cuidadosamente qual das cláusulas que melhor lhes convém, ou se existe outra mais ajustada a seu programa contratual, dada a incerteza originada pelas dificuldades de interpretação (PINHEIRO, 2005, p. 328).

---

[58] Disponível em: www.iccwbo.org/products-and-services/trade-facilitation/incoterms-2010/.
[59] Termos Internacionais do Comércio.

Uma vez agregados aos contratos comerciais internacionais, passam a ter força de lei, com o significado que lhes empresta a Câmara de Comércio Internacional de Paris (CCI).

Enfim, os INCOTERMS poderão ser utilizados tanto nos contratos internacionais quanto nos nacionais. Embora estes termos sejam amplamente difundidos em todo o planeta, consagrados e empregados por contratantes de diferentes nacionalidades, eles somente serão aplicados a um contrato de compra e venda se as partes assim o desejarem.

3.5. CAUTELAS NA ELABORAÇÃO DOS CONTRATOS

Na doutrina de STRENGER (2003), "não se pode imaginar o comércio internacional sem a existência dos contratos como instrumento jurídico de circulação dos valores patrimoniais e da riqueza".

Conforme legislação brasileira, no artigo 2º do Decreto-Lei 857 de 1969, o contrato internacional é aquele que possui elementos que permitam vinculá-lo a mais de um ordenamento jurídico, tendo por objeto operações que envolvam o fluxo de bens pela fronteira.

Além de todo o processo de pré-negociação para a formulação de um bom contrato, torna-se imprescindível a participação de um profissional da área jurídica, ou seja, de um advogado com experiência na área internacional.

O contrato internacional, com cláusulas concernentes à capacidade das partes, objeto e conclusão, relaciona-se a mais de uma ordem jurídica vigente. Ambos os direitos, internacional e nacional, têm campos de atuação distintos, sendo difícil demarcar quando começa um e quando finda o outro.

Para a elaboração de um contrato de compra e venda internacional, as principais cláusulas deverão ser negociadas e confeccionadas com muito cuidado e atenção. Entre as disposições pertinentes ao bom andamento da relação contratual e para garantir os objetivos propostos no processo de negociação, estão:

3.5.1. PREÇO E FORMA DE ENTREGA

O preço e forma de entrega, em regra, não se dissociam. A escolha do adequado INCOTERM é importante para a definição do preço, mas é preciso ajustar as características peculiares da transação, cujos aspectos imprescindíveis devem ser cuidadosamente pactuados para evitar problemas futuros.

3.5.2. FORMA DE PAGAMENTO

A forma de pagamento deve estar claramente disposta no contrato. Os meios mais utilizados são a transferência bancária direta, a remessa direta de documentos, a cobrança documentária e a carta de crédito. Esta última, a mais segura, é também a mais burocrática. Em cada uma delas é relevante indicar quais documentos serão necessários para a comprovação do embarque das mercadorias ou do pagamento antecipado.

3.5.3. PRAZO DE ENTREGA E DE RECEBIMENTO

O cumprimento dos prazos de entrega e de recebimento da mercadoria pelo vendedor e comprador, respectivamente, são eficazes indicadores da devida execução dos contratos. Portanto, ao estipular os prazos máximos de entrega e recebimento, convém utilizar toda a prudência, e preparar-se para os imprevistos.

3.5.4. CLÁUSULA DE ESCOLHA DO IDIOMA DO CONTRATO

Esta cláusula visa evitar desentendimentos advindos de erros de interpretação por inadequada tradução, pois muitos dos contratos são celebrados em dois ou mais idiomas.

3.5.5. CLÁUSULA DE RESCISÃO

Na ruptura do vínculo contratual, há que se estabelecer quais são os deveres residuais das partes, possibilidade de rescisão unilateral, seja em caráter normal, seja em virtude da ocorrência de eventos, como a insolvência de uma das partes ou o descumprimento de obrigações contratuais.

3.5.6. CLÁUSULA *HARDSHIP*

Não se confunde com a cláusula de força maior que trata da impossibilidade total ou parcial de cumprimento do contrato. A cláusula *hardship* refere-se às circunstâncias em que a execução do contrato ainda é possível, mas a manutenção de suas condições se torna excessivamente onerosa para uma ou ambas as partes.

3.5.7. CLÁUSULA DE ESCOLHA DA LEI APLICÁVEL

O direito das partes de escolher a lei aplicável, se não ofender a ordem pública internacional, num contrato internacional, além de ser aceito quase universalmente pelas legislações, é também reconhecido pelos tribunais arbitrais.

3.5.8. CLÁUSULA ATRIBUTIVA DE JURISDIÇÃO

Esta cláusula objetiva indicar qual país terá competência para julgar litígios advindos do contrato. Nos contratos internacionais esta cláusula é de suma importância, pois dela decorrerão as regras conflituais que indicarão a lei aplicável a uma determinada situação.

3.5.9. CLÁUSULA ARBITRAL[60]

A cláusula arbitral prevê o uso da arbitragem para a solução de futuras controvérsias que surjam durante a implementação das disposições contratuais. A cláusula e o compromisso arbitrais distinguem-se, na medida em que, a primeira, refere-se a eventuais e futuros problemas, enquanto o segundo, refere-se a um conflito já existente e passível de ser resolvido por um tribunal arbitral (um ou mais árbitros), desde que as partes assim o entendam.

3.6. IMPORTÂNCIA DA FATURA PRÓ-FORMA

Na compra e venda de bens, a oferta concretiza-se pela emissão, por parte do vendedor, da fatura pró-forma. Esta não se confunde com a fatura comercial, documento contábil emitido pelo vendedor por ocasião da entrega dos bens e necessária para a execução do contrato.

A formalização do contrato se processa por meio da fatura pró-forma e sua confirmação. São documentos extremamente resumidos e codificados que devem conter informações necessárias à segurança da operação e finalização do negócio.

A fatura pró-forma constitui uma oferta determinada ou específica com características bastante peculiares: é nominal e direta, dirigida a uma pessoa

---

[60] Veja sobre o tema: FERREIRA, Carolina Iwancow. Arbitragem Internacional e sua Aplicação no Direito Brasileiro. Campinas: Reverbo, 2011.

física ou jurídica; é uma oferta sólida, pois o vendedor, exceto ressalva em contrário, não poderá se esquivar daquilo que foi ofertado.

Os problemas que surgem nas operações de compra e venda de bens, normalmente, têm sua origem na negociação comercial. Com isto, a fatura pró-forma deve conter, ao menos, alguns dados essenciais.

Recebidas as faturas pró-forma dos vários fornecedores, comparadas entre si, o comprador decide por uma delas e contata o fornecedor eleito, formalizando a confirmação do pedido.

A fatura pró-forma e a confirmação do pedido são instrumentos pré--contratuais que, eventualmente, poderão substituir o contrato de compra e venda mercantil propriamente dito.

Portanto, definir na fatura pró-forma e na confirmação do pedido os termos e condições oferecidos na negociação é matéria fundamental para propiciar maior segurança à operação, bem como para evitar confusões e mal-entendidos futuros entre as partes.

As condições em pauta serão representadas pelos já mencionados INCOTERMS, ou por outras práticas adotadas no mercado internacional, assim como deverão ser estabelecidas as modalidades de pagamento e de garantia.

Os INCOTERMS permitem determinar, com exatidão, a divisão de custos entre comprador e vendedor, o que significa evitar surpresas com custos adicionais e inesperados.

O contrato comercial regula apenas a relação entre comprador e vendedor e não as relações destes com outros participantes da operação, como transportadores, seguradoras e bancos (contratos acessórios). Destacam-se seus requisitos: qualificação das partes (nomes e endereços); descrição completa das mercadorias, especificações técnicas, embalagem e apresentação; preço, quantidade, qualidade, peso, medida; condições de entrega e forma de pagamento; moeda; prazos; condições de embarque, transporte e desembarque; documentação exigida; outras condições peculiares a cada operação.

3.7. PAGAMENTOS NA NEGOCIAÇÃO INTERNACIONAL

3.7.1. MODALIDADES DE PAGAMENTO

Com a pretensão de possibilitar maior proteção aos exportadores e importadores contra os riscos comerciais e políticos, é comum que os contratos de compra e venda do comércio exterior sejam alicerçados por diferentes modalidades de pagamento e demais garantias.

O comércio internacional esbanja desafios às empresas devido às longas distâncias, variações monetárias, natureza dos mercados e modificações legais, o que o torna peculiar face ao comércio interno de cada Estado.

Nesse sentido, foram criadas formas de pagamento para atender às necessidades do exportador e importador, minimizando os riscos de uma transação comercial em âmbito internacional.

Tratando-se de garantia de pagamento, é preciso escolher o instrumento mais adequado ao caso concreto e identificar o tipo de garantia, qualificando seu emitente e país, para possibilitar confiança e tranquilidade ao exportador e importador em suas negociações internacionais.

A escolha da modalidade de pagamento é pactuada entre exportador e importador, e dependerá do grau de confiança comercial existente entre ambos, das exigências do país importador e da disponibilidade de linhas de financiamento. A modalidade deve estar expressa no contrato internacional e deve levar em consideração os riscos tanto para o importador quanto para o exportador.

As principais modalidades de pagamento internacional são:

3.7.1.1. PAGAMENTO ANTECIPADO

Quando o importador remete previamente o valor da transação e, após, o exportador promove a remessa da mercadoria e da respectiva documentação. O contrato de câmbio será providenciado pelo exportador, antes do embarque, em um banco, com taxa de câmbio vigente naquele dia. Pouco utilizada, não oferece riscos ao exportador, desde que a mercadoria seja embarcada somente após o efetivo recebimento do pagamento da exportação. No entanto, oferece alto risco ao importador, que fica na dependência do exportador cumprir com o que foi negociado.

3.7.1.2. REMESSA SEM SAQUE

Quando o importador recebe diretamente do exportador os documentos de embarque, sem o saque, promovendo o desembaraço da mercadoria na alfândega e, posteriormente, providenciando a remessa da quantia respectiva diretamente para o exportador. Esta modalidade de pagamento também é de alto risco para o exportador, eis que, em caso de inadimplência, não há nenhum título de crédito que lhe possibilite iniciar uma ação judicial. Entretanto, existindo confiança entre comprador e vendedor, apresenta algumas vantagens como agilidade na tramitação de documentos e isenção ou redução de despesas bancárias.

3.7.1.3. COBRANÇA DOCUMENTÁRIA

Caracterizada pela intermediação dos bancos, estes agem como verdadeiros cobradores internacionais de uma operação de exportação, cuja transação foi concluída diretamente entre exportador e importador, não lhes cabendo a responsabilidade do resultado da cobrança documentária. O exportador embarca a mercadoria e entrega os documentos a um banco local, que os remete para outro banco na praça do importador no exterior, para cobrança a vista ou a prazo. Para o desembaraço da mercadoria na alfândega, o importador deverá apresentar os documentos da cobrança. Portanto, após retirar os documentos no banco, pagando a vista ou aceitando a cambial para posterior pagamento, o importador estará apto a liberar a mercadoria. Contudo, o exportador assume todos os riscos por eventual inadimplência do importador.

3.7.1.4. CARTA DE CRÉDITO OU CRÉDITO DOCUMENTÁRIO

É a modalidade de pagamento mais difundida no comércio internacional, pois oferece maiores garantias tanto para o exportador como para o importador. Trata-se de um contrato de compra e venda de mercadorias com cláusulas garantidas por um banco. Este banco compromete-se a efetuar o pagamento a um terceiro (beneficiário), contra entrega de documentos estipulados, desde que os termos e condições do crédito sejam cumpridos: beneficiário (nome e endereço completos), valores, prazos, porto de embarque e de destino, detalhamento da mercadoria, quantidades, embalagens, permissão ou não para embarques parciais e para transbordo, conhecimento de embarque, faturas, certificados, etc., tudo conforme estipulado no contrato de compra e venda. A carta de crédito é uma ordem de pagamento condicionada, pois o exportador terá direito ao recebimento somente se atender a todas as exigências por ela convencionadas, sendo dever primordial do importador liquidar a transação. O exportador não estará exposto aos riscos, desde que entregue ao banco negociador toda a documentação de exportação solicitada.

3.7.2. GARANTIAS DE PAGAMENTO

Durante a negociação, tanto exportador quanto importador devem estar atentos às possibilidades de garantias aceitas no mercado internacional, além da análise de seus custos e benefícios.

Na esfera internacional, dificilmente há cem por cento (100%) de garantia em uma transação comercial, mas há formas de tornar a exportação e importação mais seguras, eliminando riscos simples ao verificar, por exemplo, se há estabilidade financeira ou crise econômica no país em pauta, falta de disponibilidade e transparência da empresa, recusa em emitir certificado de origem ou falta de informações em cartas de crédito.

Mesmo nas usuais formas de pagamento acima citadas, toda negociação internacional é acrescida de risco, tanto cambial quanto o mais básico risco conhecido, o *calote*.

Um conhecido instrumento de viabilização do negócio será o oferecimento ao fornecedor de uma garantia, como o aval bancário, de forma a assegurar-lhe o pagamento da operação.

O Manual de Regras e Usos Uniformes Relativos aos Créditos Documentários, igualmente editado pela Câmara de Comércio Internacional (CCI), regula a matéria dos créditos documentários envolvidos em contratos internacionais, abrangendo as cartas de crédito e as *bid bonds*[61] oferecidas nas operações de comércio exterior.

Essas garantias também poderão ser utilizadas no caso de antecipação do pagamento pelo comprador, que deseja assegurar a devolução do montante em caso de não embarque ou o recebimento de indenização no caso de *non-performance*[62] de um contrato de fornecimento de bens ou serviços.

Ocorre que hoje a responsabilidade pré-contratual abrange para além da hipótese de invalidade do contrato, as de estipulação de um contrato válido com violação de deveres de conduta ou de ruptura injustificada das negociações (DIAMVUTU, 2011, p. 554).

Os bancos estão presentes em quase todas as operações de comércio exterior, participando ativamente desde as fases mais simples, como nas transferências de divisas, até as mais complexas, como na estruturação financeira da operação.

---

[61] Garantia de oferta destinada a assegurar a participação de uma empresa brasileira em uma concorrência no exterior.

[62] Não cumprimento do contrato.

As seguradoras, por sua vez, participam para assegurar a liquidez da operação, mediante o seguro de crédito à exportação, garantindo indenizações por perdas ou não pagamento, por meio de porcentagem acordada com base no valor de exportação e importação.

O seguro internacional é, portanto, um contrato acessório ao contrato mercantil, trazendo maior segurança às relações comerciais internacionais, visando a proteção contra todos os possíveis e variados riscos (GUIMARÃES, 2002, p. 66).

Outros mecanismos também podem auxiliar a empresa em eventual transtorno e dificuldade em receber seu pagamento, porém, demandam custos muito mais elevados, como a contratação de empresas de serviços especializadas em cobranças internacionais.

3.8. MITIGAÇÃO DOS RISCOS E DA CARGA TRIBUTÁRIA

Para mitigar riscos, as empresas buscam atuar em regiões que lhes possibilitem maior proteção contra o confisco de propriedades ou garantias contra a expropriação (nacionalização) de ativos pertencentes a estrangeiros, ou seja, países que lhes ofereçam grandes incentivos a investimentos, estabilidade política e economia fiscal. Em suma, buscam os chamados paraísos fiscais.

A expressão "paraíso fiscal" refere-se a uma zona econômica, país ou região, com regime fiscal favorável a empresas e pessoas físicas estrangeiras. Nestes locais, a regulamentação fiscal e monetária das atividades bancárias é mínima ou inexistente. Trata-se de um mundo financeiro além da lei e do apetite das autoridades fiscais (NAIM, 2006, p. 133).

São chamados de paraísos fiscais porque a maior parte dos territórios que oferecem essas vantagens ficam em ilhas paradisíacas, naturalmente exuberantes.

A globalização econômica influenciou diretamente a atividade empresarial e as práticas comerciais, dando origem a uma nova dinâmica de conflitos e interesses que se exteriorizam no âmbito internacional, representada também pela atividade empresarial denominada transnacional[63].

Quanto maior a sobrecarga fiscal de determinado país, maior o interesse de pessoas físicas e jurídicas em investimentos no exterior, atraídos por inúmeros fatores: moedas fortes, estabilidade econômica, isenções tributárias ou redução de impostos, segurança, sigilo e confidencialidade, economia

---

[63] Sobre o tema, veja a doutrina de José Cretella Neto.

em custos administrativos e acesso a determinados tipos de financiamento internacional a juros muito mais atrativos.

Todos estes territórios têm ainda em comum legislação societária e financeira flexível, liberdade cambial absoluta, além de eficiente sistema de comunicações e estabilidade política e social (XAVIER, 2007, p. 362).

Além disso, outras vantagens podem ser citadas: proteção patrimonial, tratamento equitativo aos estrangeiros, incentivos a investimentos, otimização do planejamento fiscal, tratados contra a bitributação, existência de zonas francas de comércio, mercado local consumidor e de trabalho, infraestrutura altamente desenvolvida, serviços financeiros, legais e de auditoria com elevado padrão de qualidade e profissionalismo.

As principais funções dos paraísos fiscais são evitar ou retardar o pagamento de tributos e proteger a identidade dos investidores, por meio do sigilo bancário absoluto. Em regra, eles obstam o controle externo sobre as operações, impedem confiscos, nacionalizações e o repatriamento de valores aos países de origem.

O Brasil[64] considera paraísos fiscais todas as jurisdições que não tributam a renda ou que a tributam à alíquota inferior a 20% (vinte por cento) ou, ainda, cuja legislação interna não permita acesso a informações relativas à composição societária de pessoas jurídicas ou à sua titularidade.

O fenômeno é inevitável em razão do crescimento dos serviços financeiros mundiais e, sobretudo, em razão da excessiva carga tributária imposta pelos Estados. Tais paraísos há muito tempo foram considerados instrumentos indispensáveis à internacionalização dos mercados financeiros.

---

[64] A Receita Federal do Brasil (Instrução Normativa RFB 1.037, de 04 de junho de 2010) relaciona como países ou dependências com tributação favorecida e regimes fiscais privilegiados: I – Andorra; II – Anguilla; III – Antígua e Barbuda; IV – Antilhas Holandesas; V – Aruba; VI – Ilhas Ascensão; VII – Comunidade das Bahamas; VIII – Bahrein; IX – Barbados; X – Belize; XI – Ilhas Bermudas; XII – Brunei; XIII – Campione D'Italia; XIV – Ilhas do Canal (Alderney, Guernsey, Jersey e Sark); XV – Ilhas Cayman; XVI – Chipre; XVII – Cingapura; XVIII – Ilhas Cook; XIX – República da Costa Rica; XX – Djibouti; XXI – Dominica; XXII – Emirados Árabes Unidos; XXIII – Gibraltar; XXIV – Granada; XXV – Hong Kong; XXVI – Kiribati; XXVII – Lebuan; XXVIII – Líbano; XXIX – Libéria; XXX – Liechtenstein; XXXI – Macau; XXXII – Ilha da Madeira; XXXIII – Maldivas; XXXIV – Ilha de Man; XXXV – Ilhas Marshall; XXXVI – Ilhas Maurício; XXXVII – Mônaco; XXXVIII – Ilhas Montserrat; XXXIX – Nauru; XL – Ilha Niue; XLI – Ilha Norfolk; XLII – Panamá; XLIII – Ilha Pitcairn; XLIV – Polinésia Francesa; XLV – Ilha Queshm; XLVI – Samoa Americana; XLVII – Samoa Ocidental; XLVIII – San Marino; XLIX – Ilhas de Santa Helena; L – Santa Lúcia; LI – Federação de São Cristóvão e Nevis; LII – Ilha de São Pedro e Miguelão; LIII – São Vicente e Granadinas; LIV – Seychelles; LV – Ilhas Solomon; LVI – St. Kitts e Nevis; LVII – Suazilândia; LVIII – Suíça; LIX – Sultanato de Omã; LX – Tonga; LXI – Tristão da Cunha; LXII – Ilhas Turks e Caicos; LXIII – Vanuatu; LXIV – Ilhas Virgens Americanas; LXV – Ilhas Virgens Britânicas.

As empresas tornam-se cada vez mais transnacionais e contam com maior facilidade para transferir as atividades e os lucros em direção a tais centros, com a ajuda da liberalização financeira e da *internet*.

Posto isso, afora o preconceito pelo qual são vistos tais paraísos, não se pode negar que esses locais abrigam operações financeiras e comerciais lícitas, dentre as quais aquelas decorrentes do planejamento tributário internacional e do comércio mundial.

3.9. BLINDAGEM PATRIMONIAL: MUNDO *OFFSHORE*

Conhecer as normas, leis e especializações dos países com políticas fiscais flexíveis é o primeiro passo para efetuar escolhas ponderadas sobre investimentos e movimentos de capitais (VELO, 1998, p. 13).

Muitos centros desenvolvidos se valem de paraísos fiscais como veículos de redução de custos fiscais, pois além de serem os maiores possuidores de renda, capital e patrimônio, são também aqueles que mais sofrem com as incidências tributárias.

No mesmo sentido, grandes bancos, seguradoras, *holdings*[65], empresas e hotéis estão situados nesses paraísos, sem violações ou afrontas ao direito relacionado aos países com os quais operam. Ademais, tais centros são de suma importância para a economia mundial.

Conforme SILVA (1998, p. 23), "o paraíso fiscal adequadamente montado traduz-se em instrumento imprescindível para aqueles que investem, prestam serviços ou mantêm atividades comerciais de âmbito internacional que envolvam várias jurisdições, via de regra com sistemas jurídico-tributários distintos".

Essas zonas privilegiadas encontram-se dispersadas pelo globo e seus incentivadores as tratam como *tax havens* e, para as sociedades comerciais constituídas nessas "zonas livres", convencionou-se utilizar a expressão inglesa *offshore companies*.

Destarte, são denominadas *offshore* as contas bancárias ou empresas constituídas em paraísos fiscais, com o intuito de obter privilégios fiscais

---

[65] O termo *holding* designa uma empresa que controla um grupo de outras empresas por meio da posse da totalidade ou de parte dos respectivos capitais sociais, empresas estas que podem ou não pertencer a diversos setores de atividade. Por vezes, as *holdings* são apenas gestoras das participações sociais, assumindo a forma jurídica de SGPS (Sociedade Gestora de Participações Sociais) praticando, nestes casos, um tipo específico de gestão, em que a empresa compra, vende e detém outras empresas sem acrescentar qualquer valor a estas.

e sigilo bancário, diante do império de legislações nacionais sempre mais repressivas e opressivas.

Empresa *offshore*, então, é aquela instituída em conformidade com as leis de determinado país, com o objetivo de desenvolver suas atividades exclusivamente em países distintos daquele em que foi originariamente constituída, ficando, ainda por força da lei, impedida de estabelecer certos tipos de vínculo comercial com outras empresas constituídas na mesma jurisdição.

Em síntese, *offshore company* é uma entidade situada no exterior, sujeita a um regime legal bastante diferenciado e extraterritorial em relação ao país de domicílio de seus sócios.

Nesse sentido, a constituição de uma *offshore* em determinado paraíso fiscal não deve ser entendida, automaticamente, como sinônimo de atividade ilegal, pois ninguém está obrigado a administrar seu patrimônio e seus negócios de forma a propiciar maior arrecadação de tributos ao Estado. O que o contribuinte não pode é burlar a lei tributária, o que não se confunde com a opção de escolha não abrangida pela norma tributária especificamente.

Qualquer cidadão tem o direito, desde que agindo dentro dos limites da lei, de conduzir suas atividades de modo que os tributos incidentes sejam os menores possíveis. Ninguém está obrigado a agir de forma a propiciar maior arrecadação se possui outras alternativas legais para reduzir seus encargos tributários (PENTEADO, 2007, p. 12).

A companhia *offshore* pode, por exemplo, contratar os serviços de um profissional liberal fora do país no qual ele reside, e os honorários ganhos poderão ser pagos e acumulados no exterior, livres de impostos.

Porém, a funcionalidade mais corriqueira de uma companhia constituída em zona de impostos nulos ou reduzidos é no comércio internacional. Consideráveis oportunidades de economia em tributos podem ser alcançadas por meio de uma empresa *offshore* que realiza transações de importação e exportação, a título exemplificativo.

Empresas e indivíduos valem-se de companhias *offshore* para administrar suas carteiras de investimentos, aplicações em ações, *eurobonds*[66], títulos do governo, depósitos em dinheiro e ampla variedade de outros produtos. Depó-

---

[66] Os *eurobonds* são títulos de dívida pública europeus, feitos de forma centralizada, vistos como possível solução para as crises de dívida dos países mais vulneráveis e em maiores dificuldades. Em vez de haver dívida pública da Alemanha, da Espanha, da Grécia, ou de Portugal, haveria uma única dívida, comum a todos os países da Zona Euro. A criação de *eurobonds* privilegia os países com maiores crises de dívida, ou países em graves dificuldades financeiras, porque permite melhores taxas de juros nas emissões de obrigações do tesouro para os países com mais dificuldades. As economias mais fortes, com *rating* elevado (como o caso da Alemanha), ajudariam países como Portugal ou a Grécia, com *rating* baixo, a suportar a crise, uniformizando as taxas de juros nessa emissão de obrigações.

sitos bancários mantidos por companhias *offshore* podem propiciar juros muito mais rentáveis, sem retenção de impostos na fonte, ou podem ser aplicados em fundos de investimento coletivos.

A empresa *offshore* pode oferecer garantias, como créditos em exportações ou acesso a financiamentos bancários no exterior, sob juros e condições mais favoráveis.

Pode-se utilizar também uma entidade *offshore* para importar matérias-primas ou produtos por atacado, a preços mais razoáveis, diretamente junto aos grandes fornecedores.

Do ponto de vista fiscal, tais sistemas podem ser mais eficientes do que uma associação de empresas no país de origem. Neste particular, resta observar que, no Brasil, existem diversas restrições ao planejamento, havendo que se obedecer às disposições da Lei dos Preços de Transferência (Lei 9.430/96) e às correspondentes normatizações da Receita Federal (em especial, a Instrução Normativa 38/97).

Atualmente, vem acontecendo com frequência cada vez maior a formação, por pessoas físicas, de empresas *holdings* pessoais ou familiares, visando administrar os investimentos efetuados. Essas *holdings* pessoais proporcionam sigilo, privacidade e segurança, que não desfrutariam no país de origem e permitem economizar em imposto de renda dependendo do lugar em que são pagos os rendimentos.

Hoje não é imprescindível a presença física do investidor no local onde ocorrem as transações financeiras, podendo ser realizadas por meio dos mais modernos sistemas de comunicação e transmissão de dados. Escolhas mais vantajosas e convenientes são devidas à rápida e eficaz circulação da informação pelo planeta.

Portanto, malgrado ocorrer a utilização dos benefícios nos paraísos fiscais para a fraude fiscal, não se deve confundir com o fato de um indivíduo ou empresa buscar na legislação de outro país um meio de alcance de uma situação fiscal mais favorável. Trata-se do triunfo da liberdade de expressão e do princípio de consagração da democracia.

Finalmente, deve-se atentar que essas operações são complexas e refinadas sob o ponto de vista econômico, jurídico e financeiro, e devem, sem dúvida, ser acompanhadas por especialistas (*expertise*), para que não se corra o risco de caracterização da fraude.

3.10. CONSIDERAÇÕES FINAIS

Para que as empresas tenham condições de competir no mercado externo, principalmente por sua capacidade produtiva, torna-se necessário um planejamento adequado, seja ele contábil, econômico, financeiro, tributário, percebido e propagado por algumas corporações.

Para tanto, as empresas têm de possuir consultoria jurídica especializada em diferentes domínios, ou adquirir fora da empresa esses serviços, principalmente no momento da tomada de decisões e na sua execução, conhecimentos estes de direito tributário, direito da propriedade industrial, direito empresarial, direito internacional, etc.

O fomento por novos investimentos é evidente, quando as empresas tornam-se cada vez mais transnacionais, em todos os níveis, pautado na injeção de capital estrangeiro absolutamente perseguido e almejado, mas dependendo da confiança inspirada aos investidores de outras nacionalidades.

A maior expressão de vinculação internacional são os contratos do comércio, cada vez mais utilizados e instrumentalizados, envolvendo partes de todos os continentes do globo.

A atividade *offshore*, em si mesma, não pode ser considerada imediatamente ilícita ou fraudulenta, mas, sim, há que se perquirir sua verdadeira finalidade, seja ela logística, bancária, mercantil, inerente à atividade empresarial transnacional. O universo dos paraísos fiscais e bancários continuará a existir e a se desenvolver.

Por fim, há que serem instituídos e aprimorados todos os mecanismos possíveis de instauração de um ambiente de segurança comercial e jurídica, valendo-se das organizações, corporações, associações, atuantes na esfera internacional e habituadas ao calor das transações cada vez mais sofisticadas e multidisciplinares.

O mundo não é feito de ilhas ou bolhas, especialmente em matéria de investimentos, visto que os investidores estão dispostos ao desafio, seja ele próximo ou distante, pois a credibilidade se solidifica na linha do tempo, paulatinamente, mas com os olhos voltados ao sucesso dos negócios.

3.11. REFERÊNCIAS BIBLIOGRÁFICAS

ARAÚJO, Nádia de; MARQUES, Cláudia Lima [Org.]. *O Novo Direito Internacional: estudos em homenagem a Erik Jayme*. Rio de Janeiro: Renovar, 2005.

CRETELLA NETO, José. *Empresa Transnacional e Direito Internacional:* exame do tema à luz da globalização. Rio de Janeiro: Forense, 2006.

CUSMAI, Raffaele; GOLTARA, Eliano; SOLDATI, Nicola. *Contratti Commerciali.* Milano: Il Sole 24 Ore, 2010.

DEXIN, Yang. *China's Offshore Investments.* Northampton: Edward Elgar, 2008.

DIAMVUTU, Lino. A Tutela da Confiança nas Negociações Pré-Contratuais. In: *Revista da Ordem dos Advogados Portugueses.* Lisboa: ano 71, abr-jun, 2011, pp. 517-565.

FARIA, José Eduardo [Org.]. *Direito e Globalização Econômica:* implicações e perspectivas. São Paulo: Malheiros, 2010.

FERREIRA, Carolina Iwancow. *Arbitragem Internacional e sua Aplicação no Direito Brasileiro.* Campinas: Reverbo, 2011.

GARCEZ, José Maria Rossani. *Contratos Internacionais Comerciais:* planejamento, negociação, solução de conflitos, cláusulas especiais, convenções internacionais. São Paulo: Saraiva, 1994.

GODOY, Arnaldo Sampaio de Moraes. *Direito Tributário Internacional Contextualizado.* São Paulo: Quartier Latin, 2009.

GUIMARÃES, Antônio Márcio da Cunha. *Contratos Internacionais de Seguros.* São Paulo: RT, 2002.

HILTON, Mccann. *Offshore Finance.* Cambridge: Cambridge University Press, 2006.

MAIA, Jayme de Mariz. *Economia Internacional e Comércio Exterior.* 5ª ed. São Paulo: Atlas, 1999.

MARTINELLI, Dante; VENTURA, Carla; MACHADO, Juliano. *Negociação Internacional.* São Paulo: Atlas, 2004.

MARTINS, Fran. *Contratos e Obrigações Comerciais.* 16ª ed. São Paulo: Forense, 2010.

MONCADA, Luís S. Cabral de. *Direito Económico.* 5ª ed. Coimbra: Coimbra Editora, 2007.

MURTA, Roberto de Oliveira. *Importação e Exportação, INCOTERMS, Revisão 2010/11:* o caminho certo para boas negociações (locais e internacionais). Curitiba: Juruá, 2011.

NAIM, Moisés. *Ilícito: o ataque da pirataria, da lavagem de dinheiro e do tráfico à economia global.* Trad. Sérgio Lopes. Rio de Janeiro: Jorge Zahar, 2006.

PENTEADO, Cláudio Camargo. *Empresas Offshore:* doutrina, prática e legislação. 3ª ed. São Paulo: Pillares, 2007.

PINHEIRO, Luís de Lima. *Direito Comercial Internacional.* Coimbra: Almedina, 2005.

RACY, Joaquim Carlos [Org.]. *Introdução à Gestão de Negócios*. São Paulo: Pioneira Thomson Learning, 2006.

SILVA, Ruben Fonseca. *Paraísos Fiscais*. São Paulo: Rumo Gráfica, 1998.

SILVA, Ruben Fonseca; WILLIANS, Robert E. *Tratado dos Paraísos Fiscais*. São Paulo: Observador Legal, 1998.

STRENGER, Irineu. *Contratos Internacionais do Comércio*. 4ª ed. São Paulo: LTr, 2003.

VASHISTHA, Atul; VASHISTHA, Avinash. *The Offshore Nation*. New York: McGraw-Hill, 2006.

VASQUEZ, José Lopes. *Comércio Exterior Brasileiro*. 4ª ed. São Paulo: Atlas, 1999.

VELO, Lucio. *O Mundo dos Paraísos Fiscais Financeiros*. São Paulo: Manole, 1998.

XAVIER, Alberto. *Direito Tributário Internacional*. 2ª ed. Coimbra: Almedina, 2007.

Capítulo 4

O DIREITO DA CONCORRÊNCIA NO BRASIL: SEUS DESDOBRAMENTOS ECONÔMICOS E OS ASPECTOS DA REGULAÇÃO DOS ATOS DE CONCENTRAÇÃO DE EMPRESAS

Clayton Vinicius Pegoraro de Araujo

Sumário

1. Antecedentes do atual regime jurídico da concorrência
2. As categorias dos atos de concentração de empresas
3. A economia como propulsora da concorrência
4. Referências bibliográficas

4.1. ANTECEDENTES DO ATUAL REGIME JURÍDICO DA CONCORRÊNCIA

No início do colonialismo brasileiro desencadeado pela coroa portuguesa, observa-se a inauguração da fase denominada "fiscalista", que foi marcada por:

> [...] atuação, por parte da metrópole, de uma política eminentemente fiscalista, ou seja, a coroa buscava a utilização de sua soberania para efeitos fiscais, impondo à colônia o pagamento de impostos que garantissem o abastecimento de seus cofres. (FORGIONI, 1998, p. 88)

Naquela época seria difícil falar em defesa da livre concorrência como se conhece hodiernamente, uma vez que eram incipientes as ações econômicas no que se refere à troca e apropriação de riquezas. Relativamente ao mercado consumidor interno, este não assumia nenhum papel que pudesse necessitar de uma intervenção do governo daquele tempo.

A atuação do Estado sobre a economia "não era fenômeno isolado, mas, ao contrário, a linha de atuação da metrópole. Qualquer resquício de liberalismo econômico, neste período, há de ser visto sob esta ótica" (FORGIONI, 1998, p. 91).

O desenvolvimento econômico do Brasil inicia-se com a chegada de D. João VI, que acabou por fomentar a orientação econômica e social, ditada essencialmente pela necessidade do governo português de transferir para o Brasil sua sede. Foi então que o Brasil experimentou os primeiros passos de "liberdade" e incentivo ao desenvolvimento. No ano de 1808 é criado o Banco do Brasil, quando também se inicia a abertura dos portos para as nações consideradas amigas.

No mesmo ano, o Visconde de Cairu, usando a influência que tinha ante o Império, cria no Rio de Janeiro a cadeira de Ciência Econômica, dando início aos estudos do liberalismo econômico. Entretanto, o liberalismo econômico propriamente dito só vai sendo implementado à medida que a Inglaterra permite (FORGIONI, 1998, pp. 94-95).

O próximo período a ser considerado é aquele após a independência do Brasil, que pode ser dividido em Primeiro Reinado, Período Regencial e Segundo Reinado (FORGIONI, 1998, p. 97).

No Primeiro Reinado, as graves crises que assolaram o Brasil não permitiram a continuidade de um ambiente favorável ao desenvolvimento dos produtos manufaturados, pois o mercado produtor e o consumidor eram exíguos.

Salvo algumas alterações, no Período Regencial e no Segundo Reinado, os liberais também não tiveram êxito com o imperador, como havia ocorrido com o Visconde de Cairu. A classe que se afirma nesse período histórico é a dos cafeicultores, que se beneficia com altos lucros, dando início a uma clara ascensão da classe agrária.

Figuras como Irineu Evangelista de Souza, o Barão de Mauá, tentam implementar no Brasil a industrialização, mas isso não é suficiente para sensibilizar o governo da época, que continua a apoiar apenas as atividades agrícolas.

No Período Regencial e no Segundo Reinado ainda não se podia falar em mercado concorrencial, pois as mercadorias aqui consumidas eram de origem estrangeira e as políticas da época não visavam à proteção do mercado interno. Portanto, até essa época, no Brasil não havia preocupação com a proteção do mercado e com as relações mercadológicas existentes. Essa preocupação começa a surgir somente com as Constituições brasileiras de 1934 e de 1937 e com o Decreto-lei n. 869, de 18 de novembro de 1938. Mesmo nesses estatutos não havia ainda uma preocupação direta com a defesa da livre concorrência, mas sim com a defesa da economia popular, com a "percepção da lesividade das práticas abusivas descontroladas dos agentes econômicos, antes do que uma crença genuína nos valores da livre iniciativa e da livre-concorrência" (NUSDEO, 2002, p. 218).

Com a edição do Decreto-lei n. 869, de 1938, que penalizava as infrações contra a economia popular, merecem destaque alguns dispositivos sobre as práticas que envolviam a manipulação de mercado, a eliminação de concorrentes e, ainda, a concentração de empresas. Tudo isso de forma ainda embrionária se comparado às inovações trazidas com a Constituição Federal de 1988 e com a posterior entrada vigor da Lei n. 8.884, de 1994.

No que diz respeito aos fatores da concorrência, a aplicação do mencionado decreto-lei foi mínima, de modo que não se podem analisar as interpretações referentes aos atos de proibição da concentração de empresas (NUSDEO, 2002, p. 219).

Maior sistematização, com consequente balizamento da matéria sobre a defesa da concorrência, ocorreu com o advento do Decreto-lei n. 7.666, de 22 de junho de 1945, conhecido também como "Lei Malaia". Esse ato legislativo introduziu verdadeira inovação no país, notadamente pela conceituação de abuso de poder econômico, influenciando o sucessivo tratamento constitucional da proteção à concorrência (NUSDEO, 2002, p. 219).

É com a edição do Decreto-lei n. 7.666 que a Comissão Administrativa de Defesa da Concorrência (CADE) é criada, trazendo a matéria da concorrência para o campo administrativo.

Outras inovações que merecem destaque são as tentativas de conceituar, de forma mais ampla, o significado de "empresa". A Lei Malaia, como dito anteriormente, controlava a atividade do poder econômico em território brasileiro, dando ao governo a possibilidade de atuar com uma forte política protecionista. Entretanto, esse diploma legal foi revogado com a queda de Getúlio Vargas, não tendo atingido três meses de vigência (FORGIONI, 1998, p. 114).

Outro marco na evolução histórica da legislação da concorrência no Brasil se dá com o advento da Constituição de 1946, já comentada neste trabalho. Naquela época, o governo criou subsídios para a elaboração de uma legislação antitruste. Ferraz Júnior (1992, p. 178), ao analisar a origem histórica da Lei da Concorrência, informa que:

> *O mundo capitalista desenvolvido já percebera há muito tempo a profunda alteração sofrida pela concepção oitocentista do mercado concorrencial. Aceitava-se agora tratar-se de um processo comportamental competitivo [...]. As primeiras manifestações de uma economia de escala e de uma sociedade de consumo, no Brasil, vão ter os seus esboços já perceptíveis na segunda metade da década de 1960.*

Assim, em 1962 é promulgada a Lei n. 4.137, no dia 10 de setembro, com o objetivo de regular a repressão ao abuso do poder econômico. Então é criado o Conselho Administrativo de Defesa da Concorrência (CADE) – diferente da CADE criada pelo Decreto-lei n. 7.666/1945 –, com competência para aplicar a lei e investigar e reprimir os abusos do poder econômico que porventura fossem efetuados por empresas no Brasil.

No artigo 2º da Lei n. 4.137, de 1962, nota-se a descrição de uma série de práticas consideradas abuso do poder econômico, portanto:

> *[...] estabelecia-se um mecanismo de controle de atos de concentração, que emprestava à lei um caráter regulativo da atividade econômica e do mercado nacional, encaminhando-a mais na direção de um direito econômico, no qual a autoridade antitruste tinha um controle sobre as práticas potencialmente prejudiciais à livre concorrência [...].* (NUSDEO, 2002, p. 221)

No referido diploma legal não havia qualquer referência aos atos de concentração ocorridos fora do Brasil e seus possíveis efeitos em nosso território.

Com a edição da Lei n. 8.158, de 8 de janeiro de 1991, em um momento no qual se alardeava a abertura dos mercados no Brasil, os mecanismos de controle prévio dos atos que potencialmente pudessem ser prejudiciais à livre concorrência eram colocados em prática. Trata-se de um importante avanço para a regulação do mercado e das normas antitruste. Dá-se um "caráter regulador da economia e da promoção da livre concorrência, inserindo-se mais claramente num quadro de direito econômico, em vez de permanecer dentro de limites mais rígidos das normas de caráter penal [...]" (NUSDEO, 2002, p. 224).

No tocante a esse diploma legal, também se buscou agilizar o procedimento administrativo de apuração das práticas que violavam a ordem econômica, com a criação da Secretaria Nacional de Direito Econômico (SNDE), vinculada ao Ministério da Justiça. Nessa ocasião o CADE passa a funcionar na SNDE, a qual incumbe fornecer a ele suporte administrativo.

Com esse funcionamento conjunto, consegue-se mais qualidade técnica nas decisões advindas do CADE. Naquela época houve um "breve momento de euforia, quando parecia que, afinal, teríamos uma legislação antitruste aplicada efetivamente como um instrumento de política econômica, pouco durou aos olhos do público" (FORGIONI, 1998, p. 133).

Essa lei, como no exemplo de 1962, também não trazia em seu bojo qualquer referência à extraterritorialidade no que concerne ao controle dos atos de concentração ou outros que podem interferir na ordem econômica brasileira.

Após anos de vigência da Lei 8.884/94, atualmente, temos em vigor a Lei 12.529/11, que regula as relações em matéria concorrencial e dá outras providências.

4.2. AS CATEGORIAS DOS ATOS DE CONCENTRAÇÃO DE EMPRESAS

Os atos empresariais de concentração que possam limitar ou de qualquer forma prejudicar a livre concorrência, ou resultar na dominação de mercados relevantes de bens ou serviços, deverão ser submetidos à apreciação do CADE.

Conforme preleciona Nusdeo (2002, p. 46), os atos de concentração econômica são divididos em três categorias, conforme as relações de mercado das empresas participantes, a saber: horizontais, verticais e conglomeradas.

Embora as categorias de concentração anteriormente descritas não sejam o objeto principal deste trabalho, é importante explicá-las brevemente.

A primeira categoria de concentração, denominada horizontal, ocorre entre concorrentes. Segundo Salomão Filho (2007, p. 278), com apoio na doutrina e na jurisprudência, não há dúvida "quanto à potencial ameaça representada pelas concentrações horizontais para a ordem econômica. A questão resume-se, portanto, em determinar o nível de concentração a partir do qual é necessário o controle".

A segunda categoria de concentração, a vertical, é aquela que se verifica nos casos de empresas que operam em diferentes níveis ou estágios da mesma indústria, mantendo entre si relações comerciais, geralmente na qualidade de comprador e vendedor. Teoricamente, apesar do igual risco para a ordem econômica, segundo Salomão Filho (2007, p. 278.), "seu controle é uma prática frequentemente influenciada por fatores políticos. Assim, em épocas em que os ventos liberais tendem a favorecer as concentrações, seu controle é um dos primeiros a ser suprimidos".

Há, finalmente, a categoria de concentração denominada conglomerada, que é a mais discutida. Leciona Salomão Filho (2007, p. 279): "trata-se de categoria residual, que engloba concentrações em que as atividades dos agentes econômicos não guardam qualquer relação entre si". Nusdeo (2002, p. 52), ao dissertar sobre essa categoria, aponta, ainda, dois tipos de riscos: a eliminação de concorrentes potenciais e a adoção de práticas discriminatórias contra empresas não participantes do grupo.

É importante salientar que a legislação pátria não faz distinção clara entre as categorias de concentração, mas, segundo Salomão Filho (2007, p. 279), elas foram "indiretamente reconhecidas".

O artigo 54, parágrafo 3º, da Lei n. 8.884, de 1994, rezava que se incluíam nos atos de que tratava o *caput* aqueles que visavam a qualquer forma de concentração econômica, seja por meio de fusão ou incorporação de empresas, constituição de sociedade para exercer o controle de empresas ou qualquer forma de agrupamento societário que implique participação de empresa ou grupo de empresas resultante em 20% de mercado relevante ou em que qualquer dos participantes tenha registrado faturamento bruto anual, no último balanço, equivalente ou superior a R$ 400.000.000,00.

Hodiernamente esta matéria encontra-se regulada pelo artigo 88 *usque* 91 e nos termos do artigo 53 *usque* 57 da Lei 12.529/11, em que se verifica uma melhor adequação dos trâmites legais para que exista uma maior eficiência do sistema regulatório concorrencial no país.

No plano de controle de concentrações, verifica-se que são comuns os casos de atos de concentração envolvendo apenas empresas estrangeiras, que tenham presença econômica no país, representada, por exemplo, por exportações, produção ou comercialização local. Para estes casos a lei poderá ser aplicada extraterritorialmente, nos termos do artigo 2º do diploma legal anteriormente mencionado.

4.3. A ECONOMIA COMO PROPULSORA DA CONCORRÊNCIA

A análise econômica da Lei da Concorrência traz uma ideia de microeconomia pura, sem levar em consideração os aspectos legais (mundo do ser, e não do dever ser).

Em seu trabalho, Varian (2000) coloca como base as legislações americanas sobre o tema: *Sherman Act* e *Clayton Act*. De acordo com as disposições contidas nesses estatutos, as empresas podem ser punidas no âmbito civil com multas que variam de US$ 100.000,00, por pessoa afetada pela prática anticoncorrencial da empresa, a US$ 1.000.000,00, por empresa que eventualmente for afetada.

Além disso, é permitido que a pessoa ou empresa individual que se sentir lesada pela manipulação dos preços requeira uma indenização equivalente ao triplo de seus prejuízos (VARIAN, 2000, p. 644).

Varian (2000) adverte, ainda, de que a legislação antitruste não é capaz de reduzir os lucros dos cartéis, uma vez que a fiscalização é o fator mais importante para que a legislação possa ser respeitada. Considerando que a legislação antitruste seja capaz de reduzir os lucros de cartéis formados, "isso apenas diz que as empresas não terão incentivo para formar cartel se a probabilidade de serem pegas e a magnitude dos danos forem suficientemente grandes" (VARIAN, 2000, p. 645).

Em sua explanação, Varian (2000) declara que a demanda do consumidor americano não muda com o nível de dano, uma vez que esse não é o único pressuposto possível, pois, se o nível de indenizações for muito elevado, isso poderá ocasionar prejuízos às empresas envolvidas, já que no entendimento dele a lei é um mero instrumento, e conclui que o próprio mercado, por meio dos consumidores e das demais empresas, é capaz de regular as práticas concorrenciais.

Uma boa parte do problema existente na definição de um conceito de eficiência. Basicamente, existiriam duas definições na teoria econômica: a dinâmica apenas como referência à variação de uma variável ao longo do tempo (como utilizado na macroeconomia novo-clássica intertemporal); e uma dinâmica, como em Schumpeter, referindo-se à mudança estrutural, especialmente no estado de conhecimento tecnológico. (CATERMOL, 2004, p. 131).

Em um critério de eficiência que considere a capacidade inovada de um mercado, deve-se ter cuidado com o paradoxo schumpeteriano: uma estrutura de mercado que leve a uma maior eficiência alocativa em um contexto estático pode não ser aquela que oferece a possibilidade de ganhos para a sociedade em termos de aceleração do progresso técnico. (CATERMOL, 2004, p. 132).

Nas suas formulações mais frequentes, a argumentação em favor da implementação de políticas antitruste tem como pilar fundamental a proposição de que a concorrência, concebida como um processo em que o funcionamento da "mão invisível" dos mercados seria capaz de gerar o máximo benefício para a coletividade, deve ser protegida contra alguns efeitos colaterais oriundos do próprio impulso que a movimenta. Sustenta-se que a busca do lucro por agentes privados pode, em certas circunstâncias, levar ao acúmulo assimétrico de poder econômico, tornando-os capazes de manipular as condições de concorrência a seu favor (MACHADO, 2007).

Essa ideia, em si, não é nova. Na verdade, mesmo Adam Smith reconhecia em 1776 que, se por um lado os interesses egoístas dos agentes econômicos permitem a geração de um fluxo de bens que atenda às demandas do consumidor sem a necessidade de um mecanismo centralizado de coordenação, por outro também criam o perigo de competidores conspirarem contra a coletividade, combinando aumentos abusivos de preços. A questão central, nesse caso, estaria em definir até onde a liberdade de buscar a satisfação do interesse próprio seria positiva para a sociedade em seu conjunto.

Assim, o conceito de concorrência neoclássico se afasta da noção de rivalidade entre capitais (BAGNOLI, 2006, pp. 202-203), vinculando-se a uma estrutura de mercado atomizada e operando em condições de conhecimento perfeito, produtos homogêneos, número elevado de demandantes e livre mobilidade dos fatores. Trata-se, portanto, de uma teoria marcadamente *estática* da concorrência, vinculando esta última meramente à alocação de um montante dado de recursos produtivos da economia, que supostamente assumiria uma configuração ótima ou de máxima eficiência caso os mercados fossem perfeitamente competitivos. A insuficiência e o caráter estático desses conceitos tradicionais de concorrência deixam uma lacuna vital para o entendimento da *dinâmica capitalista*, ligado não ao processo de adaptação em si do sistema econômico, mas ao de transformação, *no tempo*, das estruturas econômicas capitalistas. Vale dizer, a teoria neoclássica do equilíbrio estático é marcada pelo "princípio da estratégia excluída", em que não há possibilidade teórica de tratamento de ações estratégicas: nesse sentido, a concorrência neoclássica se transforma na sua antítese, isto é, na *não concorrência* (BAGNOLI, 2006, p. 213).

Elaborada a partir dessa abordagem teórica, a política antitruste assume o papel de, dada a constatação de que poucos mercados concretos operam em condições próximas às da concorrência perfeita, procurar evitar que a presença de (i) barreiras à entrada, (ii) tendências à concentração dos *market shares* e (iii) oportunidades de ações discricionárias, a partir das quais as firmas possam restringir as margens de escolha dos consumidores ou a ação dos concorrentes, repercuta negativamente sobre a eficiência técnica/alocativa ou permita aos produtores elevar preços e margens de lucro em detrimento do bem-estar dos consumidores (PINHEIRO; SADDI, 2005, pp. 355-356).

Em outras palavras, busca-se ao menos atenuar os supostos efeitos indesejáveis provocados pela existência de mercados caracterizados, *grosso modo*, como de oligopólio, por gerar o que pode ser alternativamente caracterizado como exercício de poder de mercado ou abuso de posição dominante. Situações monopolísticas seriam o oposto daquilo que se deseja como concorrência perfeita. Desse modo, a política antitruste, dentro desse paradigma, tenta evitar o surgimento de estruturas e/ou o desenvolvimento de ações empresariais que se afastem do modelo ideal (PINHEIRO; SADDI, 2005, p. 58).

Para atingir esse objetivo mais geral, as políticas antitruste são realizadas com base na conduta das empresas. Assim, as legislações procuram coibir ou reduzir comportamentos empresariais que são considerados perniciosos por configurarem a utilização do poder de mercado ou de uma posição dominante com a finalidade de restringir a ação de concorrentes ou, ainda, limitar o alcance da competição.

Ainda, sobre o mesmo tema, deve ser frisado que as políticas antitruste agem sobre a *estrutura* dos mercados e podem evitar a constituição de estruturas de oferta concentradas. (POSSAS; FAGUNDES; PONDÉ, s.n.t. p. 4)

A operacionalização da noção de "custos de transação", especialmente como a desenvolvida por Williamson, permite analisar em que circunstâncias os movimentos de integração vertical, bem como a realização de contratos que restringem substancialmente a conduta das partes e/ou estabelecem vínculos de reciprocidade, têm como objetivo e resultado a geração de ganhos de eficiência, e não algum tipo de limitação da concorrência (PINHEIRO; SADDI, 2005, pp. 61-64).

Assim explica Derani e Fontoura Costa (2001, p. 82), ao abordar o tema da economia de mercado sob a ótica do Direito Ambiental Internacional:

> *A economia de mercado nivela o indivíduo pelo seu poder aquisitivo. A economia do socialismo real, oriundo da revolução russa, nivela o indivíduo pelo poder político. Ambas as formas econômicas dominantes, a partir do século XVIII, honram o iluminismo universalista e o cosmopolita. É certo que ambas as formas não podem levar à satisfação da sociedade [...]*

Podemos, neste diapasão e para melhor ilustrar a questão, trazer o escólio de Faria (2002, p. 95), que comenta sobre a questão dos investimentos e a nova ordem econômica mundial:

> *A geração de vastas e complexas redes de interesses interdependentes ao lado de espaços econômicos exclusivos, os efeitos perversos da degradação dos preços dos produtos primários sobre a economia dos países exportadores, o impacto altamente corrosivo ocasionado pelas flutuações das taxas de juros na dívida externa dos países em desenvolvimento [...] as crescentes dificuldades dos governos nacionais para controlar os circuitos comerciais e financeiros [...] são apenas alguns dos exemplos desse padrão de estratificação da "economia-mundo".*

Por outro lado, poder-se-ia chegar a um resultado satisfatório no controle de atos anticompetitivos resultantes de acordos verticais mediante cooperação técnica em casos concretos, como as notificações, consultas, intercâmbio de informações e de provas relativas aos casos investigados.

Entre os aspectos a destacar, podemos verificar uma política governamental que pode criar barreiras à entrada e reduzir a competição em uma indústria. Neste sentido, a existência de indústrias reguladas e setores fechados ao exterior seria o exemplo mais tradicional dessa intervenção.

Conforme avalia Catermol (2004, p. 133), a desregulamentação e abertura comercial são vistas, de modo mais amplo, como agentes indutores

> *[...] de um funcionamento mais eficiente, pois ocorreria maior pressão para reduzir custos nesses dois casos. A visão liberal tradicional na teoria econômica diz que a existência de um quadro regulatório forte e a proteção comercial à concorrência externa criam barreiras à entrada e, portanto, um ambiente protegido de pressões competitivas sobre as firmas reguladas.*

Assim, a título de comparação, não é somente no campo das relações empresariais que se verifica a necessidade de uma regulação do ponto de vista internacional. Igualmente se observa essa necessidade nas relações trabalhistas e na contratação coletiva, pois sempre existe o fator econômico envolvido, conforme bem observa Delboni (2009, p. 63):

> *Na Europa, em sua maioria, as negociações coletivas dão-se em nível de setores da indústria ou categorias. Entretanto, em alguns de seus países, entre eles Áustria, Noruega e Dinamarca, a negociação é altamente centralizada, dando-se em âmbito nacional, o que pode prejudicar os resultados como um todo em economias com diferenças regionais muito acentuadas. [...]*

Pelas questões aqui expostas, podemos concluir que a intervenção estatal no domínio econômico se faz necessária para que se possa garantir, ainda que de modo mínimo, o controle das operações empresariais.

4.4. REFERÊNCIAS BIBLIOGRÁFICAS

BAGNOLI, Vicente. *Direito Econômico*. São Paulo: Atlas, 2006.

CATERMOL, Fabrício. Inovações e Contestabilidade: Algumas Considerações sobre Eficiência Econômica. *Revista do BNDES*. Rio de Janeiro, v. 11, n. 22, pp. 123-149, dez. 2004.

DELBONI, Denise Poiani. *Relações trabalhistas e contratação coletiva no Brasil e na União Europeia*. São Paulo: LTR, 2009.

DERANI, Cristiane; FONTOURA COSTA, José Augusto [Coord.]. *Direito Ambiental Internacional*. Santos: Leopoldianum, 2001.

FARIA, José Eduardo. *Os novos desafios da Justiça do Trabalho*. São Paulo: LTr, 1995.

_____. *O Direito na Economia Globalizada*. São Paulo: Malheiros, 2002.

FERRAZ JÚNIOR, Tércio Sampaio. *Introdução ao estudo do Direito*. São Paulo: Atlas, 1996.

_____. Lei de Defesa da Concorrência, Origem Histórica e Base Constitucional. *Arquivos do Ministério da Justiça*. Brasília: Governo Federal, 1992.

FORGIONI, Paula A. *Os fundamentos do antitruste*. São Paulo: Editora RT, 1998.

MACHADO, Luiz. *Grandes economistas VIII: Adam Smith e a riqueza das nações*. São Paulo: COFECON, 2007.

NUSDEO, Ana Maria de Oliveira. *Defesa da concorrência e globalização econômica:* o controle dos atos de concentração no Brasil. São Paulo: Malheiros, 2002.

NUSDEO, Fábio. A ordem econômica constitucional no Brasil. *Revista de Direito Mercantil, Industrial, Econômico e Financeiro,* São Paulo, n. 65, 1987.

_____. *Curso de economia:* introdução ao Direito Econômico. São Paulo: RT, 2005.

PINHEIRO, Armando Castelar; SADDI, Jairo. *Direito, economia e mercados.* Rio de Janeiro: Elsevier, 2005.

POSSAS, Mario Luiz, FAGUNDES Jorge e PONDÉ, João Luiz. *Política antitruste:* um enfoque schumpeteriano. s. n. t. Disponível em: <raceadmv3.nuca.ie.ufrj.br/BuscaRace/Docs/possas4.rtf>. Acesso em: 27 agosto 2012.

SALOMÃO FILHO, Calixto. *Direito concorrencial: as estruturas.* São Paulo: Malheiros, 2007.

VARIAN, Hal R. *Microeconomia:* princípios básicos. Tradução da 5ª ed. americana. Rio de Janeiro: Campus, 2000.

WILLIAMSON, Oliver. E. The new institutional economics: taking stock, looking ahead. *Journal of Economic Literature,* v. XXXVIII, 2000.

Capítulo 5

ARBITRAGEM E DIREITO CONCORRENCIAL: O PRINCÍPIO DA LEGALIDADE E PROPORCIONALIDADE JUSTIFICANDO A UTILIZAÇÃO DA ARBITRAGEM PARA DIRIMIR CONFLITOS CONCORRENCIAIS

Daniel Bushatsky

Sumário

1. Introdução
2. Breve panorama da arbitragem no direito público – histórico e problematização
3. Direito da concorrência: conceito, evolução constitucional e importância
4. Princípios do direito público e a ausência de conflito entre tais princípios e o instituto da arbitragem
5. Breves anotações sobre o direito comparado
6. Conclusão
7. Referências bibliográficas

5.1. INTRODUÇÃO

A possibilidade de utilização da arbitragem pelos entes de Direito Público está praticamente firmada, o que está por vir é a sua consolidação nesse ramo do direito. Infelizmente, alguns juristas ainda estão um pouco reticentes com a ideia por terem, provavelmente, uma visão mais conservadora dos princípios constitucionais que guiam a Administração Pública e o Direito Administrativo.

Igualmente percebe-se que o Poder Judiciário não está plenamente convencido da possibilidade da utilização da arbitragem pelas pessoas jurídicas de Direito Público, não obstante decisões favoráveis ao método estarem sendo proferidas pela maioria dos tribunais pátrios.

Nesse caminho e, mesmo sem ainda haver uma consolidação, o presente estudo visa defender a utilização da arbitragem na área pública, especialmente no tocante às sanções por ilícitos concorrenciais ou na análise de atos de concentração, porventura não aprovados pelo Conselho Administrativo da Defesa Econômica (CADE).

Assim, se tentará demonstrar a arbitrabilidade no direito da concorrência, tendo como principais argumentos a evolução: (i) constitucional, estendendo a incidência das regras concorrenciais às empresas públicas e de economia mista; (ii) da legislação infraconstitucional, que permite e incentiva a inserção de cláusula compromissória nos contratos administrativos; e (iii) dos princípios constitucionais, especialmente da legalidade e da razoabilidade/proporcionalidade, que são permissivos legais para uma evolução legislativa.

Desta forma, se tentará demonstrar que, com base no princípio da razoabilidade, o intérprete do direito deve acolher a doutrina e as decisões relativas à arbitragem pública, em especial no tocante a contratos administrativos, objeto de discussão e reflexão, para os eventuais conflitos concorrenciais.

Caso isso não aconteça, estaremos correndo o perigo de retroceder no tempo e em discussões que seriam facilmente superadas utilizando-se o princípio da proporcionalidade. Em palavras leigas: *não precisamos inventar a roda novamente.*

Por fim, vale destacar que não se quer sugerir uma substituição dos conselheiros do CADE por árbitros e sim que em eventual discussão judicial ligada a decisões dessa autarquia, seja por meio da procuradoria do CADE, seja por entes privados querendo ressarcir os danos patrimoniais pelo ilícito concorrencial, ou mesmo pelas próprias empresas sujeitas à decisão, seria razoável que fosse celebrado um compromisso arbitral delegando a decisão técnica a um árbitro e não a um juiz togado, o qual possivelmente não estaria tão afeto à matéria.

5.2. BREVE PANORAMA DA ARBITRAGEM NO DIREITO PÚBLICO – HISTÓRICO E PROBLEMATIZAÇÃO

A utilização da arbitragem no âmbito do Direito Público nacional e internacional está cada vez mais difundida tanto no meio empresarial, quanto no meio jurídico; e não poderia ser diferente. O Brasil, como grande parte dos estados modernos, necessita de investimentos vultosos em sua economia, para, entre outros motivos, obras de infraestrutura dos mais diversos segmentos, como saúde e transporte. E como o Estado, na maioria das vezes, não tem como suportá-los, decorre necessário firmar todo o tipo de parcerias entre o poder público e os entes privados que assim viabilizem a injeção de investimentos privados.

É nesse sentido que cada vez mais se observa que o Estado está em uma encruzilhada; surgiu para os poderes públicos uma difícil escolha entre enfrentar o déficit público (realizar obras sem ter dinheiro e financiá-las com empréstimos, ou até, se necessário, emitindo papel-moeda, o que gera inflação) ou vivenciar o déficit de infraestrutura (não realizar as obras e não manter em níveis adequados os serviços, para que com esse modo de administração tacanha se evite o recrudescimento da inflação)[67]. A solução gradual[68] está sendo o abandono do uniforme pelo Estado para, adequando-se ao mundo competitivo, vestir-se à paisana[69], ou seja, o Estado inclinou para a segunda opção.

De outro giro, entre alguns problemas de se contratar com a Administração Pública, por causa das cláusulas exorbitantes inseridas nos contratos administrativos, há desconfiança do investidor quanto a um suposto e propagado protecionismo do Poder Judiciário, bem como com a delonga das demandas.

O mesmo ocorre com as questões pertinentes ao Direito Concorrencial. Como saber se determinado ato de concentração não aprovado pelo órgão de defesa da concorrência receberá tratamento técnico e justo no Poder Judiciário?

Pior, a não aprovação da operação ou mesmo uma multa administrativa pela prática de alguma conduta anticoncorrencial pode gerar prejuízos econômicos ou à imagem da empresa.

---

[67] Wald, Arnoldo. A Infraestrutura, as PPPs e a arbitragem. *In: Revista de Arbitragem e Mediação.* n. 5. ano 2. São Paulo: Editora Revista dos Tribunais, abr.-jun. 2005, pp. 14-28.

[68] Observe-se que o papel do Estado ainda não está bem definido. Se de um lado ele precisa ser menos intervencionista, de outro lado, a regulação das atividades privadas nunca esteve tão em voga, haja vista a crise do *subprime*, nos Estados Unidos da América e a necessidade de regulação do sistema financeiro.

[69] Wald, Arnoldo. A Infraestrutura, as PPPs e a arbitragem. *In: Revista de Arbitragem e Mediação.* n. 5. ano 2. São Paulo: Editora Revista dos Tribunais, abr.-jun. 2005, pp. 14-28.

Assim, nada mais lógico que os investidores nacionais ou estrangeiros não queiram que um eventual problema decorrente de uma operação societária demore anos a fio para encontrar a solução em um Poder Judiciário com notórios problemas estruturais.

A arbitragem aparece, assim, como uma boa alternativa a estes investidores e, porque não, ao Estado, pois contará com decisões mais céleres e técnicas para as demandas concorrenciais, que têm em seu fim a melhoria da qualidade de vida da população, visando ao bem-estar do consumidor.

Importante realçar que a culpa da crise do Judiciário não é somente do Poder Judiciário! Vejamos a opinião de Miguel Reale[70], que se espera seja o pensamento de nossos representantes nos três poderes:

> *Com razão foi dado realce aos empecilhos de uma legislação processual obsoleta, que propicia recursos e expedientes que solertes advogados convertem em instrumento tático de incabíveis e condenáveis delongas; à carência nos órgão judiciários dos meios eletrônicos que a técnica de comunicação atualmente predomina nos domínios empresariais, prevalecendo ainda antigas praxes cartoriais; à crise do ensino jurídico que impede a rápida seleção de juízes à altura de sua alta missão, com acabrunhantes lacunas nos quadros da magistratura; a revisão e atualização da organização judiciária, graças à autonomia que a constituição confere ao Judiciário; à condigna, porém, as possibilidades financeiras do Poder Executivo, e sem se criarem diferenças gritantes em conflito com o que é pago aos seus auxiliares.*

Corroborando a opinião deste grande jurista brasileiro estão as estatísticas. Qual é o empresário que quer suportar o risco de uma greve como a dos serventuários do Estado de São Paulo, que, em 2004, paralisou 12 milhões de processos e adiou 450 mil audiências[71]?

É neste cenário que convém estudar a utilização da arbitragem no Direito Público, demonstrando a sua legalidade no direito concorrencial e sugerindo alterações legislativas, quando estamos à frente de questões de cunho patrimonial e técnico, dando especial atenção ao princípio que deveria nortear todas as relações: o princípio da proporcionalidade.

---

70 Reale, Miguel. Crise da justiça e arbitragem. *In: Revista de Arbitragem e Mediação*. n. 5. ano 2. São Paulo: Editora Revista dos Tribunais, abr.-jun. de 2005, pp. 11-13.

71 Disponível no *site* da OAB/SP: http://www.oabsp.org.br. Acesso em 14/02/2005.

5.3. DIREITO DA CONCORRÊNCIA: CONCEITO, EVOLUÇÃO CONSTITUCIONAL E IMPORTÂNCIA

O direito concorrencial disciplina o comportamento dos agentes econômicos nos mercados. Ele é uma ferramenta do direito econômico para garantir a economia. Segundo Isabel Vaz[72], o direito da concorrência é "*formado por um conjunto de normas, regras, princípios e instituições destinado a apurar e a reprimir as infrações contra a ordem econômica, assegurando o exercício da livre-iniciativa e o respeito aos princípios constitucionais aplicáveis às atividades econômicas*".

Desta forma, cabe ao Conselho Administrativo de Defesa da Concorrência (CADE) e à Secretária de Acompanhamento Econômico do Ministério da Fazenda (SEAE), que em conjunto compõem o Sistema Brasileiro de Defesa da Concorrência (SBDC), prevenirem e reprimirem abusos contra a ordem econômica.

O Direito de Concorrência, por meio do artigo 170 da Constituição Federal, que garante a livre-iniciativa, e a Lei n. 12.529/12, que dispõe sobre a defesa da concorrência, em especial nos seus artigos 36 e 88, defende todos os atos que possam limitar ou prejudicar a livre concorrência ou gerar domínio de mercado.

Assim, a defesa da concorrência destina-se a reprimir os abusos já existentes (condutas anticompetitivas) regulados no artigo 36 e a prevenir as concentrações econômicas (Ato de Concentração) que poderão prejudicar a concorrência por meio do quanto disposto no artigo 88 da Lei antitruste.

Nesse sentido, Calixto Salomão[73] explica:

> *Para realizar sua função, o direito concorrencial dispõe de dois tipos de controle, o comportamental e o estrutural. O primeiro visa regulamentar e sancionar o abuso do poder econômico, é um controle posterior, baseado em atuações concretas do sujeito. O segundo é um controle prévio, que visa a impedir a formação de estruturas que possam vir gozar de poder no mercado, estas, só serão permitidas se acompanhadas de justificativa que afastem o perigo de abuso. O interesse neste tipo de controle está no fato de ser ele preventivo, em vez de sancionador.*

---

72 VAZ, Isabel. Arbitrabilidade do Direito da Concorrência. *In: Revista do IBRAC*; v. 16, n. 1. p. 366.
73 SALOMÃO, Calixto Filho. *Direito Concorrencial:* as estruturas. 3ª ed. São Paulo: Malheiros, 2006.

Nesse caminho, não faria sentido somente as empresas privadas estarem submetidas ao direito da concorrencial, haja vista que as entidades estatais, que exploram atividade econômica em regime de competição com as empresas privadas, agigantaram-se e começaram, infeliz, mas naturalmente, a adotar condutas abusivas.

O legislador, percebendo o desequilíbrio do mercado, definiu no artigo 31, da Lei antitruste, que dispõe sobre a prevenção e a repressão às infrações contra a ordem econômica, que as pessoas de direito público também submeter-se-iam à Lei:

> *Art. 31. Esta Lei aplica-se às pessoas físicas ou jurídicas de direito público ou privado, bem como a quaisquer associações de entidades ou pessoas, constituídas de fato ou de direito, ainda que temporariamente, com ou sem personalidade jurídica, mesmo que exerçam atividade sob regime de monopólio legal.* (grifo nosso)

Porém, tal disposição somente foi possível pela inclusão do parágrafo 4º, no artigo 170[74] da Constituição Federal, artigo que estabelece justamente a exploração da atividade econômica pelo Estado.

Ademais, tanto o artigo 173 da Constituição Federal, quanto o artigo 170 da Constituição Federal, que trata da ordem econômica e estabelece como princípio constitucional a livre concorrência, em seu inciso IV[75], estão inseridos no mesmo capítulo destinado à Ordem Econômica e Financeira da República brasileira.

Confira-se sobre o tema, opinião de Isabel Vaz[76], fazendo referência à antiga Lei Concorrencial que deixou de estar em vigor em 29 de maio de 2012:

> *A submissão das entidades estatais, aí compreendidas as empresas públicas e as sociedades de economia mista ao regime da Lei de Defesa da Concorrência, constitui um avanço que, a meu ver, tem origem em uma mudança constitucional. As constituições de 1946*

---

[74] Art. 170. A ordem econômica, fundada na valorização do trabalho humano e na livre-iniciativa, tem por fim assegurar a todos existência digna, conforme os ditames da justiça social, observados os seguintes princípios: IV – livre concorrência;

[75] Art. 173. Ressalvados os casos previstos nesta Constituição, a exploração direta de atividade econômica pelo Estado só será permitida quando necessária aos imperativos da segurança nacional ou a relevante interesse coletivo, conforme definidos em lei. § 4º – A lei reprimirá o abuso do poder econômico que vise à dominação dos mercados, à eliminação da concorrência e ao aumento arbitrário dos lucros.

[76] VAZ, Isabel. *Arbitrabilidade do Direito da Concorrência. In: Revista do IBRAC*; v. 16, n. 1, p. 366.

e de 1967, com a redação da EC 1/969, privilegiavam a "repressão ao abuso do poder econômico". A Carta Política de 1967, no inciso I do art. 157, tratava da "liberdade de iniciativa" e, no inciso V, vinha a "repressão ao abuso do poder econômico caracterizado pelo domínio dos mercados, a eliminação da concorrência e o aumento arbitrário de lucros". Na EC 1/69, os incisos I e V do art. 169 reproduziam os mesmos preceitos. Importa destacar que nesses princípios informadores da ordem econômica então vigente privilegiou-se a "repressão", ocorrendo mudança importante na Constituição de 1988, que elevou a "livre concorrência" à classe de princípio aplicável às atividades econômicas (art. 170, inciso IV), relegando a repressão à categoria de parágrafo do art. 173.

Uma consequência importante decorreu da localização da "repressão ao abuso de poder econômico" como parágrafo do art. 173, pois este artigo trata, exatamente, de entidades estatais que explorem atividades econômicas, determinando, em razão de tal fato, a aplicabilidade a elas da Lei 8.884/94. Por essa razão, certamente, o art. 15 da Lei 8.884/94 inclui, em seu campo de aplicação, as entidades estatais que explorem atividade econômica, já que estão sujeitas ao regime próprio das empresas privadas quanto aos direitos e obrigações civis, trabalhistas e tributários. E mais, é inconcebível que o parágrafo de um artigo não se refira às entidades e às instituições de que trata o caput do respectivo texto legal. Não houve, como afirmam alguns, um "cochilo" do constituinte, ao colocar, segundo dizem, uma regra de repressão ao abuso do poder econômico como parágrafo de um artigo que trata do regime das empresas estatais. A meu ver, isso foi proposital, com o objetivo de submeter também aquela categoria de agentes econômicos ao império da lei de defesa da concorrência. A Lei 8.884/94, que viria a ser promulgada seis anos depois, incorporou aquela diretriz e deu-lhe aplicabilidade, na forma do art. 15.

Tem-se que, a partir da evolução constitucional, aplicam-se aos entes públicos as regras pertinentes ao direito concorrencial[77], confessando-se que eles também podem prejudicar — com suas condutas —, a livre-iniciativa e

---

[77] Jonathan Barros Vita, em seu artigo Arbitragem e Poder Público: uma nova abordagem, traz interessante conceito sobre a igualdade entre entes privados e públicos: "*Em mesmo passo o artigo 173, parágrafo 2º da Carta Federal, trata da igualdade entre empresas públicas, sociedades de economia mista e o estado atuando na*

a livre concorrência, devendo receber o mesmo tratamento do ente privado, pois age como tal.

De outro giro, não se pode esquecer a importância da política antitruste e do SBDC, pois hoje se tem pacificado que a única forma de garantir a repartição dos benefícios entre os consumidores e as empresas, públicas ou privadas, é garantir a concorrência, gerando a redução de preços, a melhoria da produtividade e a qualidade dos bens e serviços[78].

Por outro prisma, tendo a autarquia proferido alguma decisão administrativa e tendo o ente particular levado a juízo a decisão, por que não celebrar um compromisso arbitral para a solução daquela lide?

5.4. PRINCÍPIOS DO DIREITO PÚBLICO E A AUSÊNCIA DE CONFLITO ENTRE TAIS PRINCÍPIOS E O INSTITUTO DA ARBITRAGEM

Importante estudar os princípios de Direito Público, inseridos na Constituição Federal de 1988, para entender a validade da arbitragem no direito concorrencial, com a análise de dois princípios: (i) o da legalidade, provando a arbitrabilidade do direito concorrencial e demonstrando a evolução infraconstitucional que reforçou o entendimento da possibilidade de celebração de contratos administrativos que previssem arbitragem, caminho natural a ser seguido pelo direito antitruste e demonstrando a autorização de celebração de compromisso arbitral para discussão de questões concorrenciais; e (ii) o princípio da razoabilidade/proporcionalidade que deve ser seguido pelas pessoas jurídicas de direito privado e de direito público para solucionar seus conflitos e justificar a arbitragem na solução de litígios concorrenciais.

---

atividade econômica em sentido estrito, aplicáveis os institutos de direito privado de solução de controvérsias, com fundamento na isonomia de tratamento e liberdade contratual sob o prisma da autonomia da vontade". (grifo nosso) (*In: Aspectos Práticos da Arbitragem*; Editora Quartier Latin", p. 217).

[78] Sobre a importância do direito concorrencial para a atração de investimentos externos e sua íntima relação com a política pública, confira opinião de Fernando Herren Aguillar: "*Revendo os dados estatísticos compilados neste capítulo, percebe-se que o aumento de investimentos estrangeiros no Brasil tem reflexos no aumento do número de atos de concentração apresentados ao Cade. E que tem havido um aumento da formulação de exigências por parte da autarquia em relação a essas fusões e aquisições. Não se detecta, contudo, qualquer sinal de alteração estatística em relação ao número de atos reprovados pelo Cade. Uma das leituras possíveis desse quadro é a de que as pressões decorrentes da globalização fazem aumentar o fluxo de capital estrangeiro no país, elevando o número de transações na aquisição do controle de companhias sediadas no Brasil. Mas que simultaneamente as mesmas pressões impelem os julgadores a considerar a importância relativa da concentração empresarial para fazer frente às exigências da mundialização dos mercados*". (grifo nosso) (*Direito Econômico: do direito nacional ao direito supranacional*. 3ª ed. São Paulo: Atlas, 2012, p. 308).

5.4.1. PRINCÍPIO DA LEGALIDADE: AUTORIZAÇÃO PARA A ARBITRAGEM NO DIREITO CONCORRÊNCIA E CELEBRAÇÃO DE COMPROMISSO ARBITRAL

A corrente minoritária da doutrina e o entendimento adotado em poucos e já superados julgados defendem que a arbitragem não pode ser utilizada no meio público porque desrespeitaria um dos princípios norteadores do Direito Público, o da legalidade.

A opinião parece ultrapassada. Antes de entendermos o porquê de o entendimento tradicional acerca do princípio da legalidade estar superado, cumpre definir tal princípio. Maria Sylvia Zanella di Pietro[79] ensina que o princípio da legalidade,

> *[...] juntamente com o do controle da administração pelo Poder Judiciário, nasceu com o Estado de Direito e constitui uma das principais garantias de respeito aos direitos individuais. Isto porque a lei, ao mesmo tempo em que os define, estabelece também os limites da atuação administrativa que tenha por objeto a restrição ao exercício de tais direitos em benefício da coletividade. É aqui que melhor se enquadra aquela ideia de que, na relação administrativa, a vontade da Administração Pública é a que decorre de lei. Segundo o princípio da legalidade, a Administração Pública só pode fazer o que a lei permite.*

Lauro Gama Jr[80] traz uma definição moderna do princípio da legalidade, sob esse novo enfoque da doutrina administrativa, observe-se:

> *II. A redefinição do princípio da legalidade administrativa como vinculação à juridicidade do agir administrativo:*
> Se antes a legalidade administrativa *traduzia-se como vinculação positiva à lei, atualmente o princípio da legalidade administrativa (art. 37, caput, da Constituição) manifesta a ideia de vinculação da conduta do administrador público à*

---

[79] DI PIETRO, Maria Sylvia Zanella. *Direito Administrativo*. 16ª ed. São Paulo: Atlas: 2003, p. 67.
[80] SOUZA, Lauro da Gama Júnior. Sinal Verde para a Arbitragem nas Parcerias Público-Privadas (A Construção de um Novo Paradigma para os Contratos entre o Estado e o Investidor Privado). *In: Revista Brasileira de Arbitragem*. Editora IOB Thomson. n. 8, p. 7.

juridicidade constitucional, *expressão que reitera a centralidade da Constituição no moderno direito brasileiro. Essa nova visão reconhece que o administrador se acha jungido à prática de atos* constitucionalmente *justificados, à luz das regras e princípios postos na Lei Maior, e não apenas aos atos determinados ou autorizados por normas* legisladas. *A ideia de legalidade, ademais, desdobra-se e relaciona-se com outros princípios constitucionais, como os da* impessoalidade, moralidade, publicidade *e, mais recentemente, da* razoabilidade-proporcionalidade.

Assim, os princípios e o sistema de valores e interesses constitucionais, *mais que a lei positiva, constituem o instrumento normativo adequado para pautar a conduta do Administrador Público. Isso com a moderna conceituação do direito administrativo: um conjunto ordenado e sistematizado de normas jurídicas,* não-redutível à lei positiva, *que devem ser interpretadas e aplicadas na realização dos valores albergados na Constituição. São normas jurídicas que se prestam a uma dupla finalidade: à limitação do poder do Estado e à instrumentalização desse poder à satisfação de necessidades coletivas.*

Pois bem. Em matéria de arbitragem, o argumento da indispensabilidade de autorização legislativa específica *para a Administração Pública figurar como parte em procedimento arbitral, fundada na* legalidade administrativa *clássica, e a invocação da* indisponibilidade do interesse público *como obstáculo à sujeição de contratos administrativos à via arbitral não resistem, como se verá adiante, ao* juízo de proporcionalidade *resultante da ponderação, mesmo em abstrato, de valores e interesses constitucionais aplicáveis a tais relações contratuais.* (grifo nosso)

Pois bem, já há autorização legal para a Administração Pública celebrar convenção arbitral, e ela se encontra no artigo 1º da Lei Brasileira de Arbitragem, senão vejamos:

Art. 1º. *As pessoas capazes de contratar poderão valer-se da arbitragem para dirimir litígios relativos a direitos patrimoniais disponíveis.*

Para tanto, cumpre destrinchar tal artigo para entender o porquê da Lei de Arbitragem não impedir seja celebrado um compromisso arbitral pelo ente Público, mas, pelo contrário, autorizar tal celebração.

Selma Lemes[81], uma das autoras da Lei de Arbitragem, explica:

> *No denominado microssistema arbitral, no Direito da Arbitragem, dois importantes conceitos decorrem do disposto no art. 1 da lei n. 9.307/96:* As pessoas capazes de contratar *(arbitrabilidade subjetiva)* poderão valer-se da arbitragem para dirimir litígios relativos a direitos patrimoniais disponíveis *(arbitrabilidade objetiva).*
>
> *A arbitrabilidade subjetiva que está prevista na primeira parte do art. 1, da Lei de Arbitragem acima reproduzida, "pessoas capazes de contratar" refere-se a todas as pessoas capazes da acepção civil, pessoas no gozo de seus direitos e obrigações, sejam físicas ou jurídicas, de Direito Privado ou Público.*
>
> *A arbitrabilidade subjetiva refere-se aos aspectos da capacidade para poder submeter-se à arbitragem, que no âmbito do Direito Público Administrativo, seja como pessoas jurídicas de Direito Público (União, Estados, Municípios, Territórios e Autarquias) ou de Direito Privado (sociedade de economia mista e empresa pública), qualificadas como entidades da Administração Pública direta ou indireta, todas possuem capacidade para firmar convenções de arbitragem.*

Deve-se, porém, distinguir o que é bem disponível do que é bem indisponível. Novamente Selma Lemes[82] esclarece que:

> *[...] o conceito de disponibilidade está relacionado com o de negociabilidade e de bens suscetíveis de valor e livre no mercado. Mas, ao alocar a questão para a área pública, depara-se com o princípio da indisponibilidade, pela Administração, dos interesses públicos. Todavia, como será demonstrado a seguir, a limitação não se aplica em sua totalidade, em especial, à atividade negocial do Estado, quando este, investido do poder de gestão, contrata com o particular.*

---

81 LEMES, Selma. *Arbitragem na Administração Pública*. Editora: Quartier Latin, p. 117.
82 LEMES, Selma. *Arbitragem na Administração Pública*. Editora: Quartier Latin, p. 125.

Exemplificando: decisões de cunho operacional para o Estado como, por exemplo, o investimento em novas escolas ou hospitais, ou investir ou não em determinada obra, não poderão ser objeto da arbitragem. Desta forma o fato do príncipe e as cláusulas exorbitantes continuarão existindo quando a Administração se relaciona com particular e não poderão ser objeto de arbitragem.

Vejamos a opinião de Alessandro Groppali[83] sobre como distinguir bens disponíveis dos indisponíveis:

> [...] o valor social ou não dos bens tutelados constitui o critério mais seguro para distinguir os direitos disponíveis dos indisponíveis: entram na primeira categoria os direitos que tutelam interesses meramente individuais. Pertencem à segunda categoria aqueles direitos que tutelam bens de interesse geral como os da família e da sociedade.

A legislação atual é clara quanto ao uso da arbitragem na solução de conflitos. Não surpreende, pois, a crescente referência à arbitragem na legislação infraconstitucional, dos quais são exemplos: o art. 43, X, da Lei n. 9.478/1997 (Lei do Petróleo); o art. 109, § 3º, da Lei n. 6.404/1976, modificada pela Lei n. 10.433/20002 (Lei do Mercado Atacadista de Energia Elétrica – MAE); os artigos 851 a 853 do novo Código Civil, sobre o compromisso, e o art. 11, III, da Lei n. 11.079/2004 (Lei das Parcerias Público Privadas).

Cumpre ressaltar que esses diplomas legais não criaram a possibilidade de o Poder Público solucionar seus conflitos por arbitragem, apenas vieram a reiterar essa possibilidade, uma vez que a Lei de Arbitragem já o fez há quase quinze anos.

Conclui-se que o princípio da legalidade administrativa, ponderado com os demais princípios constitucionais incidentes no contexto da arbitragem entre a Administração e o particular (princípio da eficiência, da boa-fé, da razoável duração do processo), não justificam a exigência de autorização legislativa específica para a administração submeter-se a juízo arbitral.

Por fim, observa-se que é a convenção de arbitragem a raiz deste método alternativo de solução de conflito. A convenção é gênero de duas espécies,

---

[83] GROPPALI, Alessandro. *Introdução ao estudo ao direito*. Tradução de Manoel de Alarcão. 3ª ed. (S. l.) Coimbra Editora, 1978, p. 169.

cláusula compromissória e compromisso arbitral[84]. A primeira é estipulada em contratos privados ou administrativos. Já a segunda, conforme assevera Francisco José Cahali[85], *"é o instrumento firmado pelas partes por meio do qual, diante de um conflito manifesto, já deflagrado entre os envolvidos, faz-se a opção por direcionar ao juízo arbitral a jurisdição para solucionar a questão".*

Assim, ajuizada ação para desconstituir decisão do CADE[86] e a partir do princípio da proporcionalidade, que será explorado abaixo, nada impede que as partes celebrem compromisso arbitral, extinguindo a demanda, passando a decisão ao árbitro ou tribunal arbitral, inclusive isto já ocorreu em contrato administrativo que não constava cláusula arbitral, sendo por meio do compromisso arbitral instituído o procedimento arbitral[87].

No campo da arbitragem no direito concorrencial, somente conseguimos visualizar a possibilidade de compromisso arbitral, haja vista que não será celebrado contrato entre o ente privado e a autarquia antitruste.

Infelizmente a nova Lei Antitruste não se atentou a esta possibilidade, não dispondo na reestruturação do SBDC o incentivo ao uso desse método alternativo de solução de conflito, bem como acrescentando disposição sobre a possibilidade de a procuradoria do CADE assinar compromisso arbitral para a solução de litígios decorrentes de julgamento pela autarquia. O mesmo vale para os entes privados que litigam acerca de danos causados por práticas anticompetitivas de seus concorrentes.

---

84 Confira-se o art. 3º, da Lei de Arbitragem: As partes interessadas podem submeter a solução de seus litígios ao juízo arbitral mediante convenção de arbitragem, assim entendida a cláusula compromissória e o compromisso arbitral.

85 *Curso de Arbitragem*. São Paulo: Editora Revista dos Tribunais, 2011, p. 108.

86 Destaca-se que a decisão do CADE é administrativa, cabendo recurso ao judiciário. A decisão, porém, não é discricionária e sim ato vinculado, enraizado na técnica, que pode, portanto, ter seu mérito rediscutido no judiciário. Tércio Sampaio Ferraz Júnior ensina: *"Se tais atos são vinculados, a possibilidade de recurso ao Judiciário deve ser aprovada. O juiz há de apreciar o mérito da decisão e não apenas questões formais de competência e moralidade. Cabe-lhe, assim, examinar a solidez dos critérios técnicos embasadores da decisão. E isto mormente para quando se atenta para o fato de que no capítulo do controle de atos e contratos estamos às voltas com um ato de intervenção do Estado no domínio econômico que pode atingir um direito fundamental, qual seja, a liberdade de iniciativa. Submeter a livre-iniciativa, direito subjetivo fundamental, a uma discricionariedade, a um juízo de conveniência e oportunidade com base técnica, é submeter a liberdade à tirania da técnica, à tecnocracia. O CADE ao aprovar ou reprovar emite um juízo técnico, cuja validade jurídica exige a possibilidade de uma revisão quando um direito esteja sendo ameaçado"* (FERRAZ, Tércio Sampaio Jr. Discricionariedade nas Decisões do CADE sobre Atos de Concentração. *In:* Revista do IBRAC. São Paulo, 1997, p. 87-89).

87 Interessante acórdão do TJPR, em que a Companhia Paranaense de Gás – Comgás e o Consórcio Carioca – Passarelli, celebraram compromisso arbitral, mesmo sem que o edital de licitação o tivesse previsto. Os desembargadores sustentaram que o que importa é o caso real, e, neste caso, a discussão versava sobre direito disponível, ou seja, a readequação do equilíbrio econômico financeiro do contrato. Logo foi possível a arbitragem. (TAPR – AC 247.646-0, 7ª C. Cív., de 11.02.2004 – Rel. Des. Lauro Laertes de Oliveira –"Recurso Improvido").

Acrescente-se, ainda, que a lei poderia sugerir como sede da arbitragem o Brasil[88] e como língua oficial, o português[89]. Tudo para garantir uma participação eficiente do Poder Público.

Interessante questionar se esta arbitrabilidade do direito antitruste não iria contra, por exemplo, a posição de Paula Forgioni[90] quando discorre sobre direito econômico, do qual o direito concorrencial é sub-ramo: *o direito econômico é o conjunto das técnicas de que lança mão o Estado contemporâneo em sua função de implementar políticas públicas*. *"Assim, o direito antitruste deve ser visto como uma forma de o Estado impor suas políticas públicas"*. (grifo nosso)

Ora, se o direito antitruste deve ser visto como uma forma de o Estado impor suas políticas públicas, seria impossível aplicar o instituto da arbitragem, correto?

Isto seria verdade caso se defendesse a substituição dos conselheiros do CADE, que são indicados pelo presidente da república, por árbitros. Não é isso que se defende. Sugere-se que a parte disponível da decisão, que deve ser calcada em técnicas econômicas[91] e jurídicas, seja transferida para um especialista no assunto, o árbitro, quando invocado o Poder Judiciário.

5.4.2. PRINCÍPIO DA PROPORCIONALIDADE

O princípio da proporcionalidade[92] deveria guiar qualquer relação, seja pessoal, seja empresarial. O empresariado possui inúmeros problemas para

---

88 Por exemplo, a escolha da sede tem as seguintes repercussões do ponto de vista jurídico, segundo Adriana Braghetta: (i) a definição de nacionalidade do laudo com reflexos na execução; (ii) definição da competência do Judiciário para controle do laudo via ação de nulidade; (iii) a lei da sede tem papel subsidiário para regular a validade da convenção arbitral; e (iv) a lei da sede também desempenha papel importante nas disposições procedimentais imperativas. (*In: Revista do Advogado* – arbitragem e mediação. AASP, pp. 7-14).

89 Confira-se o artigo 11, da Lei nº. 11.079/2004, que institui normas gerais para licitação e contratação de parceria público-privada no âmbito da administração pública : *"O instrumento convocatório conterá minuta do contrato, indicará expressamente a submissão da licitação às normas desta Lei e observará, no que couber, os §§ 3º e 4º do art. 15, os arts. 18, 19 e 21 da Lei nº 8.987, de 13 de fevereiro de 1995, podendo ainda prever: III – o emprego dos mecanismos privados de resolução de disputas, inclusive a arbitragem, a ser realizada no Brasil e em língua portuguesa, nos termos da Lei nº 9.307, de 23 de setembro de 1996, para dirimir conflitos decorrentes ou relacionados ao contrato"*. (grifo nosso)

90 Forgioni, Paula A. *Os Fundamentos do Antitruste*. 3ª ed. São Paulo: Revista dos Tribunais, 2009, p. 33.

91 As técnicas de análise de possíveis restrições decorrentes de Atos de Concentração evoluíram. O uso da econometria para a análise de Ato de Concentração teve inicio no CADE no caso Nestlé-Garoto.

92 Assim, a título ilustrativo, vale citar o que Celso Antônio Bandeira de Mello entende por princípio da proporcionalidade, complementando o capítulo destinado a esse princípio: "*o princípio da proporcionalidade não é senão uma faceta do princípio da razoabilidade. Ele divide o princípio da proporcionalidade em três elementos a serem observados nos casos concretos: a adequação, a necessidade e a proporcionalidade em sentido estrito. Conforme expressões de Canotilho, a adequação "impõe que a medida adotada para a realização do*

resolver que, às vezes, com um pouco de boa vontade, um pouco de sensibilidade e consciência, seriam muito mais facilmente solucionados.

Neste mesmo caminho, está o princípio da proporcionalidade para justificar a adoção da arbitragem no Direito Público. Às vezes a doutrina nega este método de solução de conflito ao ente estatal porque não se atenta às questões maiores, das quais o confronto a resolver é mera e pequena consequência, que, de seu turno, aí o problema para ser solvido poderá atrapalhar toda a operação ao longo de anos. Talvez, esse confronto a resolver seja singelo, mas, ao mesmo tempo, irritante pedra no sapato do maratonista.

Em primeiro lugar porque o direito concorrencial passou a ter uma nova pele e não adianta continuar a vesti-lo com as velhas roupas[93], conforme se demonstrou quando vista a evolução constitucional; em segundo lugar porque o Estado deve se ater mais ao princípio da eficiência (artigo 5º da Constituição Federal do Brasil) e economicidade; e, por último, citando Lauro de Gama e Souza Jr.[94]: "Princípio da proporcionalidade, a legalidade deve ser ponderada como princípio da boa-fé, da eficiência, da duração razoável do processo e dos meios que garantam a sua celeridade, ou outros princípios constitucionais".

Igualmente, Selma Lemes[95] observa que o princípio da proporcionalidade é mais do que uma possibilidade da Administração Pública, e sim um dever a ser atendido ao celebrar contratos com o ente privado, senão vejamos:

> *Diante de situações e escolhas possíveis quanto às formas de solução de controvérsia nos contratos administrativos que estiverem sendo entabulados, constitui um dever do administrador, respaldado nos princípios da eficiência, da economicidade, da proporcionalidade, da razoabilidade, analisar a conveniência e*

---

interesse público deve ser apropriada à persecução do fim ou fins a ele subjacentes"; o princípio da necessidade coloca a tônica na ideia de que o cidadão tem direito a menos desvantagem possível e o princípio da proporcionalidade em sentido estrito é entendido como princípio da justa medida. Meios e fins são colocados em equação mediante um juízo de ponderação, com o objetivo de se avaliar se o meio utilizado é ou não desproporcionado em relação ao fim. Trata-se, pois, de uma questão de medida ou desmedida para se alcançar um fim: pesar as desvantagens dos meios em relação às vantagens do fim". (Celso Antônio Bandeira de Mello. *Curso de Direito Administrativo*. 25ª ed. Editora Malheiros – Capítulo II – Princípios Constitucionais no Direito Administrativo Brasileiro, pp. 110-112).

[93] Citação extraída do pensamento espanhol, por Selma Ferreira Lemes. *Valor Econômico*. 22/03/2006; edição n. 1474.

[94] SOUZA, Lauro de Gama Júnior. Sinal Verde para a Arbitragem nas Parcerias Público-Privadas (A construção de um Novo Paradigma para os Contratos entre o Estado e o Investidor). *In: Revista Brasileira de Arbitragem*, n. 8, out.-dez./2005 – doutrina nacional. São Paulo: Editora Revista dos Tribunais, pp. 7-42.

[95] LEMES, Selma. *Arbitragem na Administração Pública* – Fundamentos Jurídicos e Eficiência Econômica. Editora: Quartier Latin, p. 157.

oportunidade em eleger a arbitragem como forma de solução de controvérsias. Como demonstrado nas justificativas das hipóteses anteriores não há impedimento legal neste sentido; ao contrário, a imperativo de natureza econômico-finaceira que recomenda esta opção: os benefícios diretos e indiretos que dela advirão. Diretos, por gerarem a economia no custo de transação e consistirem em fator de atração de capital privado (tema da seção seguinte); por libertarem o Judiciário do exame de questões complexas, que são compatíveis em foros especializados. Os ganhos indiretos, por representarem a atração de maior número de participantes do certame licitatório, aumentarem a competitividade no setor privado (com ganhos para a sociedade em geral); empreenderem maior segurança jurídica ao negócio ao demonstrar que a Administração elege a arbitragem para a solução de diferenças contratuais (como será demonstrado na seção seguinte desta tese); além de economizarem com a não utilização da máquina judiciária custeada pela Administração Pública; e, por último, quiçá melhorarem a efetividade da prestação jurisdicional aos cidadãos, o que na atualidade é um desiderato constitucional (artigo 5, LXXVIII).

Desta forma, utilizando-se deste princípio, quiçá o mais importante dos princípios, não há dúvida que a Administração Pública deve utilizar a arbitragem para, assim, alcançar seus objetivos. Deve valer mais o objetivo do que a forma, ou seja, deve haver razoabilidade/proporcionalidade nas decisões, privilegiando sempre a arbitragem e, consequentemente, a segurança dos investidores.

Ademais, não seria somente decorrência do princípio da proporcionalidade a possibilidade da arbitragem no direito concorrencial, haja vista que o CADE pode transacionar, com o ente privado, compromisso de cessação de uma conduta[96]. Ou seja, se o CADE pode transacionar, significa que pode dispor dos bens tutelados por ele. Nesse sentido, Isabel Vaz[97]:

---

[96] Observe-se o artigo 85, da Lei n. 12.529/12: *"Nos procedimentos administrativos mencionados nos incisos I, II e III do art. 48 desta Lei,* **o Cade poderá tomar do representado compromisso de cessação da prática sob investigação ou dos seus efeitos lesivos**, *sempre que, em juízo de conveniência e oportunidade, devidamente fundamentado, entender que atende aos interesses protegidos por lei"*. (grifo nosso)

[97] VAZ, Isabel. Arbitrabilidade do Direito da Concorrência. *In: Revista do IBRAC*. v. 16, n. 1, p. 376.

Pode ocorrer, no entanto, que no curso de um processo, em qualquer fase, surjam transações, ou atos processuais com a natureza de transações, como o termo de compromisso de cessação de uma conduta. Eis o que dispões o art. 53 da Lei 8.884/94:

"Em qualquer das espécies de processo administrativo, o CADE poderá tomar do representado compromisso de cessação de prática sob investigação ou dos seus efeitos lesivos, sempre que, em juízo de conveniência e oportunidade, entender que atende aos interesses protegidos por lei".

Essa prerrogativa, que representa uma espécie de composição amigável de litígio, pode ser exercida apenas pelo CADE, ou poderia, sem se deixar de atentar para a defesa dos interesses da coletividade, ser delegada à arbitragem?

O que se questiona é se o juízo arbitral poderia assumir, em certos casos, a defesa de um bem quase imaterial, aplicando a lei de defesa da ordem econômica, não obstante a natureza de instituição jurídica atribuída à livre concorrência, com vantagem para a coletividade.

Vale anotar ainda a decorrência lógica, na opinião deste autor, do princípio da proporcionalidade e da razoabilidade, que José Roberto Pimenta Oliveira[98] vê, com a qual se concorda. Realmente há uma fungibilidade entre os dois princípios.

Por outro prisma, os princípios do direito empresarial, como a autonomia da vontade e o *pacta sunt servanda* não estarão sendo feridos pela arbitrabilidade do direito concorrencial. Pelo contrário, estarão sendo confirmados, haja vista que a base da arbitragem será um compromisso arbitral negociado entre as partes, bem como se estará dando mais um elemento para o cálculo empresarial, entregando segurança jurídica às empresas. Tudo se coaduna perfeitamente com o apontado por Paula Forgioni[99], quando assinala que "*justamente porque o direito empresarial possui uma lógica peculiar, os textos normativos requerem uma interpretação/aplicação diversa, adequada à realidade que disciplinam*".

---

[98] OLIVEIRA, José Roberto Pimenta. *Os princípios da Razoabilidade e da Proporcionalidade no Direito Administrativo Brasileiro.* Malheiros Editores. 2006, p. 192.

[99] FORGIONI, Paula. *Interpretação dos negócios empresariais.* Fundamentos e princípios dos contratos empresariais. São Paulo: Saraiva/Fundação GV, 2007, p. 79.

Lembre-se que, entendendo todo o consubstanciado no direito comercial como um "custo" para o empresário, será de importante valia a possibilidade de se discutir na arbitragem eventual restrição imposta pelo CADE[100].

Por fim, não se pode ficar distante do atual Projeto de Código Comercial que trará, certamente, se aprovado, nova roupagem a este ramo do direito, o que não mudará o entendimento da arbitragem no direito concorrencial e sim o reforçará. O artigo 8º do Projeto é um exemplo não só do que aguarda o operador do direito, mas também da necessidade de se estudar os princípios de acordo com a razoabilidade, já que dispõe que "*nenhum princípio, expresso ou implícito, pode ser invocado para afastar a aplicação de qualquer disposição deste código*". Segundo Fabio Ulhoa Coelho[101], ao comentar este artigo, "*o paradigma dos princípios não hierarquiza normas principiológicas, mas apenas as transpõe ao centro da argumentação jurídica, para que informem e elucidem as regras não principiológicas*".

5.5. BREVES ANOTAÇÕES SOBRE O DIREITO COMPARADO

A arbitrabilidade do direito concorrencial não é novidade no Direito Comunitário Europeu, principalmente no Direito Francês, e no Direito Americano[102].

Para o Professor Habib Kazzi[103], da Universidade Paul Cézanne-Aix Marseille, a partir de uma evolução do conceito de ordem pública, houve

---

100 Sobre o custo empresarial e a legislação antitruste, confira-se Fábio Ulhoa Coelho: "*Concorrência desleal e abuso do poder econômico – a garantia jurídica do funcionamento das estruturas do mercado livre abre a possibilidade a novos empresários de ingressarem em segmentos desse mercado, para fins de competirem com os que nele já atuam. Na medida em que o direito concorrencial e o antitruste contemplem normas mais rigorosas contra práticas desleais e abusivas, consolida-se a garantia de competitividade entre empresários. Note-se, contudo, que há uma ambiguidade decorrente do rigor na aplicação da legislação repressora do abuso do poder econômico. As sanções impostas pelas autoridades fiscalizadoras das estruturas do livre mercado – e aqui lembro não apenas as multas, mas igualmente o desfazimento de operações societárias concentracionistas, a invalidação da cessão de marcas e patentes, e outras medidas desconstitutivas de negócios jurídicos – formam um dos elementos de custo da empresa. Desse modo, quanto maior o rigor do direito de tutela das estruturas do mercado livre, melhores são as condições de investimento, mas é maior o custo da atividade. Afinal, se, de um lado, a repressão às práticas anticoncorrenciais amplia o acesso das empresas aos diversos mercados relevantes, de outro, não podem os empresários deixar de se precaverem, por meio da formação de reservas para absorção de eventuais punições. São paradoxos próprios à legislação antitruste*". (grifo nosso) (*Curso de Direito Comercial: Direito de Empresa*; v. 1, 13 ed. São Paulo: Saraiva, 2009, p. 44)

101 COELHO, Fábio Ulhoa. O Projeto do Novo Código Comercial. In: *Revista do Instituto dos Advogados de São Paulo*. ano 15, v. 25. jan.-jun. 2012, p. 207.

102 Confira a arbitrabilidade em direito interno do direito da concorrência em: (i) Ngheim v. NEC Eletronics, Inc 25 F.3d 1437 (9th Cir. 1994); (ii) Coors Brewing Co. v. Molson Breweries, 51 F 3d 1511 (10th Cir. 1995).

103 Kazzi, Habib. "Le controle dês pratiques anticoncurrentielles et de concentrations entre entreprises dans une économie mondialisée: contribution à l'étude de l'application internationale du droit économique. Presses Universitaires d'Aix-Marseille", 2007.

uma maior aceitação da arbitrabilidade do Direito da Concorrência, pelo direito positivo.

Isabel Vaz observa, a partir da tese de doutorado de Kazzi, que: *"nessa linha de evolução, que ocorreu no Brasil tanto pela submissão de entidades estatais ao Direito da Concorrência quanto dos contratos administrativos à arbitragem, embora por diferentes razões, é que o raciocínio ora desenvolvido procura se sustentar"*. E continua: *"observa Habib Kazzi que "de uma concepção monista, em que a justiça estatal era considerada como o único órgão de aplicação do Direito da Concorrência, passou-se a uma concepção plurista que testemunha a explosão do monopólio do Estado na prática das regras de ordem pública da concorrência sobre o plano civil. Admitida a arbitrabilidade, tratar-se-á de examinar o alcance das restrições que lhe são impostas pelo Estado". Finalizando, sempre nas palavras de Kazzi: "A consagração da arbitrabilidade dos litígios concorrenciais marca o triunfo da concepção plurista que está na origem de uma descentralização do poder da sanção civil do ilícito concorrencial e o estouro de seu monopólio por meio de um reconhecimento, porém, ao árbitro do poder de se pronunciar sobre essa questão"*.

Nesse sentido, fica claro que a evolução da arbitragem e do direito da concorrência convergem para a arbitrabilidade deste último.

Vale conferir comentário de Kazzi sobre os litígios que podem ser submetidos à arbitragem no direito americano: *"O alcance da arbitrabilidade se estende a todas as leis antitruste do Direito federal ou dos estados federados, desde que essas leis ou as normas que elas editam possam ser objeto de uma ação privada por violação ao Direito Antitruste e que elas se destinem a ser invocadas pelo requerente privado nessa ação. Não podem ser objeto de arbitragem os litígios submetidos ao FTC Act, que dizem respeito à aplicação do Direito Antitruste pelas autoridades administrativas"*.

Concordamos em parte com o doutrinador. Estamos de acordo quanto à arbitrabilidade do direito concorrencial em ações privadas, e não vemos prejuízo ao ente público e, muito menos, ilegalidade quando decisões do CADE questionadas em juízo sejam levadas para procedimento arbitral, com a procuradoria do CADE defendendo os interesses da autarquia no judiciário.

5.6. CONCLUSÃO

Pode-se perceber que é essencial um novo olhar sobre a possibilidade de arbitragem no âmbito do Direito Concorrencial.

A arbitragem justifica-se por sua celeridade, sua tecnicidade, sua confidencialidade, sendo um dos meios alternativos de solução de conflitos que se encaixa no moderno capitalismo, dando segurança jurídica a quem a utiliza.

Não é à toa que no meio empresarial privado ela é cada vez mais usada e amplamente aceita.

Constitucionalmente, ela já é aceita também para solucionar problemas de Direito Público, em sede de licitações. Desde a entrada em vigor da Lei de Arbitragem, já havia essa previsão e ela vem sendo aceita pela comunidade jurídica como um todo.

Ademais, os princípios constitucionais não são, de forma alguma, feridos pela utilização da arbitragem[104]. Pelo contrário, eles autorizam e incentivam sua utilização, principalmente o da proporcionalidade.

O que necessitamos, na verdade, é de maior conscientização dos órgãos públicos para assimilarem que sem segurança jurídica não pode o Brasil se desenvolver, e que países ditos de primeiro mundo já relativizaram seus conceitos de ordem pública e permitem a arbitragem no direito concorrencial.

Desta forma, a arbitragem e, quem sabe, em um futuro próximo, a mediação e a conciliação, serão amplamente utilizadas para solucionar conflitos com a Administração Pública, fazendo-a mudar definitivamente, de um modelo administrativo burocrático e ultrapassado, para um modelo competitivo e liberal.

Lembrando o que Themístocles Cavalcanti[105] disse:

> *Parece-me que a administração realiza muito melhor os seus fins e a sua tarefa, convocando as partes que com elas contratarem a resolver as controvérsias de direito e de fato perante o juízo arbitral, do que denegando o direito das partes, remetendo-as ao juízo ordinário ou prolongado processo administrativo, com diligências intermináveis, sem um órgão diretamente responsável pela instrução do processo.*

---

[104] Nunca é demais transcrever lúcido texto de Selma Lemes: "*Importa notar que se os valores albergados nos princípios jurídicos pudessem ser mensurados e avaliados em grandezas, todos teriam os mesmos valores em grandezas, todos teriam os mesmos valores intrínsecos, tanto os estabelecidos no caput do art. 37, da Constituição Federal, como seus consectários. Assim como a Administração está obrigada a respeitar o princípio da legalidade, deve acatar, também, os princípios da eficiência, da economicidade, da razoabilidade, do equilíbrio contratual, da confiança, etc. que operem a favor da utilização da arbitragem no setor público. Com estes princípios jurídicos constitucionais combinados entre si, interpretados sistemática e teleologicamente, o legislador imprimiu características modernas à gestão administrativa, impondo-lhe maior agilidade, eficiência e economia, ou seja, determina a prática da gestão e boa governança administrativa*". In: LEMES, Selma. Arbitragem na Administração Pública – Fundamentos Jurídicos e Eficiência Econômica. Editora: Quartier Latin, pp. 99-100.

[105] GRAU, Eros. Arbitragem e contrato administrativo. In: Revista Trimestral de Direito Público. n. 32, São Paulo: Editora Revista dos Tribunais, 2000, p. 15.

Portanto, espera-se que o princípio da proporcionalidade guie a relação entre o Poder Judiciário, as pessoas de Direito Público e a iniciativa privada, aceitando a arbitragem nos momentos oportunos, com o único objetivo de que a prestação jurisdicional seja efetiva e gradualmente mais célere, acompanhando as "ondas renovatórias"[106], ajudando o Brasil a atrair investimentos externos em todas as suas áreas, oferecendo maior bem-estar ao consumidor, fim maior do direito concorrencial.

5.7. REFERÊNCIAS BIBLIOGRÁFICAS

AGUILLAR, Fernando Herren. *Direito Econômico: do direito nacional ao direito supranacional*. 3. ed. São Paulo: Atlas, 2012, p. 308.

BANDEIRA DE MELLO, Celso Antonio. *Curso de Direito Administrativo*. 15. ed. São Paulo: Malheiros, 2002.

CAHALI, Francisco José. *Curso de Arbitragem*. São Paulo: Editora Revista dos Tribunais, 2011.

COELHO, Fábio Ulhoa. *Curso de Direito Comercial: Direito de Empresa*. v. 1, 13ª ed. São Paulo: Saraiva, 2009.

_____. O Projeto do Novo Código Comercial. *In: Revista do Instituto dos Advogados de São Paulo*. ano 15, v. 25. jan.-jun. 2012, p. 207.

DALLARI, Adilson de Abreu. Arbitragem na concessão de serviço público. *Revista Trimestral de Direito Público*, 1996.

DI PIETRO, Maria Sylvia Zanella. *Direito Administrativo*. 16ª ed. São Paulo: Editora Atlas, 2003.

FORGIONI, Paula. *Interpretação dos negócios empresariais. Fundamentos e princípios dos contratos empresariais*. São Paulo: Saraiva/Fundação GV, 2007, p. 79.

GRAU, Eros Roberto. Da arbitrabilidade de litígios envolvendo sociedade de economia mista e da interpretação da cláusula compromissória. *Revista de Direito Bancário, do Mercado de Capitais e da Arbitragem*. Out.-dez. 2002.

_____. Arbitragem e contrato administrativo. *Revista Trimestral de Direito Público*, n. 32. São Paulo: Editora Revista dos Tribunais, 2000, p. 15.

GROPPALI, Alessandro. *Introdução ao estudo ao direito*. Trad. Manoel de Alarcão. 3ª ed. Coimbra Editora, 1978.

MATTOS, Mauro Roberto Gomes de. Contrato Administrativo e a Lei de Arbitragem. *Revista de Direito Administrativo*, v. 223, jan./mar. 2001.

---

[106] WALD, Arnoldo. A Infraestrutura, as PPPs e a arbitragem. *In: Revista de Arbitragem e Mediação*. n. 5, ano 2. São Paulo: Editora Revista dos Tribunais, abr.-jun. 2005, pp. 14-28.

LEMES, Selma M. Ferreira. Arbitragem na Concessão de Serviço Público. *Revista do Direito Bancário, do Mercado de Capitais e da Arbitragem*. n. 17, ano 5, jul.-set. 2002. São Paulo: Revista dos Tribunais, pp. 342/354.

_____. *Arbitragem na Administração Pública – Fundamentos Jurídicos e Eficiência Econômica*. Quartier Latin.

MEDAUAR, Odete. *Direito Administrativo Moderno*. 7ª ed. revista e atualizada. Revista dos Tribunais, pp. 232-233.

MOREIRA NETO, Diogo de Figueiredo. Arbitragem nos Contratos Administrativos. *Revista de Direito Administrativo*, 209/84. jul.-set. 1997.

PINTO, José Emilio Nunes. A arbitrabilidade de controvérsias nos Contratos com o Estado e Empresas Estatais. *RBAr*, n. 1, jan.-mar. 2004 – doutrina nacional; fls. 13.

REALE, Miguel. Crise da justiça e arbitragem. *Revista de Arbitragem e Mediação*. n. 5, ano 2. São Paulo: Editora Revista dos Tribunais. abr.-jun. 2005, p. 11-13.

SALOMÃO, Calixto Filho. *Direito Concorrencial: as estruturas*. 3ª ed. São Paulo: Malheiros, 2006.

SOUZA JÚNIOR, Lauro da Gama. *Sinal verde para a arbitragem nas parcerias – público privadas (a construção de um novo paradigma para os contratos entre o estado e o investidor privado)*. São Paulo: Revista Brasileira de Arbitragem. n. 8, out.-dez. 2005, pp. 7-42.

STERN, Brigitte. O ingresso da sociedade civil na arbitragem entre estado e investidor. Doutrina Internacional. *Revista de Arbitragem e Mediação*. ano 1, n. 1, jan.-abr. 2004; São Paulo: Revista dos Tribunais, fls. 101/113.

TÁCITO, Caio. Arbitragem nos litígios administrativos. *Revista de Direito Administrativo*. V. 210. Editora Renovar, pp. 111-115.

VAZ, Isabel. Arbitrabilidade do Direito da Concorrência. *Revista do IBRAC*. v. 16, n. 1, fls. 376.

VITA, Jonathan Barros. *Aspectos Práticos da Arbitragem*. Editora Quartier Latin, fls. 217.

WALD, Arnoldo. A Infraestrutura, as PPPs e a arbitragem. *Revista de Arbitragem e Mediação*. n. 5, ano 2. São Paulo: Revista dos Tribunais. abr.–jun. 2005, pp. 14-28.

Capítulo 6

A PREVISÃO LEGAL FALHA E OMISSA DAS SOCIEDADES DESPORTIVAS EM RELAÇÃO AO DIREITO DE EMPRESA: O CLUBE-EMPRESA BRASILEIRO E MUNDIAL

Estêvão Nascimento Orcini
Diovani Vandrei Alvares

Sumário

1. Resumo
2. Introdução
3. O surgimento histórico dos clubes
4. Esporte, direito empresarial e direito esportivo
5. Associações e sociedades
6. Os clubes como associações deturpadas
7. A transformação da associação em sociedade empresária
8. O desenvolvimento da legislação de uma possível sociedade desportiva empresarial
9. Consequências da ausência do direito empresarial na legislação desportiva
10. Clube-empresa no mundo
11. Clube-empresa no Brasil
12. Apêndice: a lavagem de dinheiro no futebol no Brasil
13. Conclusão
14. Referências bibliográficas

6.1. RESUMO

Hoje, os clubes desportivos brasileiros, em especial os grandes clubes de futebol, não seguem mais a origem unicamente esportiva que motivaram suas criações. Constituem verdadeiras sociedades empresariais com algumas especificidades e precisam adaptar-se, portanto, ao direito empresarial societário para que sejam administradas da maneira mais correta possível de acordo com a lei e não abram espaços à ilegalidade que hoje existe no futebol brasileiro. Algumas leis tentaram, mas nada ainda foi realmente efetivado em termos de adequação à legalidade empresarial.

6.2. INTRODUÇÃO

O desporto é previsto na Constituição Federal brasileira de 88, cabendo à União, aos Estados e ao Distrito Federal promovê-lo e regulamentá-lo. É, também, dever do Estado fomentar práticas desportivas formais e não formais, obedecendo os incisos do art. 217 da Carta Magna. Para o particular há incentivos fiscais para aqueles que promovem o desporto.

Já que é dever do Estado incentivar o Esporte, é também, então, dever deste proteger e tutelar seus praticantes e aqueles que tornam possível essa prática.

A Sociedade Esportiva ou Empresa Esportiva, propriamente dita, fora citada como tal pela primeira vez pela Lei 8.672/93, famosa Lei Zico e, posteriormente, reformulada pela Lei Pelé, Lei 9.615/98. No entanto, não são as sociedades desportivas, previstas, especificamente, nem no velho nem no novo Código Civil de 2002. Ela é produto de legislação especial e teve sua última alteração baseada na Lei n. 10.672/03, período em que já vigorava nova regulamentação acerca das outras formas societárias.

O objetivo desta compilação normativa em forma de legislação especial, de 93, no seu primeiro momento, era normatizar e tornar público o reconhecimento das atividades esportivas como atividades empresariais, já que, ao longo de suas criações, os clubes já não mais ofereciam serviços apenas aos seus associados, assim como não mais apenas captavam dinheiro destes para aplicações em melhorias nas suas instalações. Ou seja, vem o legislador, na melhor das intenções, implantar conceitos Empresariais no Desporto, tornar estas associações amadoras em empresas, para o bem destas e daqueles que usufruem os seus serviços.

No entanto, houve problemas e dúvidas suscitadas, produtos da má elaboração da lei, pois, no meio deste caminho, optou-se pela reformulação segundo os preceitos e os agentes do Direito Desportivo. Houve então uma mescla com o Direito Societário, mas esta valorou o pensamento e a corrente daquele, o que criou uma grande confusão e transgressão inerente e constante da lei, segundo alerta Sebastião José Roque.

Hoje, como maior detentor de recursos, dentro dos desportos, o futebol tornou-se, nessa confusão legal onde não há clarividência de conceitos, tributação e transações, uma grande porta de entrada de capital e investidores ilegais devido, exatamente, a essa liberdade de investir e comprar jogadores aplicando vultosas quantias de dinheiro paralelo a uma legislação confusa, omissa e falha.

6.3. O SURGIMENTO HISTÓRICO DOS CLUBES

Muito difícil, senão impossível, afirmar a data ou qualquer época mais ou menos específica que foi criado o esporte.

O esporte vem desde a antiguidade sem organização, sem competições, sem ser conhecido como esporte. Afinal, antes de Cristo já se caçava, já se corria, utilizavam-se animais como meio de transporte e cultivo da terra, se nadava. Os homens já brigavam e com frequência para sobreviver, para se impor. No Oriente, as lutas eram difundidas, ungidas da sua forma religiosa como forma de expressão da cultura.[107]

O esporte foi introduzido formalmente na Grécia com o advento das Olimpíadas em 776 a.C. Os anos se passavam e a gama de esportes crescia, e aos vitoriosos era reservado muito apreço; eram, estes, símbolos da terra, ícones de segurança.

A Idade Média, marcada por forte influência da Igreja católica, não fugiu ao aspecto religioso. No entanto, representou um retrocesso, também, na evolução esportiva que se seguia, pois se a Igreja defende a saúde da alma, há o detrimento de qualquer outro aspecto humano, inclusive o corpóreo, o que influenciou a prática do desporto. Somente torneios inspirados na tradição religiosa e destinados à Aristocracia tiveram apoio no período[108].

A evolução que atingiu a humanidade — passando por um período Moderno e atingindo um Contemporâneo —, esposou também o desporto. As competições multiplicaram-se e deixaram de abranger apenas o embate entre povos ou entre cidades. Organizações foram criadas, pessoas se reuni-

---

[107] LYRA FILHO, João. Introdução à sociologia do desporto. Rio de Janeiro: Bloch; Brasília, INL, 1ª ed., 1973. p. 150.
[108] LYRA FILHO, João. *Op. Cit.*, p. 153.

ram para praticar uma atividade comum por interesses comuns e passaram a competir com outras que seguiram o mesmo caminho. Estas entidades cresceram, criaram estatutos e formas de se organizar e administrar suas atividades. Surgem os clubes.

As formas de colonização, ao longo dos séculos XIX e XX, influenciaram a estabilização desses clubes, da sua formação e das atividades desempenhadas em determinadas localidades. Na Índia, por exemplo, de colonização inglesa, o *cricket*, esporte de origem britânica, tem maior expressão que outros.

Transformações no século XX e XXI retiraram o ideal romântico da origem do esporte para a busca de resultados e lucros[109].

6.4. ESPORTE, DIREITO EMPRESARIAL E DIREITO ESPORTIVO

O esporte tem sua regulamentação e práticas garantidas e incentivadas, historicamente, pela atual Constituição Federal, pela primeira vez, e, há algum tempo, evolui, ou melhor, se desenvolve, de prática amadora de clubes, frutos de um lento processo histórico, fechados a seus associados, para uma prática profissional desenvolvida por atletas profissionais e por clubes que agora vendem a imagem dos seus atletas e promovem seu desporto em busca de lucro. Ou seja, há hoje, desde algumas décadas, a venda de um espetáculo a qualquer pessoa que se submeter a pagar determinado preço.

Atravessa, então, o desporto, um período de transição que necessitava ser regulamentado desde o momento que alguns esportes foram popularizados e patrocinados, tornando-se um grande meio de angariar lucro, mas que somente será visto como atividade empresarial no início dos anos 90, inicialmente com o Governo Color.

Essa referida transição trata do desenvolvimento e da popularização do esporte que agora possuía um grande poder de venda e convencimento. Trata do desenvolvimento das atividades das associações em atividades de empresa, de sociedade empresarial esportiva, no entanto, é este o ponto do próximo enfoque do trabalho.

Nesse momento é relevante discernir este Direito Empresarial que deve regular a atual empresa esportiva e suas práticas, do Direito Desportivo propriamente dito que se conveniou que basearia a atividade desportiva em detrimento do anterior.

---

[109] FRANCISCONI, Renato Favaro. Estruturas das entidades desportivas do Brasil. Franca: 2010, UNESP. Trabalho de Conclusão de Curso.

É o Direito Empresarial, ramo do Direito Privado, que regula a atividade da empresa, ou seja, a atividade organizada para a produção e circulação de bens e serviços. É, portanto, este ramo do direito que estabelece regras para que as empresas possam funcionar em conformidade com a legislação, pois desde muito cedo percebeu-se a necessidade de limitar o comportamento individual para que este não viesse a prejudicar a sociedade. São estas regras que determinam o que se pode ou não fazer, com amplo espaço de liberdade de ação econômica, espaço para livre-iniciativa[110].

Direito Desportivo é um ramo do Direito Privado que atinge, em alguns momentos, a mobilização do Estado ou da comunidade internacional. Pode ser visto também como comunhão dos outros ramos do direito[111]. É importante tratar desta posição, desta ramificação do direito que une algumas conceitos de algumas outras, pois assim poderemos perceber que é inegável sua existência e importância, mas que seu escopo é insuficiente para a regulamentação da empresa esportiva por razões claras e óbvias, como se pode observar neste conceito "o conjunto de normas e regras, oriundas da coletividade desportiva organizada, com a finalidade de regular o desporto e que instituem mecanismos coercitivos capazes de garantir a harmonia e uniformidade necessárias à pratica desportiva[112]".

Observa-se que o Direito Desportivo fora normatizado para regularizar e para construir mecanismos de controle dos desportos e da sua prática, para que este tenha autonomia enquanto esporte. Porém, o mesmo não trata da sociedade esportiva, nem poderia, já que existe um meio mais específico por meio das linhas do Direito Empresarial.

Da relação que se pretendia auferir no início do presente capítulo, obtemos que o esporte é passível e necessário de normatização. Devendo sê-lo, para constituir uma prática organizada nacional e internacionalmente, regularizado, em si mesmo, pelo Direito Desportivo. No entanto, enquanto atividade profissional que angaria lucros e cresce cada dia mais incluindo os clubes que fomentam as devidas práticas desportistas, o desporto, e, principalmente, as sociedades esportivas, para evitar qualquer confusão ou prática ilícita deverá obedecer os princípios e regras do Direito Empresarial. Nestes termos, o trabalho se compromete a abranger este aspecto mais à frente.

---

[110] MAMEDE, Gladston. *Manual de direito empresarial*. São Paulo: Atlas, 2009. 4 ed.

[111] CASTRO, Luiz Roberto Martins. A natureza jurídica do Direito Desportivo. *Revista Brasileira de Direito Desportivo*. São Paulo, n. 1, p. 12, jan./jun. 2002.

[112] SOUZA, Pedro Trengrouse Laignier. Princípios de Direito Desportivo. *Revista Brasileira de Direito Desportivo*. São Paulo, n. 7, p. 64, jan./jun. 2005.

6.5. ASSOCIAÇÕES E SOCIEDADES

Depois de esclarecida a relação trilateral do Direito Empresarial, do Direito Desportivo e do Desporto, antes de prosseguir com discussão acerca destes elementos e da problemática envolvendo a legislação que existe e a que deveria existir em torno das sociedades desportivas, faz-se mister diferenciar dois conceitos bastante distintos, mas que trazem confusão no seu uso indevido e usados erroneamente pelos clubes brasileiros de futebol. Esta é uma certeza, resta saber se propositadamente ou sem culpa.

O atual código as distingue como regra, para finalidade econômica que busca a sociedade e que não objetiva a associação. Deixando claro que falamos ainda da sua classificação civil, antes de entrar no mérito empresarial.

Qualquer atividade lícita pode ser buscada por uma associação, inclusive a esportiva, afirma Venosa[113], mas não é o que ocorre hoje, em suma, no desporto profissional.

Venosa continua, ressaltando que nada impede que a associação exerça alguma atividade que lhe forneça meios financeiros, como aluguéis ou promoção de eventos, o que importa, segundo ele, é verificar se não existe desvio de finalidade[114].

Para ficar mais claro, todo o dinheiro empregado pelos membros de uma associação constituem um pagamento aos serviços oferecidos por esta e, desde o pagamento, farão parte do patrimônio da associação. Nas sociedades, o dinheiro é uma forma de investimento objetivando lucros e, além disso, isto pode ser retirado na hora de maior conveniência para o sócio detentor deste[115].

Na extinção da sociedade, o patrimônio é destinado aos sócios, pois destes era formado o capital social e nada mais justo que a eles volte. Receberão, portanto, na proporção de seus investimentos. No caso da extinção de um associação é desconhecido o futuro do seu patrimônio já que este não pertence aos associados[116]. Geralmente, há disposição no estatuto em relação ao destino deste referido patrimônio restante, mas que geralmente se destina a instituições de fins não econômicos ou, se nada houver estipulado, a instituições municipais, estaduais ou federais, se não existir instituição de fins semelhantes ou idênticos a quem se possa atribuir[117].

---

113 VENOSA, Silvio de Salvo. *Direito civil:* parte geral. São Paulo: Atlas, 2006. 6ª ed., p. 269.
114 VENOSA, Silvio de Salvo. *Op. Cit.*, pp. 270-71.
115 ROQUE, Sebastião José. http://jusvi.com/artigos/30483 p. 1.
116 ROQUE, Sebastião José. *Op. Cit.*, p. 1.
117 VENOSA, Silvio de Salvo. *Op. Cit.*, p. 277.

Algumas outras características, envolvendo esta discernência entre sociedade e associação, que se faz necessária para a melhor cognição da problemática central do estudo, poderiam ser feitas, mas estas são suficientes para a boa compreensão de que o primeiro passo, antes mesmo de querer implantar qualquer regulamentação referente à empresa esportiva, é classificá-la corretamente e como sociedade, sociedade esta de caráter empresarial por inúmeros motivos que serão listados e analisados em um momento breve.

Depois de corrigir e excluir de seus estatutos o termo associação, pode-se pensar melhor numa lei clara e na sua efetividade em face do tema, no entanto, como foi provada a necessidade anteriormente, ainda é de extrema relevância que esta reforma legislativa se mantenha à luz do Direito Empresarial, que esta se mantenha sobre os princípios do Direito Societário e procure seus especialistas para regulá-la.

6.6. OS CLUBES COMO ASSOCIAÇÕES DETURPADAS

Dois principais pontos foram enunciados para que haja uma reforma efetiva, de fato, na legislação que envolve a sociedade desportiva e toda uma inerente confusão. Primeiro: necessita a empresa esportiva ser vista e classificada juridicamente como tal; necessita que seus estatutos abandonem a denominação associação para participarem da realidade atual e utilizem a expressão sociedade empresarial. Segundo: a lei que regula estas sociedades e seus funcionários — e não a que diz sobre os esportes, sua prática e regulamento — deve ser encarada sobre o plano do Direito Empresarial, mais especificamente sobre o plano do Societário, e deve abandonar a legislação atual, confusa e omissa, elaborada segundo os princípios do Direito Desportivo e que abrem brechas para a corrupção.

Trataremos neste capítulo do primeiro ponto, ou seja, da deturpação e do uso indevido do conceito de associação.

S. J. Roque dedica um capítulo, de um dos seus artigos examinados, a esta problemática e começa este dizendo que o problema vem do início, vem da fundação dos clubes atuais sob a égide do Código Civil de 1916, pois realmente estes começaram suas atividades como associações, alguns, até mesmo, antes do referido documento normativo. É imprescindível, então, pensarmos em termos do novo código, no de 2002[118].

Antes de iniciar essa fundamentação, podemos verificar em dois estatutos, de dois clubes da elite do futebol brasileiro, ambas do estado de São Paulo,

---

[118] ROQUE, Sebastião José. *Op. Cit.*, p. 1.

o que se afirma no parágrafo anterior: a posição dos clubes em se intitularem como associações.

No estatuto do Sport Club Corinthians Paulista, logo no seu art. 1º está expresso que é aquele clube, fundado em primeiro de setembro de 2010, uma "associação de fins não econômicos" e que seus associados não respondem pelas obrigações contraídas pela associação[119] — nem deveriam, realmente, se os clubes assim fossem considerados.

A Sociedade Esportiva Palmeiras, em seu estatuto dispõe, também, no seu art. 1º, do Título I, no final de suas linhas, que é, o Palmeiras, "uma entidade civil de caráter desportivo [...] sem fins econômicos lucrativos, constituída, na forma da lei, mediante o exercício da livre associação"[120].

Como afirma S. J. Roque, bastaria examinar a intensa mobilização financeira, os riscos, as dívidas, os investimentos de patrocinadores em massa e a natureza jurídica das atividades exercidas, para percebermos que tratamos diretamente de uma autêntica empresa[121]. Drasticamente, o autor afirma que estas sociedades não sobreviverão de maneira saudável se não houver a aplicação da administração da empresa e das economias segundo parâmetros empresariais.

A associação desportiva ainda presta serviço aos seus associados, de maneira irrisória no entanto, como um "mal necessário", pois com o crescimento das cidades e de condomínios que oferecem serviços semelhantes de lazer como quadras, saunas e piscinas, as pessoas se afastaram do clube e promover serviços a estes investindo nas instalações tornou-se algo de valor exacerbado. É sabido, por exemplo, que as associações esportivas de São Paulo que oferecem exclusivamente serviço a seus associados sem ter desportos profissionais e competitivos atravessam dificuldades financeiras[122].

Os estatutos das associações esportivas que desenvolvem a prática profissional afirmam que estas têm o objetivo de prestar serviços a seus associados, promover atletas para os respectivos esportes de seleção nacional e divulgar o nome do Brasil como um grande incentivador da cultura esportiva[123]. Ou seja, com este papo conseguem angariar verba do Governo que julga o investimento de relevante interesse nacional, o que não constitui uma mentira. É do interesse

---

[119] Estatuto do Sport Club Corinthians Paulista. Disponível em http://www.corinthians.com.br/portal/clube/default.asp?categoria=Reforma%20do%20Estatuto.

[120] Estatuto Social da Sociedade Esportiva Palmeiras. Disponível em http://www.palmeiras.com.br/

[121] ROQUE, Sebastião José. *Op. Cit.*, p. 1.

[122] ROQUE, Sebastião José. *Op. Cit.*, p. 1.

[123] ROQUE, Sebastião José. *Op. Cit.*, p. 1.

da população essa promoção esportiva como forma de espetáculo arraigado na cultura nacional; além disso, o investimento em esporte é interessante para a promoção do país no âmbito internacional.

No entanto, não seria necessário verba pública para tirar essas sociedades esportivas do buraco com frequência se fossem adotadas políticas empresariais efetivas e a promoção de atletas em nome do país continuaria da mesma maneira, com o mesmo orgulho nacional.

O que se sucede, na verdade, é a transformação das atividades associativas para atividades empresariais societárias, já que agora o associado paga o mesmo que o terceiro pelo mesmo espetáculo e o clube venderá sua marca arriscando, buscando o mercado da oferta e procura por meio de novas ideias de *marketing*, deixando claro a defasagem dos estatutos e das políticas envolvendo os clubes esportivos que hoje constituem uma nova forma de desenvolver o exercício da empresa pelos seus membros ou terceiros, sem distinção alguma, assim como qualquer sociedade que visa ao lucro.

6.7. A TRANSFORMAÇÃO DA ASSOCIAÇÃO EM SOCIEDADE EMPRESÁRIA

Alguns anos, desde sua criação, se passaram, e as antigas associações esportivas cresceram e passaram a oferecer serviços não tão somente a seus associados. Com o crescimento das cidades e a baixa no poder aquisitivo da população em geral, a atividade desses clubes como instalações não lucrativas que ofereciam lazer a seus membros minguou e alternativas para se manter o clube vivo foram tomadas.

As equipes desenvolveram-se, aumentaram as competições e as exigências para que um clube conseguisse se manter entre os principais, tornaram-se maiores. Atletas foram comprados, passes foram "adquiridos"[124] e formaram um patrimônio abstrato que divergia dos objetivos teóricos da forma associativa como os clubes se organizavam e se organizam.

Na atualidade, o que acontece é que os clubes promovem espetáculos públicos, divulgados por ampla campanha publicitária, ou seja, destinando estes "shows" a qualquer interessado em arcar com seus custos; custos estes iguais para associados ou não. Os atletas são como os artistas, com remuneração

---

[124] AZAMBUJA, Antônio Carlos de. Clube-empresa; preconceitos, conceitos e preceitos (o 1001º gol). Porto Alegre: Sergio Antonio Fabris, 2000. pp. 80-81.

quantitativa semelhante, senão superior. Estes salários são mais uma prova da inexistência de uma associação, pois não condizem com seus objetivos.[125]

Além destas promoções, há a venda da imagem para a televisão que fomenta com estas um lucro significativo devido a uma das maiores audiências da televisão brasileira obtidas com a transmissão esportiva, particularmente com o futebol, ícone da nossa cultura; locação de patrimônio. Há vendas de material esportivo, roupas — desde peças íntimas até casacos, tanto para as crianças, quanto para os adultos —, cotas nas transações dos jogadores, venda de lugares cativos no estádio, CDs, DVDs, entre outros. Isso tudo mostra que é impossível aceitar a condição de associação que os clubes destacam no seu estatuto e que urge que se declare a evolução para a formação das sociedades empresariais, pois transformar os clubes em empresas legais seria uma maneira necessária de fazer correr todo o dinheiro que existe ali empregado de maneira transparente.

Historicamente, há alguns anos, inspirados pelos clubes europeus, o mercado brasileiro de esporte percebeu as melhorias e os investimentos que poderia promover o incentivo em pesquisas de *marketing* esportivo, criando uma marca forte, incentivada por patrocinadores que investiriam nas atividades do clube só para ter seu nome associado a uma marca vencedora, o que traria benefícios para investidor, clube e, também, para o torcedor interessado no crescimento do seu time.

No entanto, empresários e políticos utilizam o esporte apenas como forma de obter vantagem, pois há uma visão amadorística do desporto no país como consequência da sua confusa legislação, o que faz diminuir o investimento no *marketing* esportivo e não cria verdadeiros laços entre o clube e grupos de investidores, como afirma Cesar Augusto Sbrighi em seu trabalho sobre as implicações do *marketing* na administração esportiva. Segundo este, com a chamada lei Pelé de 98, a obrigação de transformar o clube em empresas esportivas, teoricamente, faria com que houvesse uma diminuição da corrupção no esporte, mormente no futebol, e a efetivação de grande parcela do potencial já existente dos clubes brasileiros lucrarem em maior quantidade com suas marcas e produtos. Como o Direito Empresarial foi deixado à parte das reformas na legislação, isto não ocorre e os crimes e baixo rendimento do *marketing*, apesar do crescimento atual, são constantes[126].

---

[125] ROQUE, Sebastião José. *Op. Cit.*, p. 1.
[126] BERTOLDO, Camila Pierobom. Marketing Esportivo – O esporte nas estratégias empresariais. Disponível em http://www.mktesportivo.com.br/estrateg.htm.

Como afirma S. J. Roque, este ambiente não é pacífico[127]. Os clubes arrecadam menos do que poderiam e mantêm-se endividados; dirigentes são pegos em parcerias maculadas por ilicitudes penais enquanto suas contas possuem vultosas quantias de dinheiro; a mídia é paga para dizer menos do que deveria; políticos são pagos para não aprovarem nada em desacordo com o interesse desses dirigentes; e o esporte caminha ainda sem a proteção e tutela de uma legislação societária, o que somente faz prejudicar a sociedade e os clubes, pois, podemos observar que dirigentes e jogadores têm suas perdas minoradas.

6.8. O DESENVOLVIMENTO DA LEGISLAÇÃO DE UMA POSSÍVEL SOCIEDADE DESPORTIVA EMPRESARIAL

A primeira legislação esportiva oficial no Brasil foi o Decreto-lei n. 3.199 de 14 de abril de 1941, que afirma que ali estará estabelecida as bases de organização dos desportos em todo o país, sob a outorga do nosso presidente à época, Getúlio Vargas. Sob uma visão patriótica, o art. 18 proibia, inclusive, o lucro.

A atenção ao esporte vem com mais força, no que tange os termos de investimento esportivo, com a Lei n. 6.251 de 8 de outubro de 1975, apesar de ainda continuar sob égide quase totalitária do controle do Estado.

Com a chegada da Nova República, afirma Tubino que ocorreu um período de ruptura na ordem esportiva nacional, abrindo-se novas oportunidades até então inibidas pelas legislações anteriores, e em 88 houve a Contemplação da Constituição Federal no seu art. 217.[128]

Aqui, já na década de 90, surge a Lei Zico, em 06 de julho de 1993, que contempla novas discussões acerca do papel do clube na sociedade da época e da relação desta mesma agremiação com os seus funcionários, principalmente com seus atletas. O modelo que será proposto apresenta uma perspectiva nova de gerência em todos os níveis e, como afirma Diego Augusto Santos Silva, apoiado em Tubino, a Lei Zico esboça uma preocupação social na relação do homem com o mundo esportivo[129].

Apesar da grande semelhança entre a Lei Zico e a Lei Pelé aprovada em 24 de março de 1998, houve grande discussão no período entre elas. Não uma

---

[127] ROQUE, Sebastião José. *Op. Cit.*, p. 1.

[128] TUBINO, M. J. G. 500 anos de legislação esportiva brasileira: Do Brasil Colônia ao início do século XXI. Rio de Janeiro: Shape, 2002. p. 91.

[129] SILVA, Diego Augusto Santos. Evolução histórica da legislação esportiva brasileira: do Estado Novo ao século XXI. Disponível em www.diaadiaeducacao.pr.gov.br/diaadia/.../visit.php?.

discussão em termos de mudanças, de reformas e melhorias no que tange à empresa esportiva que ali poderia nascer e ser regulada, mas uma discussão em torno do passe do atleta; uma discussão que envolvia a necessidade de desvinculação do atleta do clube, que até aquele momento tem todos os direitos daquele.

A Lei Pelé cria um Conselho Nacional do Desporto e até mesmo um órgão para propor o Plano Nacional do Desporto, como forma de fazer valer o art. 217 da nossa Magna Carta. Desvincula, realmente, o atleta profissional do clube que atua, oferecendo algumas vantagens a este no caso de negociações. No entanto, como se afirma repetidamente neste trabalho, em relação ao tratamento da sociedade desportiva como empresa, como sociedade empresarial, infelizmente, não há medidas satisfatórias, somente medidas teóricas que jamais foram obedecidas e que esqueceram que uma sociedade empresarial tem de ser regida pelo Direito de Empresa, independentemente do objeto de sua atividade.

Até este momento, desde a reforma proposta pela Lei Zico, passando pela Lei Pelé, há obrigatoriedade das associações esportivas que, de certo modo, exploram sua marca, vendem seu espetáculo e promovem atividade desportiva profissional, tornarem-se sociedades empresárias reguladas por lei especial. No entanto, em 14 de julho de 2000, surge a Lei n. 9.981, também chamada, Lei Maguito Vilela, que desobriga esta transformação, esta reforma necessária. Esta Lei também trata de um maior profissionalismo, mas sem esclarecer de maneira suficiente o papel verdadeiro das instituições esportivas.[130]

Depois disso, as legislações passaram a enfatizar o torcedor, criando até mesmo um estatuto para regular sua presença no estádio, e o problema das dívidas que os clubes montavam e ainda montam, pensando em reformas fiscais e na criação até mesmo de loteria para a arrecadação de verba e o prosseguimento da atividade destas "associações". As medidas não surtem o efeito esperado e o problema, que é reflexo da má gerência dos clubes que, como já foi dito, não tem tratamento correto de acordo com sua real atividade, continua.

Percebe-se uma evolução do desporto que até o estabelecimento da nova CF e da Lei Zico estava nas mãos do Estado, sendo regulado e aproveitado por este. Na década de 90 surgem legislações preocupadas em aumentar o profissionalismo dos clubes e jogadores para que as instituições que patrocinam o esporte possam ser grandes e livres para se autorregularem. Esta autonomia foi a maior conquista da legislação mais recente, a mesma legislação que falhou em olvidar o Direito Empresarial de suas reformas.

---

[130] SILVA, Diego Augusto Santos. *Op. Cit.*

6.8.1. A ORIGEM DO PROBLEMA: A LEI ZICO

Antes de qualquer análise, um alerta é necessário: o problema não foi a Lei 8.672/93, a chamada lei Zico; o problema, quem trouxe, foi o uso deturpado desta. Apesar de criadora da empresa esportiva, a referida norma fora recepcionada à luz do Direito Desportivo que não fez bom uso dos seus respectivos artigos.

No governo do presidente Collor, criou-se o Ministério dos Esportes, como primeira iniciativa de elaborar legislação realista[131].

Segundo Marco Antonio Bettini de Almeida, a lei Zico foi planejada "durante um quadro de mudanças no que se refere à presença e influência do Estado nas entidades e práticas esportivas, propondo novos rumos e alternativas ao panorama do esporte (particularmente, o futebol)"[132], num processo de alguns anos, mas que se efetivou nos anos 90, ainda no governo Collor.

No projeto de lei apresentado em 91, ainda apoiado em informações de Almeida, um dos pontos principais da discussão, entre outros, foi o de "regulamentar as novas formas comerciais no futebol". Ou seja, a realidade foi enxergada; foi feita uma vinculação daquele momento no esporte no plano prático (principalmente no futebol) e da necessidade de uma nova regulamentação em termos de clube e de jogador em termos teóricos.

Os clubes não desapareciam, segundo Sebastião J. Roque, já que poderiam adotar algumas opções:
- Transformar-se em sociedade civil ou mercantil;
- Criar uma sociedade esportiva, que pertenceria ao clube;
- Ceder o direito de exercer as atividades empresariais do esporte a uma empresa externa, ficando o clube como associação prestadora de serviços sociais.[133]

De forma facultativa, com *vacatio legis* de um ano, os clubes deveriam adotar uma destas formas.

O projeto foi aprovado e suas normas correspondiam aos anseios e foram recebidas com clamor pelos especialistas. No entanto, a proposta de renovação e de tornar claro as operações realizadas no esporte não obtiveram o sucesso esperado no cenário do esporte brasileiro, porque várias atribuições

---

[131] ROQUE, Sebastião José. *Op. Cit.*, p. 2.

[132] ALMEIDA, Marco Antonio Bettini de. Discussão sobre as mudanças na legislação desportiva brasileira: caso do futebol e a Lei do Passe. Disponível em http://www.efdeportes.com/efd111/legislacao-desportiva-brasileira-caso-do-futebol-e-a-lei-do-passe.htm.

[133] ROQUE, Sebastião José. *Op. Cit.*, p. 2.

da lei foram alteradas, enfatizando que o regramento foi deixado a cargo do Direito Desportivo, pois entenderam que somente esportistas e cultores do esporte poderiam fazê-lo.

Essa é a origem do problema: a não aceitação por parte dos "cartolas" e, consequentemente, de seus clubes do que poderia ser uma lei clarividente e que poria fim a muito dos problemas que enfrentam tanto o esporte, em si, como o clube: hoje, um constante devedor. Além do problema, surge, também, aqui, uma relação problemática; uma relação mais próxima entre os dirigentes dos esportes e políticos, de maneira geral.

6.8.2. O CRESCIMENTO DO PROBLEMA – A LEI PELÉ

Com a saída de Zico do Ministério do Esporte, outro importante jogador de futebol o sucedeu: Edson Arantes do Nascimento, o Pelé. O novo ministro, propõe, então, nova lei, quase igual a anterior, o que impediu que esta entrasse em vigor, mas ainda manteve o futebol como principal alvo da reforma.

A Lei Pelé, Lei 9.615/98, apenas alterava o texto afirmando que não mais seria de caráter facultativo a mudança dos clubes para uma governança empresarial. Agora tornar-se-iam, obrigatoriamente, empresas esportivas e teriam uma *vacatio legis* de dois anos.

Roque nos põe a par do que ocorrera a partir de então de forma bastante satisfatória e real. O que ocorreu, contudo, foi que muitos dirigentes esportivos eram deputados federais ou possuíam seus testas de ferro no Congresso (políticos eleitos por eles). Vários desses deputados ligados ao futebol profissional sucederam Pelé em seu cargo. Várias Medidas Provisórias alteraram a lei, impedindo que ela entrasse em vigor. O artigo 27, então, da Lei 9615/98, volta a falar em discricionariedade e excluem a obrigatoriedade da transformação das gremiações em empresas.

Continua Sebastião J. Roque, afirmando que os dirigentes não optaram por abrir mão desta inesgotável fonte de renda que representa um clube de futebol, principalmente, porque eles, "cartolas", não contribuíram em nada para a formação do capital social da associação que dirigem. As organizações internacionais não aceitariam investir apenas em parte da empresa esportiva.

Importante lembrar que o legislador, cartola ou não, encontrou apoio constitucional, para afirmar a inconstitucionalidade e, portanto, a proibição de uma lei vigorar que obrigava as sociedades desportivas a seguir os moldes do direito comercial, pois, segundo o art. 217 da CF:

> *É dever do Estado fomentar práticas desportivas formais e não-formais, como direito de cada um, observados:*
> *I – a autonomia das entidades desportivas dirigentes e associações, quanto a sua organização e funcionamento; [...].*

Assim, o problema se perpetua, com a falsa sensação de que houve, um dia, esforço em normatizar a bagunça que representa hoje o mercado desportivo, com ênfase para o mais popular em todo o mundo, o futebol. O brasileiro continua não tendo a menor ideia do que se passa na direção do seu clube, os dirigentes enriquecem, crimes ocorrem juntamente de transações milionárias e de empresas suspeitas, e os clubes pagam o pato, cada vez mais atrelados em dívidas e apelando até mesmo à loteria para arrecadarem dinheiro para pagar a exorbitância que os funcionários do esporte, principalmente dirigentes, jogadores e comissão técnica exigem.

De nada adiantou a tentativa de legislar o assunto, que continua no mesmo pé: empresas desportivas sendo tratadas, inclusive nos estatutos internos dos clubes brasileiros, como associações que, pela natureza do termo, não possuem fins lucrativos.

6.9. CONSEQUÊNCIAS DA AUSÊNCIA DO DIREITO EMPRESARIAL NA LEGISLAÇÃO DESPORTIVA

Na ausência de legislação especial que os tutelassem, os esportistas profissionais, ou seja, aqueles que se utilizam do esporte como profissão, fazendo desta fonte para sua subsistência, conseguiram, à luz do direito trabalhista, uma esfera de direitos que os protegesse do descaso dos clubes e dos acasos do destino.

O fato de existir legislação específica, uma legislação do desporto, não afasta este tipo de trabalhador da Consolidação das Leis Trabalhistas. Ainda assim, é constante, diante de legislação geral que tutela o trabalhador e de lei específica, a atual Lei Pelé, o embate e alguma confusão entre estas normas.

Esta constatação pretende facilitar a compreensão do verdadeiro tema deste estudo: a visão da sociedade esportiva como uma empresa. Como o esportista estabelece uma relação de trabalho com o seu clube, não basta que haja uma lei de caráter esportivo somente porque esta relação acontece no mundo dos esportes; tem de haver compatibilização com o Direito do Trabalho. Este deveria se passar com a sociedade esportiva que, apesar de se encontrar em âmbito desportivo, não consegue fugir do Direito Societário. Suas atividades não se encontram situadas apenas no Direito Desportivo, têm ramificações naquele e, portanto, devem ser tuteladas em conformidade com ambos. Se não se passa desta forma, há uma legislação incompleta que não surtirá os efeitos benéficos esperados para sua existência na sociedade desde a sua criação.

Hoje, é visível este descaso das "associações desportivas" em relação ao Direito Empresarial. Há apenas legislação vigente baseada nos ensinamentos e princípios do Direito Desportivo, o que não é suficiente para o bom gerenciamento da atividade e gera consequências catastróficas. Três, das principais, serão citadas.

O primeiro aspecto que se pode visualizar, consequência desta legislação falha, é o fato de que a administração destes clubes, motivada pela falta de legislação adequada, não presta contas como deveria. O torcedor, ou mesmo o investidor do clube, não têm certeza da utilização do dinheiro do caixa e das atividades que estão sendo ou serão geridas. Não há transparência, não há auditoria externa ou governança corporativa. Há uma gestão, há diretoria, há estatuto, todos constituintes de uma relação estranha, sem precedente normativo, o documento que compõe a sociedade esportiva já começa errando em seu primeiro artigo, denominando-as associações. A partir disso, tudo é possível. É possível que presidente exerça o *marketing*, ou que gerente de futebol contrate empregados, pois não há, fora destes gestores, quem tenha legitimidade para reclamar.

A segunda consequência tem feito para que os clubes recorram às loterias, a ajudas fiscais do governo, a programas de investimento envolvendo terceiros além dos seus torcedores. A dívida crescente destes clubes, principalmente os do futebol, o mais midiático dos esportes no Brasil, é fator de alerta para a atividade. O dinheiro que entra é considerável, assim como também o que sai. No entanto, é feito um planejamento contendo as despesas e os ganhos. Certo é que alguns valores são flutuantes, como bilheteria e premiações, no entanto, outros valores têm destinos misteriosos e os escândalos que os envolvem é abafado por uma imprensa imparcial até onde interessa.

Deste cenário de desespero envolvendo dívidas e vontade de angariar verba, surge a terceira consequência: o espaço se abre por meio do esporte para crimes, principalmente, e que interessam neste momento, de origem fiscal. Para sanar os gastos com investimentos, os clubes acertam com parcerias misteriosas, estrangeiras ou nacionais, que não declaram de onde vem seu investimento e para onde irá quando dali se retirar.

Já foi notícia constante de muitos jornais: "venda de jogador de futebol abre caminho para lavagem de dinheiro". E o que se fez? Muito pouco, já que não há medidas preventivas; já que não há legislação capaz de conter estes absurdos que denigrem a imagem do esporte. Mas isso não seria possível se, no esporte, não houvessem pessoas de má-fé, com influência política e que objetivam manter o sistema da maneira que se encontra, apesar de todos os problemas que o clube enfrenta atualmente e dos maiores que poderá enfrentar num futuro próximo.

6.10. CLUBE-EMPRESA NO MUNDO

A competição por prazer, aquela mesma que traria louros e glórias, foi abandonada há muito do cenário mundial no que se refere ao desporto competitivo. É visível as reformulações e os objetivos lucrativos destas novas formas de empresa.

Na Espanha, por exemplo, segundo a Lei n. 10/1990 (Lei Española del Deporte), surgem as denominadas sociedades anônimas desportivas como forma recomendável para todas as entidades participantes do país, como assinala Franciscóni. A captação é feita, portanto, pelo lançamento de ações no mercado. Os resultados obtidos esposaram as expectativas e as finalidades das mudanças.

Portugal impôs uma escolha: sociedade anônima ou "Regime Especial de Gestão".

A França estabeleceu forma mercantil para as agremiações, assim como muitos países do continente europeu.

6.11. CLUBE-EMPRESA NO BRASIL

Apesar de inúmeras disposições e, em alguns momentos, da imposição da reformulação das formas civis das agremiações brasileiras, não há unanimidade nem uniformidade no cenário desportivo tupiniquim.

Nossa Constituição de 88, em seu art. 217, garante às associações desportivas a autonomia de escolha em relação a sua forma de gestão ou de composição. Dessa forma, os clubes continuam da mesma forma, com os mesmos problemas, sem pensar em mudanças, pois nada se exige nem nada se combina.

Não há homogeneidade nem consenso, mas há alternativas. O Vitória e o Bahia, por exemplo, adotaram a sociedade anônima como forma de regular a administração e a constituição do clube de acordo com uma reforma necessária.

O Santos e o Atlético Mineiro, clubes conhecidos no Brasil, adotaram a "Administração" como forma de reformar. Nesta, um terceiro fica obrigado pela condução dos negócios e pelas transações.

O Vasco, o Cruzeiro e o Corinthians, adotaram o "Licenciamento", que consiste na definição dos ativos que serão explorados comercialmente[134].

O Palmeiras e o Juventude mantiveram uma "Cogestão" que durou muito tempo com a empresa italiana Parmalat S.A., em que se definiu apenas o que estava sendo gerido em parceria com o financiador.

6.11.1. NÃO FUNCIONAMENTO DO CLUBE-EMPRESA NO BRASIL

Se há propostas de reformulação, aceitação por alguns clubes de expressão no cenário nacional, tudo de acordo com o que exige o Direito Empresarial, por que não se nota ainda efeitos positivos nos balanços dos clubes e na dissipação dos crimes, principalmente no futebol?

Simples. Tudo isto está sendo inserido e há pouco foi aceito, e com ressalvas. Aos cartolas não interessa gerir de maneira transparente e pagar os impostos que deve se isto pode reverter aos seus bolsos.

Ou seja, algumas medidas estão sendo tomadas, algumas reformulações, com base na legislação societária, estão sendo feitas. Algumas, que entram progressivamente no sistema e que, por enquanto, não surtem os efeitos que a proposição de mudança e de reforma, solicitada pelo Direito de Empresa e que urgem no cenário esportivo.

Aos poucos os clubes conhecem das melhorias que a legislação adequada pode trazer aos seus cofres e aos seus torcedores imediatamente. Aos poucos os clubes percebem que a exploração da marca ainda é inexpressiva e que poderia gerar muito mais lucros. De maneira lenta, a legislação se infiltra para tentar diminuir os espaços para a ilegalidade. Mas ainda há rombos, ainda há buracos e preconceitos que não permitem o correto manejamento da lei.

6.12. APÊNDICE: A LAVAGEM DE DINHEIRO NO FUTEBOL NO BRASIL

Em termos gerais, lavar dinheiro significa tornar ou fazer parecer que o capital obtido por prática de crime foi obtido de maneira legal. Dinheiro "sujo" tornando-se "limpo".

No Brasil, no que concerne à empresa esportiva, principalmente a futebolística que dispõe de mais capital, a legislação atual, falha e omissa, cria o cenário perfeito para a realização deste crimes fiscais, principalmente

---

[134] FRANCISCONI, Renato Revaro. *Op. Cit.*, p. 46.

os de lavagem. Globalização do esporte, dificuldades financeiras, dirigentes corruptos, etc., tudo contribui para manter o sistema tal qual é visto, mas o maior contribuinte é a ausência do Direito Empresarial e uma reforma baseada neste que envolva o desporto no Brasil.

6.13. CONCLUSÃO

Uma legislação baseada, enfim, no Direito Empresarial urge nas sociedades desportivas. Uma legislação clara e transparente, unânime, que tenha aceitação e que reflita os princípios necessários de transparência perante a sociedade e os seus torcedores; que mantenha o esporte como o principal meio de lazer, sendo ele regulado quando profissionalizado de maneira correta.

O futebol brasileiro é, hoje, o melhor expoente para expor a falha do sistema.

Urge mudanças e não de maneira tão lenta. Mudanças urgentes que ajudem os clubes e que demonstrem que o esporte, além de mal gerenciado, é mal aproveitado em termos de *marketing* e de exploração econômica, em relação ao mundo todo.

Para que os clubes possam se reerguer de maneira lícita e que as movimentações financeiras possam ser controladas pelo governo, deve o sistema ser reformado emergencialmente, pois só assim haverá a quebra da ilusão da nossa cultura em pensar o futebol e toda sua atividade como uma prática periférica do Direito de Empresa; quebra da ilusão da inocência do esporte, da sua ideologia como fora concebida no passado: romântica.

Dessa forma, evitaríamos, também, o cenário considerado perfeito pelos especialistas para a prática de diversos crimes, como a lavagem de dinheiro, que ocorre e poucas vezes fora penalizada da maneira como deveria; que ocorre e tende a aumentar, mundialmente.

6.14. REFERÊNCIAS BIBLIOGRÁFICAS

ALMEIDA, Marco Antonio Bettini de. *Discussão sobre as mudanças na legislação desportiva brasileira: caso do futebol e a Lei do Passe*. Disponível em <http://www.efdeportes.com/efd111/legislacao-desportiva-brasileira-caso-do-futebol-e-a-lei-do-passe.htm>.

AZAMBUJA, Antônio Carlos de. *Clube-empresa; preconceitos, conceitos e preceitos (o 1001º gol)*. Porto Alegre: Sergio Antonio Fabris, 2000.

BERTOLDO, Camila Pierobom. *Marketing Esportivo – O esporte nas estratégias empresariais*. Disponível em <http://www.mktesportivo.com.br/estrateg.htm>.

CALEGARI, João Felipe Barbosa. *Sociedades não previstas pelo novo direito de empresa*. Franca: UNESP, 2008. Trabalho de Conclusão de Curso – Direito – Faculdade de História, Direito e Serviço Social – UNESP.

CASTRO, Luiz Roberto Martins. A natureza jurídica do Direito Desportivo. *Revista Brasileira de Direito Desportivo*. São Paulo, n. 1, p. 12, jan./jun. 2002.

FRANCISCONI, Renato Favaro. *Estruturas das entidades desportivas do Brasil*. Franca: 2010, UNESP. Trabalho de Conclusão de Curso.

LYRA FILHO, João. *Introdução à sociologia do desporto*. Rio de Janeiro: Bloch; Brasília, INL, 1ª ed, 1973.

MAMEDE, Gladston. *Manual de direito empresarial*. 4ª ed. São Paulo: Atlas, 2009.

ROQUE, José Sebastião. *A sociedade esportiva ainda nutre esperanças de sucesso*. Disponível em: <http://jusvi.com/artigos/30483>. Acesso em: 22 de novembro de 2010.

_____. O Direito empresarial não foi chamado para a reforma da empresa esportiva. Disponível em: <http://jusvi.com/artigos/37657>. Acesso em: 22 de novembro de 2010.

SILVA, Diego Augusto Santos. *Evolução histórica da legislação esportiva brasileira: do Estado Novo ao século XXI*. Disponível em: <www.diaadiaeducacao.pr.gov.br/diaadia/.../visit.php?>. Acesso em: 22 de novembro de 2010.

SOUZA, Gustavo Lopes P. *O direito desportivo e a profissionalização do desporto*. Disponível em: <http://www.ibdd.com.br/v2/index.asp?p=20&id=1721>. Acesso em: 22 de novembro de 2010.

SOUZA, Pedro Trengrouse Laignier. Princípios de Direito Desportivo. *Revista Brasileira de Direito Desportivo*. São Paulo, n. 7, p. 64, jan./jun. 2005.

TUBINO, M. J. G. *500 anos de legislação esportiva brasileira:* Do Brasil Colônia ao início do século XXI. Rio de Janeiro: Shape, 2002.

VENOSA, Silvio de Salvo. *Direito civil:* parte geral. 6ª ed. São Paulo: Atlas, 2006.

http://www.bbc.co.uk/portuguese/noticias/2009/07/090701_futebollavagemebc.shtml. Acesso em: 31 de maio de 2010.

http://br.reuters.com/article/sportsNews/idBRSPE5600CR20090701. Acesso em: 31 de maio de 2010.

http://cadernodecampo.com/2010/02/22/futebol-no-brasil-e-paraiso-para--lavagem-de-dinheiro/. Acesso em: 22 de novembro de 2010.

http://www.direitodesportivo.com.br/legislacao.htm. Acesso em: 31 de maio de 2010.

ESTATUTO DO SPORT CLUB CORINTHIANS PAULISTA. Disponível em: http: <//www.corinthians.com.br/portal/clube/default.asp?categoria=Reforma%20do%20Estatuto>.

ESTATUTO SOCIAL DA SOCIEDADE ESPORTIVA PALMEIRAS. Disponível em: <http://www.palmeiras.com.br/>.

Capítulo 7

O CUSTO DO *SWEATSHOP* COMO PRÁTICA DE COMÉRCIO DESLEAL

Fernanda Miranda Abreu

Sumário

1. Resumo
2. Introdução
3. Conceito de *sweatshop*
4. A ideia do desenvolvimento integral
5. Combate ao *sweatshop*: ação integrada entre OMC e OIT
6. Conclusão
7. Referências bibliográficas

7.1. RESUMO

Em razão da globalização econômica e da disseminação do chamado liberalismo econômico, a liberdade de circulação dos meios de produção é praticamente infinita hodiernamente. A par dos benefícios trazidos por essa nova conjuntura mundial, surge a face deletéria de tal fenômeno: o chamado *sweatshop*, em que plantas industriais inteiras são desativadas e ativadas de acordo com o custo trabalhista de cada país, deixando atrás de si um rastro de desemprego e dilapidação da economia global. O presente trabalho procura analisar os custos sociais e empresariais decorrentes dessa prática de comércio desleal e apontar possíveis caminhos de combate a ela.

Palavras-chave: *Sweatshop*; *dumping* social; desenvolvimento integral; OMC.

7.2. INTRODUÇÃO

Durante o século XX, em especial após a Segunda Guerra Mundial, vieram a lume inovações tecnológicas que diminuíram as distâncias, permitindo a comunicação entre os mais diferentes pontos do mundo em frações de segundos. Também possibilitaram viagens entre dois hemisférios em questão de horas, gerando uma grande mobilidade de serviços e produtos. As fronteiras entre os Estados foram se enfraquecendo, as diferenças culturais sendo pasteurizadas. Esse fenômeno é chamado de globalização.

Mesmo não sendo um fato novo, sendo possível detectar sinais primevos desde os tempos do Império Romano até as Grandes Navegações e seu Mercantilismo, com o advento da internet a globalização ganhou fôlego ainda maior, atingindo níveis nunca vistos (ou sequer imaginados).

Ao mesmo tempo em que a globalização aproximou os povos, tornando possível a apreensão de novas culturas, com o enriquecimento a isso inerente, e viabilizou a disseminação de inovações tecnológicas e de informações em velocidade ímpar, trouxe também aspectos negativos.

O presente trabalho pretende discutir um problema propagado por todo o globo, mas que, no entanto, não recebe a atenção que lhe é devida. Trata-se do chamado *dumping* social, em que, em linhas gerais, um produtor oferece seus produtos a um preço mais baixo que seus concorrentes por produzi-los em países que desrespeitam os direitos humanos mais fundamentais. É o lucro viabilizado pelo aviltamento das condições dos trabalhadores.

Isso se mostra cada vez mais comum e fácil de ser aperfeiçoado, dada a grande facilidade de movimentação de serviços e mercadorias gerada pela globalização e por inovações tecnológicas.

Some-se a isso o predomínio do modelo econômico neoliberal, segundo o qual os mercados devem se autorregular, com a menor intervenção estatal possível. A competição entre os agentes econômicos aumentou de forma assustadora, chegando mesmo ao descontrole.

O papel do Estado-nação, segundo muitos pensadores, restou esvaziado, havendo quem dissesse haver verdadeira transferência da soberania estatal para as empresas multinacionais, que seriam as atuais detentoras do poder.

Ainda que se discorde dos entendimentos acima, uma coisa é inegável: para atingir níveis cada vez maiores de produção e lucratividade, muitas empresas enveredaram por caminhos inadequados, muitas vezes sem a devida observância a normas de diversos ramos do Direito. As chamadas "práticas comerciais desleais", entre as quais se inclui o *dumping* social, reguladas e coibidas principalmente pela Organização Mundial do Comércio (OMC), não se restringem ao mercado, às questões de concorrência, por exemplo.

Muitas vezes, como já salientado, há o desrespeito a normas gerais, importantíssimas para a sobrevivência humana, como regras de preservação do meio ambiente, com emissão de poluentes em níveis alarmantes, devastação de florestas inteiras, contaminação de águas, entre muitos outros casos. Além disso, ocorre também o desprezo aos padrões mínimos da dignidade humana, com imposição de jornadas de trabalho exaustivas, remuneração ínfima que não garante ao menos a subsistência do trabalhador e de sua família, a adoção de mão de obra infantil e escrava.

Como restará demonstrado, em todos os casos apontados há patente desrespeito aos Direitos Humanos, rol de garantias mínimas erigidas a valores fundamentais a serem tutelados e observados por todos, principalmente após os horrores da Segunda Guerra Mundial. É consternador, pois, verificar que em pleno século XXI ainda são impingidos aos seres humanos sofrimentos imensuráveis.

Para fomentar o debate acerca desse tema, nos propomos, dentro dos singelos limites do presente trabalho, coligir os pontos primordiais à correta compreensão do que seja o *dumping*, e, mais especificamente, o *dumping* social, assim como sua estreita relação com o Direito Internacional do Trabalho, visto que o desrespeito aos direitos trabalhistas é uma das formas mais flagrantes dessa prática comercial desleal.

Em um primeiro momento, serão traçados os conceitos de *Sweatshop* e *dumping* social, a fim de que se possa delimitar adequadamente o tema. Em seguida, procuraremos demonstrar que o aviltamento do trabalhador, em suas mais diversas formas, caracteriza prática comercial desleal e como tal deve ser coibida, assim como deve ser encarado como desrespeito aos Direitos Humanos.

Posteriormente, passará a ser esquadrinhada a ideia do desenvolvimento integral, o qual, segundo a Organização dos Estados Americanos, corresponde a um conjunto de políticas que trabalham em prol do desenvolvimento sustentável nos países desenvolvidos e subdesenvolvidos.

Ao final, estudaremos possíveis formas de coibir essa situação e os problemas por ela gerados, a fim de que sejam respeitados os Direitos Humanos e também o direito à livre concorrência, analisando precipuamente os benefícios de uma ação conjunta entre a Organização Mundial do Comércio e a Organização Internacional do Trabalho.

Por se tratar de um estudo descritivo e exploratório, será realizado com base na pesquisa bibliográfica e histórica, utilizando por vezes do método dedutivo e outras o indutivo, principalmente nas críticas e reflexões acerca dos textos normativos.

7.3. CONCEITO DE *SWEATSHOP*

Em um mundo com o mercado desregulamentado como o atual, os países subdesenvolvidos ou em desenvolvimento fazem o possível para atrair investimentos estrangeiros e mantê-los. Em nome dessa competitividade, concedem benefícios fiscais astronômicos e são mesmo capazes de flexibilizar e sacrificar os direitos trabalhistas duramente conquistados.

Os únicos agentes que realmente lucram com essa prática são as empresas multinacionais, que transportam os seus meios de produção para os países que apresentarem os menores custos e as maiores benesses, não importando o rastro de desrespeito aos Direitos Humanos que deixam no caminho. No exato instante em que os países decidem a adotar medidas protetivas aos trabalhadores, essas mesmas empresas transferem-se para outro local, em que o custo seja menor. E assim sucessivamente.

Esse reiterado desrespeito aos direitos trabalhistas levam a uma prática deletéria, denominada de *sweatshop*.

> *As características de* sweatshop *são assim definidas: jornada de trabalho de dez a doze horas, com horas extraordinárias forçadas; trabalho desenvolvido em condições inseguras e desumanas (inclusive exposição a produtos químicos); punição pelas falhas mais insignificantes; alojamentos trancados; média salarial inferior ao necessário para a sobrevivência; exigência excessiva de horas*

> *extraordinárias sem remuneração; sistemático assédio moral e/ou sexual dos trabalhadores pelos empregadores; e/ou a impossibilidade de os empregados se organizarem. Frequentemente o trabalho é realizado em locais trancados, em que guardas armados encontram-se nos portões, evitando a entrada ou saída durante as horas de trabalho. Muito embora muitas crianças trabalhem de seis dias a uma semana em fábricas, normalmente trabalham em unidades subcontratadas ou em domicílio; os adultos, por sua vez, tendem a trabalhar nas fábricas de produção em larga escala. [...].*[135]

Atualmente, esses países que compactuam com o sistemático desrespeito aos direitos dos trabalhadores deixam de ser vistos como vítimas e passam a ser encarados como vilões, como ameaças ao livre comércio. O presente quadro foi brilhantemente retratado por Antônio Galvão Peres:

> *[...] se adotou um modelo em que há certa liberdade de mercados, mas insignificante liberdade individual. As relações de trabalho flertam com o liberalismo típico do início da Revolução Industrial, mas, paradoxalmente, isto ocorre sob o manto do Estado, que intervém a favor da produção, segundo a lógica do* dumping social".[136]

7.3.1. *SWEATSHOP*: MODALIDADE DE *DUMPING* SOCIAL

Dumping é uma prática comercial em que um produtor passa a vender os seus produtos a um preço muito abaixo do praticado usualmente no seu país de origem ou no país para onde está exportando, minando, com isso, a concorrência, conquistando a maior parte do mercado, quando não o seu monopólio. Em alguns casos, o produto pode ser vendido até mesmo a um preço abaixo do custo de sua produção. Posteriormente, quando já domina o mercado, o mesmo produtor passa a praticar preços mais altos, por vezes exorbitantes, conseguindo, assim, reverter o prejuízo que possa ter sofrido em um primeiro momento.

---

[135] PERES, Antônio Galvão. *O Dragão Chinês:* dumping social e relações de trabalho na China. São Paulo: Ltr, v. 70. n. 4. Abril, 2006. p. 468.
[136] Idem. p. 467.

Seria, em termos simples, a prática de preços desleais, a fim de causar danos à concorrência, ocorrendo apenas em relações comerciais internacionais. Não é possível tal prática entre empresas de um mesmo país. Ainda que sua aplicação, e consequente tolhimento, sejam razoavelmente recentes, remontando ao início do século XX, já no século XVI tinha-se notícia que industriais ingleses reclamavam da entrada de papel a preços lesivos à incipiente indústria nacional de celulose.[137] As primeiras regulamentações *antidumping* ocorreram nos Estados Unidos da América, onde o primeiro estatuto *antidumping* estadunidense (*Antidumping Act*) veio a lume em 1916.

Em um primeiro momento, as medidas *antidumping* eram consideradas formas exacerbadas de protecionismo, inviabilizando o livre-comércio entre as nações. Ocorre que, com o tempo, verificou-se que o dano maior era causado justamente por essa prática comercial danosa à indústria nacional e considerada desleal. Ao praticar preços muito abaixo dos comumente exercidos, o produtor prejudica o país no qual a medida é implementada, afastando investimentos e gerando anacronismos no mercado, com a incorreta distribuição de riquezas. Os preços artificialmente reduzidos são ainda mais prejudiciais aos países em desenvolvimento, onde os meios de produção ainda engatinham e não têm fôlego sequer para a concorrência internacional justa, quanto mais para a injusta ou desleal.

Os danos são muitos, sendo certo que a prática do *dumping* pode devastar uma indústria em poucos meses, principalmente no ramo da alta tecnologia, em que a demanda por novidades é muito grande e a concorrência imensa, e o desenvolvimento de novos produtos e tecnologias demanda um aporte de recursos e um lapso temporal que nem todas as unidades produtivas são capazes de suportar.

Com a onda de abertura dos mercados ocorrida nas décadas de 1980 e 1990, gerada, em grande parte, pela redemocratização da América Latina e pelo fim da União Soviética, a incidência de *dumping* aumentou. Segundo explica Guilherme Johannpeter,

> *[...] dumping é bastante propenso a ocorrer quando a empresa é a única, ou uma das únicas vendedoras daquele produto no seu mercado doméstico, sendo ainda protegida por barreiras naturais ou artificiais de comércio. [...] É interessante ressaltar que esta*

---

[137] JOHANNPETER, Guilherme. *Antidumping* – Prática desleal no comércio internacional. Porto Alegre: Livraria do Advogado, 1996. p. 60.

> *prática de* dumping *é somente possível em relação a uma empresa com seu mercado doméstico protegido ou usufruindo situação de monopólio, e não por discriminação internacional de preços. Neste caso extremo, o comportamento indesejável dos fatores econômicos encontra-se no alto preço do mercado interno, e não na exportação abaixo do valor normal.*[138]

Esse quadro costuma imperar em economias mais fechadas, com grande proteção à indústria nacional. Ao constatar referidas distorções, é necessário levar em consideração o caso concreto, o tamanho do país em questão, o seu grau de desenvolvimento e o real aporte de sua economia. Sendo um país em vias de desenvolvimento, com indústria ainda incipiente, medidas protetivas são requeridas e não necessariamente constituem práticas comerciais desleais. Por outro lado, sendo uma economia desenvolvida, com seu potencial industrial altamente evoluído, a situação será diferente.

A aferição do *dumping* se dá por meio da comparação de dois elementos: o preço de exportação do produto para o país importador e o preço de produto similar no mercado de origem ou de exportação, sendo este considerado como "valor normal".[139] Com base nesses dados, será fixada a margem de *dumping*, isto é, a discrepância entre o valor normal e o preço de exportação. Essa é uma etapa deveras importante, pois eventual medida *antidumping* terá seu limite máximo fixado pela margem de *dumping*. É necessária, ainda, a comprovação de dano à indústria nacional, que seja causado pela importação dos produtos objetos de preços desleais.

Uma das medidas *antidumping* mais disseminada é a de cunho tarifário, como, por exemplo, o aumento do imposto de importação, a fim de barrar a entrada de produtos estrangeiros e, ao mesmo tempo, forçar o aumento do preço praticado com o incremento da carga fiscal. Também é possível a fixação de cotas máximas de importação, objetivando reduzir a quantidade de produto importado.

Além do *dumping* normalmente praticado, acima delineado, há tipos secundários, por assim dizer, mas nem por isso menos lesivos, entre os quais podemos citar:
- *Dumping* estrutural: quando há excesso de oferta de um produto no mercado interno, sendo tal excedente exportado por um preço por

---

[138] Idem, p. 80.
[139] Idem, p. 70.

vezes diminuto. Decorre da própria estrutura do mercado analisado, quando o estoque do produto é muito grande e a demanda insuficiente;
- *Dumping* ambiental: também denominado *dumping* ecológico, ocorre quando o preço convidativo é viabilizado pela não-conservação ou mesmo destruição do meio ambiente, com o uso de produtos não--recicláveis, sem a preocupação de utilizar energias "limpas" e diferentes meios de evitar a poluição, entre outros. Comumente se dá em países cuja legislação é permissiva, sem um regramento eficiente para coibir a devastação ambiental;
- *Dumping* tecnológico (ou produtivo): países desenvolvidos, detentores das mais modernas tecnologias, utilizam essa vantagem para diminuir a mão de obra utilizada e otimizar o processo de fabricação, diminuindo, assim, o preço de custo;
- *Dumping* social: aqui a vantagem é obtida pela falta de regulamentação adequada das garantias trabalhistas ou pelo desrespeito a elas, quando existentes. Dá-se, geralmente, em países pouco desenvolvidos ou em vias de desenvolvimento, que em função da economia mais pobre possui excedente de mão de obra, via de regra, mal remunerada. Nesses casos, ainda que haja uma legislação trabalhista eficiente, capaz de consagrar direitos trabalhistas mínimos, como no caso do Brasil, a população se submete a trabalhar em condições precárias, dada a dificuldade em encontrar um posto de trabalho.

Conforme procuraremos demonstrar no decorrer do presente trabalho, os direitos trabalhistas são, em última análise, Direitos Humanos, uma vez que viabilizam o alcance a outros direitos essenciais à subsistência humana, como moradia, alimentação, entre outros. Diante disso, urge que esses direitos sejam observados e garantidos.

Nos países desenvolvidos, em que as garantias laborais são mais numerosas e respeitadas, é flagrante o aumento do desemprego da população. Em parte porque as empresas, supostamente para diminuir os custos operacionais, deslocam-se para países mais pobres, em que o rol das citadas garantias é menor, quando não inexistente. Por outro lado, a imigração de pessoas oriundas de países em desenvolvimento aumenta a concorrência por postos de trabalho nos países ricos, e os imigrantes sujeitam-se a trabalhar por salários menores, durante jornadas maiores e em condições aviltantes.

7.4. A IDEIA DO DESENVOLVIMENTO INTEGRAL

Interessante como pequenas diferenças terminológicas guardam em si tamanhas diferenças conceituais. Em uma primeira e rápida leitura, pode-se ter a impressão de serem as expressões "direito ao desenvolvimento" e "direito do desenvolvimento" sinônimas. No entanto, ao se analisar detidamente, percebe-se que são termos distintos, ainda que complementares.

Explica Vladmir Oliveira da Silveira[140] que o direito ao desenvolvimento é o direito que cada indivíduo possui de atingir a plenitude em todos os planos de sua vida, tendo respeitados e garantidos seus Direitos Humanos fundamentais. Abarca a ideia de integração e concreção da dignidade da pessoa humana, atuando na qualidade de cobertura ético-jurídica dos distintos Direitos Humanos.

O direito do desenvolvimento, por sua vez, é titularizado pelos Estados, correspondendo às normas jurídicas cujo escopo é garantir as conquistas existentes e reconhecidas oriundas dos Direitos Humanos. Constitui um direito oponível à comunidade internacional, que deverá respeitar e possibilitar que esse direito dos países seja concretizado.

Impende ressaltar que o objetivo do direito do desenvolvimento é estabelecer padrões de vida para uma determinada sociedade, já que ele é composto por regras que versam sobre políticas econômicas sociais e culturais, implicando mudanças no arcabouço da ordem jurídica, tanto nacional como internacionalmente.

Mário Bunge, citado por Vladmir Oliveira da Silveira, aponta que o desenvolvimento aqui abordado apresenta pelo menos cinco concepções: a social, a econômica, a política, a cultural e a integral.[141]

A concepção social será fundadora de todas as demais, já que para se superar o desenvolvimento deve-se adotar uma concepção correta da sociedade. Esta seria sintetizada por pontos parciais do biologismo, da economicidade, do politiquismo e culturalismo.

Diz-se que a concepção econômica, por seu turno, identifica o desenvolvimento com o crescimento econômico, o que se costuma corresponder à industrialização. É importante se ter em mente que esta pode ser uma concepção perigosa, já que muitas vezes em prol do desenvolvimento econômico se impõe sacrifícios a direitos individuais, civis, culturais e até políticos.

---

[140] SILVEIRA, Vladmir Oliveira da. *O Direito ao Desenvolvimento na Doutrina Humanista do Direito Econômico*. Tese de Doutorado apresentada à Pontifícia Universidade Católica de São Paulo, 2006. p. 181.

[141] Idem. p. 284.

A concepção política, por sua vez, reside na expansão da liberdade, no efetivo aumento e progressiva afirmação dos Direitos Humanos e políticos. Impõe que o Estado, para ser desenvolvido, não deve ser mínimo ou total, mas sim o necessário, o apto a entregar aos indivíduos e aos entes econômicos as prestações requeridas para que o desenvolvimento seja atingido em diferentes âmbitos.

Já a concepção cultural iguala os seres humanos em relação ao desenvolvimento da cultura e a difusão da educação, garantido a todos os aspectos culturais e educativos.

Ainda que essas concepções isoladamente sejam importantes, não são suficientes para se apreender o conceito de desenvolvimento. O desenvolvimento autêntico e necessário deve ser integral, pois ele é o corolário, a culminação das quatro concepções anteriormente apresentadas.

A concepção integral de desenvolvimento será atingida com a efetivação nos dois planos aqui expostos: no individual, com o direito ao desenvolvimento, e no coletivo, com o direito do desenvolvimento. Entendemos que o direito internacional do trabalho é o meio hábil para se materializar o direito ao desenvolvimento, por ser por meio do trabalho que o indivíduo concretiza suas potencialidades e encontra seu lugar no seio da sociedade.

O direito internacional econômico, por outro lado, apresenta-se como o recurso ideal para concretizar o direito do desenvolvimento, por este estar intimamente ligado ao comércio internacional. Com isso, poder-se-á posicionar os países menos desenvolvidos receptores dos auxílios da comunidade internacional para responder as condições impostas pelos doadores, apontando as obrigações internacionais de Direitos Humanos assumidos pelos países desenvolvidos para o gozo dos direitos resistindo à imposição de um modelo político ou econômico determinado.

Os Direitos Humanos foram divididos metodologicamente em diferentes gerações ou ondas. Tal divisão gera controvérsias, mas a discussão de tal polêmica escapa aos estreitos limites do presente trabalho. Para o fim a qual nos propomos, importa saber que o Direito do Trabalho, estando consagrado no rol dos Direitos Sociais, estaria incluído nos chamados Direitos Humanos de segunda geração.

Conforme ensina Francisco Rezek,

> *Esse direito tem a ver basicamente com as condições do trabalho, com a retribuição do trabalho humano, com o ajuste a esse tipo de relação — que se presume desigual — de diversos princípios gerais do Direito, como o da isonomia. [...] os de segunda geração são [...]*

> *os que têm a ver com o direito ao trabalho, à igual remuneração por igual trabalho, às condições de associação sindical, à liberdade sindical, ao repouso, à proibição de formas de trabalho não condizentes com a dignidade humana ou com as condições especiais de certas categorias de pessoas.*[142]

O Direito Internacional do Trabalho possui inegável importância na tutela dos direitos e garantias destinados aos trabalhadores, em geral a parte mais frágil em uma relação jurídica da qual retiram os meios para sua subsistência. Essa importância é, inclusive, histórica. Tal ramo da ciência jurídica foi consagrado no plano internacional pela criação da Organização Internacional do Trabalho que, juntamente com o Direito Humanitário e com a extinta Liga das Nações, contribuiu para o processo de internacionalização dos Direitos Humanos.[143]

A OIT é o verdadeiro marco de nascimento e consagração do Direito do Trabalho. É interessante notar que antes de sua criação as normas trabalhistas eram poucas, esparsas e tímidas. Foram as suas convenções que inspiraram e nortearam a criação e a consolidação de leis protetivas ao obreiro em grande número de países. Curioso também é que o Direito do Trabalho, além de ter nascido internacional, também nasceu constitucional. As primeiras normas nacionais a consagrarem relevante rol de direitos trabalhistas foram a Constituição Mexicana de 1917 e a Constituição de Weimar de 1919.

Hoje vivemos uma espécie de globalização também dos Direitos Humanos, aí incluído o Direito do Trabalho. É o que muitos chamam de Direitos Humanos Universais, isto é, parte integrante do *jus cogens* internacional[144], reconhecidos como válidos e aplicados pela maioria dos povos. Isso é bastante perceptível no ramo trabalhista, em que muitos países adotam os critérios mínimos de proteção apontados pela OIT como sustentáculos para a incipiente — quando não inexistente — legislação interna. Importante ressaltar,

---

142 *Fórum Internacional sobre Direitos Humanos e Direitos Sociais/organização e realização Tribunal Superior do Trabalho.* São Paulo: LTr, 2004. p. 546.

143 PIOVESAN, Flávia. *Direitos Humanos e o Direito Constitucional Internacional.* 7. ed. rev., ampl. e atual. São Paulo: Saraiva, 2006. p. 111.

144 Para análise aprofundada, vide: FINKELSTEIN, Cláudio. *"Jus cogens" como paradigma do metaconstitucionalismo de Direito Internacional.* Tese de Livre-Docência em Direito Internacional Público, apresentada à Pontifícia Universidade Católica de São Paulo, 2010.

assim, que ainda que o Direito Internacional do Trabalho seja aplicável a todos os países, desempenha papel preponderante nos países em desenvolvimento.[145]

A garantia dos Direitos Sociais aos trabalhadores é fundamental, não podendo ser dissociada da proteção dos obreiros como seres humanos.

> *O trabalhador tem duas classes de Direitos Humanos: os direitos trabalhistas específicos [...] e os demais direitos do cidadão, inespecíficos, não específicos do trabalhador, mas que ele conserva, como cidadão, na relação de trabalho.*
>
> *Claro, o exercício desses direitos — liberdade de expressão, direito à intimidade, dignidade da pessoa humana, direito à saúde — pode ser modelado, adaptado a uma relação de subordinação na relação de dependência, na relação de pertinência a uma organização produtiva, mas existe.*[146]

Eis a real dimensão da necessidade da consagração dos direitos trabalhistas na esfera dos Direitos Humanos. Insta que o trabalhador seja protegido também como cidadão que é, evitando que a energia por ele despendida seja tratada cinicamente como mera mercadoria. Não podemos esquecer que, atrás da mão de obra contratada, que atrás do serviço prestado, existe um ser humano, titular de direitos indisponíveis, que por todos devem ser observados, inclusive pelos Estados.

Em um mundo de capitalismo internacional complexo, os trabalhadores têm de ser protegidos não só dos desmandos de empregadores, mas também do Estado, que na ânsia de atrair investimentos estrangeiros pode passar por cima das garantias trabalhistas, praticando o chamado *dumping* social.[147]

No chamado *dumping* social a vantagem comercial indevida é obtida pela falta de regulamentação adequada das garantias trabalhistas ou pelo desrespeito a elas, quando existentes. Dá-se, geralmente, em países pouco desenvolvidos ou em vias de desenvolvimento, que em função da economia mais pobre possui excedente de mão de obra, via de regra mal remunerada. Nesses casos, ainda que haja uma legislação trabalhista eficiente, capaz de consagrar direitos trabalhistas mínimos, como no caso do Brasil, a população

---

[145] HUSEK, Carlos Roberto. *Curso de Direito Internacional Público e Privado do Trabalho.* São Paulo: LTr, 2009. p. 75.

[146] URIARTE, Oscar Ermida. *Fórum Internacional sobre Direitos Humanos e Direitos Sociais/organização e realização Tribunal Superior do Trabalho.* São Paulo: LTr, 2004. p. 283.

[147] JOHANNPETER, Guilherme. *Antidumping* – Prática desleal no comércio internacional. Porto Alegre: Livraria do Advogado, 1996. p. 60.

se submete a trabalhar em condições precárias, dada a dificuldade em encontrar um posto de trabalho.

Nesse quadro, ganha imensa relevância a consagração dos princípios da dignidade da pessoa humana[148], da segurança jurídica e a proibição do retrocesso social. Este último, além de ser cláusula pétrea do Brasil, é garantido pelo artigo 2.1 do Pacto Internacional sobre Direitos Econômicos, Sociais e Culturais.

Não é possível vislumbrar a efetiva garantia e proteção dos direitos dos obreiros se os instrumentos que os consagram são vistos como diplomas legais de conteúdo programático. A Constituição e os Tratados Internacionais não são apenas normas enunciativas, mas sim as fontes supremas a serem observadas na interpretação e na aplicação do Direito do Trabalho. Não devem ser enunciados pairando no ar, com papel meramente abstrato. Devem desempenhar efetiva função balizadora.

7.5. COMBATE AO *SWEATSHOP*: AÇÃO INTEGRADA ENTRE OMC E OIT

O presente trabalho se propõe a abordar temas que parecem irreconciliáveis, apesar de sua estreita ligação: a economia de mercado, com seu objetivo de atingir máxima produtividade e lucro, e a massa de trabalhadores, com sua necessidade de proteção. Não haveria produtos e serviços a serem comercializados se não houvesse pessoas engajadas nessas atividades. Mesmo em uma época eminentemente tecnológica, como a em que vivemos, há funções que só podem ser exercidas por seres humanos. Já os trabalhadores não teriam onde empregar a sua energia se não existissem coisas a serem produzidas e serviços a serem prestados. Como um elo a fechar essa cadeia, há a contraprestação percebida pelos obreiros, primordial à subsistência desses e que os tornará consumidores essenciais para a prosperidade do mercado.

Tendo isso em mente, é deveras importante manter esses diferentes fatores em sintonia, em fino equilíbrio. De um lado, há que se fomentar a iniciativa privada, possibilitando que esta floresça e atinja altos níveis de produtividade e alcance os frutos financeiros esperados. Por outro, é imperativo que o exercício da atividade econômica não ocorra sacrificando-se a energia vital do empreendimento – a energia humana.

---

[148] *"Envolve o direito à vida, os direitos pessoais tradicionais, os direitos econômicos, os direitos educacionais, os direitos à saúde, as liberdades públicas em geral e os direitos sociais. É o valor constitucional supremo, um sobreprincípio, abrangendo, portanto, todos os demais."* Em: HUSEK, Carlos Roberto. *Curso de Direito Internacional Público e Privado do Trabalho*. São Paulo: LTr, 2009. p. 65.

Ainda que vivamos em dias nos quais prevalece o Estado mínimo, com pouca intervenção do governo nos rumos do mercado, é necessário haver certa ingerência estatal na economia. As ditas mãos invisíveis do mercado não são suficientemente imparciais para privilegiar o interesse de todas as esferas sociais, não só o dos empreendedores. Não defendemos uma economia planificada, com demasiada burocracia e legislação engessante. Apenas cremos ser imprescindível que o Estado estabeleça limites, ainda que fluidos, onde a economia possa se movimentar livremente, e, ao mesmo tempo, atender à sua função social.

A crise econômica que reverberou mundialmente desde 2008 demonstrou a falibilidade da concepção do liberalismo contemporâneo (também denominado de neoliberalismo), defensora da autorregulação da economia. O que evitou resultados ainda mais assoladores foi a pronta intervenção dos governos, dispostos a injetar enormes quantias de dinheiro em empresas e instituições financeiras, a fim de manter a economia funcionando e frear a queda dos postos de trabalho.

Ainda que a atuação estatal seja necessária para equilibrar a relação entre o mercado e a força de trabalho, ela, por si só, não é suficiente para corrigir todas as distorções geradas pelo livre-comércio. Depreende-se isso do próprio fato de não terem havidos iniciativas governamentais relevantes com o fito de garantir a dignidade dos trabalhadores, a manutenção dos postos de trabalho existentes e a criação de novos.

Ao estabelecer tratados contendo direitos essenciais destinados a todos os obreiros, a OIT e seus membros formam uma rede sólida de normas e debates sobre o tema. Uma das razões para o grande número de ratificações das Convenções desta organização é a sua notória parcimônia ao estabelecer os padrões mínimos a serem observados. Ainda que alguns critiquem referida prudência, julgando-a prova de fraqueza e falta de vontade política, é, na verdade, medida de bom-senso, a fim de se congregar realidades sociais as mais díspares possíveis.

Paralelamente, a atuação da OMC é de reconhecida importância para manter a livre concorrência no mercado entre os países, evitando tratamentos discrepantes e também a adoção de medidas distorcivas ao comércio internacional. Entre essas medidas podemos citar o *dumping* social, praticada por alguns países que, para atrair investimentos externos, aceitam flexibilizar as normas de proteção ao trabalho a níveis inimagináveis, chegando a caracterizar o aviltamento do trabalhador. Mesmo que com um viés comercial, visando proteger o mercado e a livre concorrência, a OMC desempenha importante papel na abolição dessas práticas nocivas, impondo medidas sancionatórias aos países que as adotam.

Para combater práticas distorcivas que ferem a dignidade do trabalhador enquanto pessoa humana são sugeridas, por diferentes linhas de pensamento, algumas saídas. Uma delas seria a aplicação de direitos *antidumping,* sob os auspícios da OMC, assim como se faz quando há comprovada prática de *dumping* meramente econômico, sem a configuração de suas subespécies anteriormente pormenorizadas no decorrer do trabalho.

Outra seria a adoção de cláusulas sociais, embutidas em tratados comerciais, também no bojo da OMC. Como visto, os países desenvolvidos defendem a fixação de padrões mínimos de proteção ao trabalho a serem respeitados por todos os Estados-membros, sob pena de sofrerem sanções comerciais. Os países em desenvolvimento, por sua vez, acreditam que a instituição de cláusulas sociais inviabilizaria as suas exportações.

A OIT, por seu turno, sugeriu a criação de um "selo social", de engajamento voluntário por parte das empresas, que receberiam um certificado atestando serem respeitadoras das normas de proteção aos trabalhadores. Essa possível solução, assim como as outras, é alvo de críticas e discursos inflamados, pois dificultaria o desenvolvimento de indústrias incipientes ou que ainda não são tão competitivas no campo tecnológico quanto as provenientes de países desenvolvidos.

Porém, ainda que compreendamos a visão eminentemente pragmática dos que defendem a não normatização internacional sobre o *dumping* social, com ela não coadunamos. O desenvolvimento econômico de um país só poderá ser considerado legítimo quando não for construído sobre o desrespeito dos direitos trabalhistas e, principalmente, quando os frutos dele advindos não se limitarem apenas aos empreendedores.

Ainda que não defendamos a visão de que todos os trabalhadores são hipossuficientes, não podemos esquecer que grande parte deles o é. Esta é a realidade de muitos obreiros, principalmente em países em desenvolvimento — justamente os maiores praticantes do *dumping* social. É importante ter isso em mente ao se analisar a questão. Não é cabível manter a cínica concepção de que os fins justificam os meios — que, para a aferição de lucros cada vez maiores, é aceitável o aviltamento dos trabalhadores como um dos efeitos colaterais.

Não, não o é. Procuramos demonstrar que o Direito do Trabalho está incluído no rol dos Direitos Sociais, consagrados na chamada 2ª Geração de Direitos Humanos. Sendo, portanto, uma das formas de exteriorização dos Direitos Humanos, o Direito do Trabalho deve ser considerado de suma importância, como instrumento viabilizador das mudanças sociais, políticas e econômicas necessárias para atingir-se a proteção dos direitos mínimos dos trabalhadores. O alegado custo com a mão de obra não pode sobrepor-se ao valor da dignidade da pessoa humana.

Neste quadro, entendemos que a atuação da OIT deve ser preponderante, por ser ela a organização internacional cujo acervo de normas e princípios é o mais adequado para reger o assunto. Um dos valores basilares defendidos pela OIT, em toda a sua trajetória, é que o trabalho humano não é mercadoria. A fixação de um rol mínimo de convenções a serem ratificadas por seus membros foi um importante passo no combate a práticas aviltantes à condição do trabalhador.

Contudo, entendemos faltar força coercitiva às iniciativas na OIT. Isso, por si só, não é o suficiente para transferir a tutela dos direitos do trabalhador para a esfera da OMC. Mais produtivo seria, em nosso entender, estabelecer mecanismos que conferissem maior efetividade às normas e decisões da OIT, como a fixação de multas ou, até mesmo, a aplicação de sanções comerciais em conjunto com a OMC, em uma atuação multidisciplinar. Nunca perdendo de vista, entretanto, que o papel de destaque seria da OIT.

Por fim, vale citar o interessante entendimento de Christine Kaufmann, para quem as disposições de Direito Internacional Econômico devem ser interpretadas sob a luz das obrigações de Direitos Humanos assumidas pelas partes envolvidas, para que seja mantida a coerência entre os sistemas normativos da OMC e da OIT. Para referida autora, a Declaração de Singapura não impede que a OMC trate de práticas comerciais distorcivas que acarretem a precarização dos padrões trabalhistas — e ressalta, ainda, que onde houver dúvida sobre o conteúdo de tais padrões a autoridade competente será a OIT.[149]

7.5.1. O SISTEMA DE SOLUÇÃO DE CONTROVÉRSIAS DA OMC COMO INSTRUMENTO PARA O DESENVOLVIMENTO INTEGRAL

A Organização Mundial do Comércio, mesmo sendo alvo de duras críticas, tornou-se o maior e mais procurado fórum de discussão entre os Estados atualmente, sobrepujando, muitas vezes, a ONU. Embora seja ingenuidade acreditar em uma efetiva isonomia entre os membros da OMC, inegável é a sua importância — principalmente em um mundo globalizado e gerido pelos movimentos do livre capital como este no qual vivemos.

---

[149] KAUFMANN, Christine. *Globalisation and labour rights – the conflict between core labour rights and international economic law*. Oxford: Hart Publishing, 2007. p. 284.

Sendo uma espécie de sucessora do GATT[150], a OMC possui o objetivo de dar segurança e previsibilidade ao sistema multilateral de comércio, provendo soluções satisfatórias para as disputas envolvendo os estados-membros[151]. Para tanto, possui um sofisticado Sistema de Solução de Controvérsias, regido pelo *Entendimento Relativo às Normas e Procedimentos sobre Solução de Controvérsias (ESC)*.

O ESC constitui um "adensamento de juridicidade"[152] em comparação ao antigo sistema do GATT — o qual era fruto da prática reiterada, e não uma obrigação jurídica consolidada como ocorre atualmente. Seu objetivo primordial *é "garantir uma solução positiva para as controvérsias"*, dando sempre *"preferência à solução mutuamente aceitável para as partes em controvérsia e que estejam de conformidade com os acordos abrangidos"*.[153]

Segundo Welber Barral,

> *[...] o ESC consolidou uma visão mais legalista (*rule-oriented*) das relações comerciais internacionais; ao mesmo tempo, manteve algumas importantes brechas para que as soluções negociadas fossem preferíveis ao litígio entre os membros da OMC.*[154]

Trata-se, segundo o autor, de um sistema quase judicial; *sui generis*. Fazem-se presentes a arbitragem (painel estabelecido *ad hoc*) e procedimentos com características judiciais, tais como: provocação unilateral; procedimentos e leis predeterminados, intervenção de terceiros sem consentimento das partes e um Órgão de Apelação permanente; é um mecanismo obrigatório para os membros da OMC, tendo sua jurisdição já estabelecida e reconhecida; um sistema quase automático; a exegese de suas disposições é possível, desde que

---

[150] GATT – General Agreement on Tariffs and Trade. Um "tratado" resultante da Carta de Havana, que previa, originariamente, a instituição de uma Organização Internacional do Comércio (OIC). Tendo o Senado norte-americano rejeitado a OIC, em 1947 passa a vigorar o GATT – cujo objetivo era, basicamente, estabelecer disposições sobre desmontes tarifários e efetivar a liberalização do mercado internacional.

[151] Mais em: THORSTENSEN, Vera e JUNK, Marcos J. [Coord.]. *O Brasil e os grandes temas do comércio internacional*.1ª ed. São Paulo: Aduaneiras, 2005.

[152] LAFER, Celso. *A OMC e a regulamentação do comércio internacional:* uma visão brasileira. Porto Alegre: Livraria do Advogado, 1998.

[153] Artigo 3.7 do ESC.

[154] BARRAl, Welber [Org.]. *O Brasil e a OMC:* os interesses brasileiros e as futuras negociações multilaterias. Florianópolis: Diploma Legal, 2000. p. 15.

não aumente ou diminua os direitos e obrigações das partes[155]; não possibilidade de sanções unilaterais; exclusividade para solucionar controvérsias, evitando, assim, a proliferação de sistemas distintos, o que evidentemente enfraquece o sistema[156].

Há tão somente duas instâncias obrigatórias: Consultas entre as Partes e a Decisão quase judicial, representada pelos relatórios dos painéis. Interessante notar que mesmo podendo escolher entre a arbitragem[157], os bons ofícios[158], a conciliação ou a mediação, os membros preferem, cada vez mais, utilizar as formas mais judiciais[159]. Isso denota um *animus* em postergar ao máximo a efetiva solução do conflito e a revogação da medida violadora.

Mesmo não sendo um sistema totalmente judicial, sofre, tal qual a ciência processual nacional, de um excesso de formalismo, em que o processo passa a ser considerado um fim em si mesmo, e não mais um meio de atingir a justiça pretendida. Como tão bem explicita José Roberto dos Santos Bedaque,

> *[...] os aspectos fundamentais do direito processual são concebidos à luz da relação jurídica material. As questões maiores do processo são solucionadas com dados inerentes à relação da vida e ao direito substancial que a regula. Quanto mais consciência tiver*

---

[155] Dispositivo bastante subjetivo, abrindo brecha para ilegalidades e polêmicas. Se é necessário que se interprete as normas e orientações da OMC, como definir com exatidão quais são os direitos e as obrigações? Corre-se o risco de pecar por uma interpretação demasiadamente restrita, superficial, extensa ou vaga. Torna-se, portanto, uma ameaça à previsibilidade e segurança, revestindo as decisões dos painéis e do Órgão de Apelação dotadas de menor eficácia e credibilidade.

[156] Sendo uno e regrado por poucas disposições, torna-se ínfimo o risco de fragmentação do processo. Esta concepção não é nova. BOBBIO, explicando o movimento iluminista, diz que "*a natureza profunda, a essência verdadeira da realidade, é simples e suas leis são harmônicas e unitariamente coligadas; por isso, também o direito, o verdadeiro direito fundado na natureza, podia e devia ser simples e unitário*". BOBBIO, Norberto. *O Positivismo Jurídico*. São Paulo: Ícone, 1995.

[157] "*Na arbitragem existe o exercício da verdadeira jurisdição, só que exercida por órgãos – pessoas, aos quais o Estado reconhece, em certa medida, uma parcela do seu poder, e cujas decisões ele chancela com o selo de sua autoridade, outorgando-lhes idêntica eficácia à que confere às decisões de seus próprios juízes (órgãos – ente). Daí chamar-se sentença arbitral as decisões finais dos árbitros*". ALVIM, J. E. Carreira. *Teoria Geral do Processo*. 8ª ed. Rio de Janeiro: Malheiros, 2002. p. 81.

[158] "*Intervenção amistosa e benévola oferecida por uma nação para que se ponha termo a dissidências havidas entre dois ou mais Estados, cujas relações se encontram cortadas ou estremecidas.*" SILVA, De Plácido E. *Vocabulário Jurídico*. V. I. São Paulo: Forense, 1975, p. 260.

[159] O artigo 25 do ESC é dedicado à arbitragem, sendo esta definida como um "*meio alternativo de solução de controvérsias pode facilitar a resolução de algumas controvérsias que tenham por objetivo questões claramente definidas por ambas as partes*".

> *o processualista desse fenômeno, maiores serão as possibilidades de construção de mecanismos aptos a alcançar os escopos do processo. Trata-se de um passo adiante à fase instrumentalista.*[160]

Nas palavras de Tatiana Lacerda Prazeres, uma das maiores críticas ao ESC é o seu excesso de legalismo, com demasiada ênfase no procedimento em prejuízo do fator equidade.

> *Com as limitações de conhecimento técnico-jurídico enfrentadas pelos países em desenvolvimento, não se pode deixar de concluir que são esses os mais prejudicados em virtude da excessiva importância das questões procedimentais, em que a essência do conflito muitas vezes nem chega a ser avaliada pelo descumprimento de uma formalidade exigida.*[161]

Os países em desenvolvimento e os países de menor desenvolvimento relativos constituem a maioria no número de Membros da OMC.

Têm participado cada vez mais do Sistema de Solução de Controvérsias, a maior parte das vezes como reclamados. Isso ocorre porque as políticas adotadas para promover o desenvolvimento nacional muitas vezes são incompatíveis com os acordos da OMC — o que acaba gerando a intolerância por parte dos países desenvolvidos[162].

Entretanto, os países em desenvolvimento precisam de possibilidades maiores para intervir em sua economia, visando a um melhor desenvolvimento. A OMC, como importante foro de negociações comerciais multilaterais, precisa desempenhar um papel mais ativo nessa esfera, viabilizando políticas efetivas para promover a redistribuição de venda e a democratização da tecnologia.

---

[160] BEDAQUE, José Roberto dos Santos. *Direito e Processo* – influência do direito material sobre o processo. 2ª ed. São Paulo: Malheiros, 2001. p. 13.

[161] BARRAl, Welber [Org.]. *O Brasil e a OMC:* os interesses brasileiros e as futuras negociações multilaterais. Florianópolis: Diploma Legal, 2000. p. 60.

[162] Os países desenvolvidos possuem fundamentos para tanto, uma vez que o princípio da reciprocidade rege o ordenamento da OMC: "*...les objectifs des Parties Contractants devant être réalisé 'par la conclusion d'accords visant sur une base de réciprocité et à la elimination entraves aux échanges et des discriminations dans les relations commerciales internationales'*". DAILLIER, Patrick; GHÉRARI, Habib; LA PRADELLE, Géraud de [Org.]. *Droit de L'Économie Internationale.* Paris: Éditions A. PEDONE, 2004. p. 352.

Isso poderá ser alcançado com a flexibilização[163] das normas protetoras do comércio internacional, garantindo aos países em desenvolvimento a faculdade de intervir na economia quando necessário, sem correr o risco de ser demandado por simplesmente cumprir o papel da administração pública.

No ESC são encontrados dispositivos que viabilizam um "tratamento especial" para os países em desenvolvimento, a saber:

- **Art. 3.12.** Quando um país em desenvolvimento propõe uma reclamação contra um país desenvolvido, o Membro reclamante terá o direito de se valer das disposições correspondentes da Decisão de 5 de abril de 1966 (BISD 14S/20), como alternativa às disposições contidas nos artigos 4, 5, 6 e 12 do ESC.
- **Art. 4.10.** Durante as consultas, os Membros deverão dar atenção especial aos problemas específicos dos países em desenvolvimento Membros.
- **Art. 8.10.** Em controvérsias envolvendo países em desenvolvimento e países desenvolvidos, o Grupo Especial deverá, se o país em desenvolvimento Membro solicitar, incluir pelo menos um integrante de um país em desenvolvimento Membro.
- **Art. 12.10.** Examinando reclamação proposta contra um país em desenvolvimento, o Grupo Especial deve dar prazo suficiente para que este prepare e apresente sua argumentação.
- **Art. 12.11.** Em controvérsias em que uma ou mais partes são países em desenvolvimento, o Grupo Especial indicará explicitamente a maneira pela qual foram levadas em conta as disposições pertinentes ao tratamento diferenciado e mais favorável para países-membros em desenvolvimento que façam parte dos acordos abrangidos invocados pelo país-membro em desenvolvimento.
- **Art. 21.2.** As questões que interessam diretamente aos países-membros em desenvolvimento deverão receber especial atenção em relação às medidas objeto da controvérsia.
- **Art. 21.7.** Se a questão sobre aplicação das recomendações e decisões tiver sido levantada por país-membro em desenvolvimento, o Órgão de Solução de Controvérsias deverá considerar quais as outras providências que seriam adequadas às circunstâncias.

---

[163] *"Um dos pontos de maior interesse desses países é que o Acordo admita espaço para a implementação de políticas de desenvolvimento que envolvam a concessão de subsídios."* THORSTENSEN, Vera; JUNK, Marcos S. [Coord.]. *O Brasil e os Grandes Temas do Comércio Internacional.* São Paulo: Aduaneiras, 2005. p. 197.

- **Art. 21.8.** Se o caso for submetido por país em desenvolvimento, o Órgão de Solução de Controvérsias, ao analisar a providência adequada a ser tomada, deverá levar em conta não apenas o alcance comercial das medidas em discussão, mas também seu impacto na economia dos países-membros em desenvolvimento interessados.
- **Art. 24.** Procedimento Especial para Casos envolvendo países-membros de menor desenvolvimento relativo.

Em que pese todo esse ordenamento especial à disposição dos países em desenvolvimento, é notória sua pouca eficiência. A utilização de expressões vagas, como se percebe acima, mina a eficácia da garantia de tratamento processual diferenciado para países em desenvolvimento.

Tal garantia é essencial para a legitimidade do Sistema de Solução de Controvérsias, uma vez que viabilizaria, ao menos em parte, a efetiva participação dos países em desenvolvimento nas controvérsias. Esses países não possuem recursos para manter funcionários especializados para defender seus interesses na OMC.

Em 2001 foi criado o "The Advisory Law Centre on WTO Law – ACWL" — custeado por doações dos Membros —, constituindo um centro para auxiliar países em desenvolvimento, promovendo, inclusive, treinamento de profissionais originários desses países. Entretanto, não há um aconselhamento profundo e efetivo, mas tão somente diretivas, apontando as possibilidades.

Essa realidade acaba por engessar a participação dos países em desenvolvimento. Mesmo que este consiga participar da controvérsia e dela saia "vencedor", não há meios de garantir o pleno e imediato cumprimento das recomendações contidas no Relatório. Atente-se para o fato de que um país de menor desenvolvimento relativo jamais obterá êxito em provocar sanções contra gigantes como os Estados Unidos da América. Se o contrário ocorrer, toda a economia do país de menor desenvolvimento relativo será sacrificada.[164]

7.6. CONCLUSÃO

O presente trabalho se propôs a abordar temas que parecem irreconciliáveis, apesar de sua estreita ligação: a economia de mercado, com seu objetivo de atingir máxima produtividade e lucro, e a massa de trabalhadores, com sua necessidade de proteção. Não haveria produtos e serviços a serem comerciali-

---

[164] LAMBERT, Jean-Marie. *Regência Neoliberal.* Goiânia: Kelps, 2000.

zados se não houvesse pessoas engajadas nessas atividades. Mesmo em uma época eminentemente tecnológica como a em que vivemos, há funções que só podem ser exercidas por seres humanos. Já os trabalhadores não teriam onde empregar a sua energia se não existisse coisas a serem produzidas e serviços a serem prestados. Como um elo a fechar essa cadeia, há a contraprestação percebida pelos obreiros, primordial à subsistência desses e que os tornará consumidores essenciais para a prosperidade do mercado.

Tendo isso em mente, é deveras importante manter esses diferentes fatores em sintonia, em fino equilíbrio. De um lado, há que se fomentar a iniciativa privada, possibilitando que esta floresça e atinja altos níveis de produtividade e alcance os frutos financeiros esperados. Por outro, é imperativo que o exercício da atividade econômica não ocorra sacrificando-se a energia vital do empreendimento — a energia humana.

A OIT construiu um verdadeiro Código Internacional do Trabalho, composto por suas normas internacionais. Ainda que estas sejam alvo de críticas por ser caráter programático, é justamente nessa prudência que reside a razão de tantas ratificações e adesões aos seus instrumentos.

A OMC, por seu turno, possui importante instrumental de caráter judicial, sendo a maior qualidade de seu Sistema de Solução de Controvérsias a efetividade das decisões dele emanadas. Assim, ainda que com um viés comercial, visando proteger o mercado e a livre concorrência, a OMC desempenha importante papel na abolição dessas práticas nocivas, impondo medidas sancionatórias aos países que as adotam.

Procuramos demonstrar que a atuação conjunta destes organismos internacionais viabilizaria maior controle e assistência ao desenvolvimento integral das nações. Os críticos a tal atuação defendem a não normatização internacional sobre o *dumping* social, estatuindo que tais medidas constituiriam entraves ao crescimento econômico. Todavia, o desenvolvimento econômico de um país só poderá ser considerado legítimo quando não for construído sobre o desrespeito dos direitos trabalhistas e, principalmente, quando os frutos dele advindos não se limitarem apenas aos empreendedores.

No decorrer do trabalho, partindo da premissa que o Direito do Trabalho está incluído no rol dos Direitos Sociais, consagrados na chamada 2ª Geração de Direitos Humanos, portanto, uma das formas de exteriorização dos Direitos Humanos, procuramos demonstrar que o Direito do Trabalho deve ser considerado de suma importância, como instrumento viabilizador das mudanças sociais, políticas e econômicas necessárias para atingir-se a proteção dos direitos mínimos dos trabalhadores. O alegado custo com a mão de obra não pode sobrepor-se ao valor da dignidade da pessoa humana.

Por fim, não se deve esquecer que a atuação das diferentes esferas de poder, em âmbito nacional e internacional, deve ser objetivando a conciliação entre a obtenção do lucro e a garantia da proteção aos trabalhadores, pois, como ensinou Ihering, a luta pelo direito é a poesia do caráter.

7.7. REFERÊNCIAS BIBLIOGRÁFICAS

ALVIM, J. E. Carreira. *Teoria Geral do Processo*. 8ª ed. Rio de Janeiro: Malheiros, 2002.

BARRAl, Welber [Org.]. *O Brasil e a OMC:* os interesses brasileiros e as futuras negociações multilaterias. Florianópolis: Diploma Legal, 2000.

BEDAQUE, José Roberto dos Santos. *Direito e Processo* – influência do direito material sobre o processo. 2ª ed. São Paulo: Malheiros, 2001. p. 13.

BOBBIO, Norberto. *O Positivismo Jurídico*. São Paulo: Ícone, 1995.

COELHO, Fábio Ulhôa. *Dignidade da pessoa na economia globalizada*. In: *Tratado Luso-Brasileiro da Dignidade Humana*. 2ª ed. atual. e ampl. São Paulo: Quartier Latin, 2009.

DAILLIER, Patrick, GHÉRARI, Habib; LA PRADELLE, Géraud de [Org.]. *Droit de L'Économie Internationale*. Paris: Éditions A. PEDONE, 2004.

DAL RI JR., Arno; OLIVEIRA, Odete Maria de. *Direito Internacional Econômico em expansão*. Ijuí: Unijui, 2003.

FINKELSTEIN, Cláudio. *"Jus cogens" como paradigma do metaconstitucionalismo de Direito Internacional*. Tese de Livre-Docência em Direito Internacional Público, apresentada à Pontifícia Universidade Católica de São Paulo, 2010.

HEPPLE, Bob. *Labour Laws and Global Trade*. Oxford: Hart Publishing, 2005.

HUSEK, Carlos Roberto. *Curso de Direito Internacional Público e Privado do Trabalho*. São Paulo: LTr, 2009.

KAUFMANN, Christine. *Globalisation and labour rights* – the conflict between core labour rights and international economic law. Oxford: Hart Publishing, 2007.

JOHANNPETER, Guilherme. *Antidumping* – Prática desleal no comércio internacional. Porto Alegre: Livraria do Advogado, 1996.

LAFER, Celso. *A OMC e a regulamentação do comércio internacional:* uma visão brasileira. Porto Alegre: Livraria do Advogado, 1998.

LAMBERT, Jean-Marie. *Curso de Direito Internacional Público*. V. III – A Regência Neoliberal. Goiânia: Kelps, 2000.

OIT – ORGANIZAÇÃO INTERNACIONAL DO TRABALHO. *Fórum Internacional sobre Direitos Humanos e Direitos Sociais/organização e realização Tribunal Superior do Trabalho*. São Paulo: LTr, 2004.

PENNINGS, Frans; BOSSE, Claire [eds.]. *The Protection of Working Relationships* – A Comparative Study. The Netherlands: Kluwer International BV, 2011.

PIOVESAN, Flávia. *Direitos Humanos e o Direito Constitucional Internacional*. 7ª ed. rev, ampl. e atual. São Paulo: Saraiva, 2006.

RODRIGUEZ, Americo Plá. *Los Convenios Internacionales del Trabajo*. Montevideo: Faculdade de Derecho, 1963.

SAYEG, Ricardo Hasson. *O capitalismo humanista no Brasil. In: Tratado Luso-Brasileiro da Dignidade Humana*. 2ª ed. atual. e ampl. São Paulo: Quartier Latin, 2009.

SILVA, De Plácido E. *Vocabulário Jurídico*. V. I. São Paulo: Forense, 1975.

SILVEIRA, Vladmir Oliveira da. *Direitos humanos:* conceitos, significados e funções. São Paulo: Saraiva, 2010.

_____. *O Direito ao Desenvolvimento na Doutrina Humanista do Direito Econômico*. Tese de Doutorado apresentada à Pontifícia Universidade Católica de São Paulo, 2006.

SUSSEKIND, Arnaldo. *Direito Internacional do Trabalho*. 3ª ed. atual. e com novos textos. São Paulo: LTr, 2000.

THORSTENSEN, Vera; JUNK, Marcos J. [Coord.]. *O Brasil e os grandes temas do comércio internacional*. 1ª ed. São Paulo: Aduaneiras, 2005.

Capítulo 8

APONTAMENTOS SOBRE CONTRATOS DE TRANSFERÊNCIA DE TECNOLOGIA NO BRASIL

Karina Haidar Muller

Sumário

1. Tecnologia, um diferencial competitivo
2. Vontade das partes
3. Averbação e registro de contratos no INPI
4. Pagamentos por transferência de tecnologia *versus* tributação
5. Considerações finais
6. Referências bibliográficas

8.1. TECNOLOGIA, UM DIFERENCIAL COMPETITIVO

O dicionário *Houaiss*[165] define tecnologia como teoria geral e/ou estudo sistemático *sobre técnicas, processos, métodos, meios e instrumentos de um ou mais* ofícios ou domínios da atividade humana *(por exemplo, indústria, ciência, etc.)* – original não grifado.

Já o dicionário *Michaelis*[166], que vai um pouco além, estabelece que tecnologia é: *1. Tratado das artes em geral. 2. Conjunto dos processos especiais relativos a uma determinada arte ou indústria. 3. Linguagem peculiar a um ramo determinado do* conhecimento, *teórico ou prático. 4. Aplicação dos* conhecimentos científicos à produção em geral (original não grifado).

A Internet[167] caracteriza tecnologia como: *Tecnologia (do grego τεχνη – "técnica, arte, ofício" e λογια – "estudo") é um termo que envolve o* conhecimento *técnico e científico e as ferramentas, processos e materiais* criados e/ou utilizados a partir de tal conhecimento (original não grifado).

Pode-se depreender que tecnologia nada mais é do que um *conhecimento humano*, algo criado e/ou desenvolvido pelo ser humano, não importando qual seja a sua finalidade, quer dizer, qual seja a sua aplicação e/ou propósito.

O conhecimento humano que vem sendo desenvolvido desde que o mundo (ou melhor, ser humano) existe e aprimorado ao longo dos séculos trouxe transformações profundas para o mundo e para a forma como vivemos atualmente. Por se tratar de algo inerente à atividade humana, este coeficiente é uma roda-viva e novos conhecimentos, ainda "desconhecidos", continuarão a transformar o mundo e o modo de vida.

O conhecimento move o mundo e estabelece a dinâmica interna de cada país e a sua comunicação e inter-relação com os demais países.

O desenvolvimento industrial e, logo, econômico e social de um país está profundamente ligado ao grau e volume de conhecimento criado e aplicado pela sua população no cotidiano; às tecnologias ali existentes. Os países mais desenvolvidos são os grandes detentores de tecnologias, sobretudo aquelas de ponta, inovadoras. Estes países investem bilhões em pesquisa e inovação e incentivam a iniciativa privada a investigar, buscar e obter soluções inovadoras. Tornam-se, tais países, verdadeiras potências econômicas e, com a globalização dos mercados sobretudo a partir do final da 2ª Guerra Mundial, grandes exportadores de suas tecnologias aos países menos desenvolvidos.

---

[165] Fonte: *Grande Dicionário Houaiss da Língua Portuguesa*. Disponível em: www.uol.com.br.
[166] Fonte: *Michaelis Moderno: Dicionário da Língua Portuguesa*. Disponível em: www.uol.com.br.
[167] Fonte: Wikipedia (www.wikipedia.org).

A transferência de tecnologia entre países tornou-se uma dinâmica necessária e criou relações de dependência: de um lado, o país-exportador de tecnologia se torna dependente das receitas oriundas da transferência de tecnologia e, de outro, o país-importador depende de tecnologia de ponta não apenas para modernizar seu pátio industrial, mas também, e de suma relevância, para alavancar sua economia e garantir um desenvolvimento econômico progressivo.

Logo, a tecnologia se configura como um *bem* de valor agregado relevante nas relações comerciais interpaíses. Consequentemente, a tecnologia, como *bem econômico*, é um diferencial competitivo extremamente importante.

A transferência de tecnologia é feita não entre os países como entidades governamentais, mas sim entre os detentores nacionais da tecnologia, na sua grande maioria empresas. Claro que pode ocorrer entre Governos-nacionais e também envolver pessoas físicas, mas o maior e mais expressivo volume se dá entre empresas.

8.2. VONTADE DAS PARTES

A transferência de determinada tecnologia depende, de um lado, do interesse e disponibilidade de seu detentor em fornecê-la a terceiros e, de outro, do interesse e disponibilidade do terceiro em obtê-la. É a vontade das partes que governa nestes casos[168].

A vontade das partes será expressa em contrato, termo, pacto, condições, memorando, etc., que deve regular a forma na qual a tecnologia será transferida.

Usualmente, os contratos envolvendo tecnologia regulam (a) a sua aquisição por terceiro, operando-se aqui a transferência definitiva de tal tecnologia, ou, de outro lado, (b) o seu licenciamento, quer dizer, uma autorização de uso ou exploração de um bem[169].

Um contrato claro e com as obrigações e direitos bem redigidos é essencial para o bom andamento da relação a ser estabelecida entre as partes.

Algumas são as modalidades de contratos de transferência de tecnologia, sejam eles de aquisição ou de licenciamento. Trataremos em mais detalhes de tais contratos.

---

[168] Em alguns casos, como no licenciamento compulsório de patentes, carece de vontade de uma das partes na formalização da transferência da tecnologia. Tais casos são mais raros e bastante pontuais.

[169] Há entendimentos no sentido de que uma licença não implica a autorização de uso ou exploração de um bem, mas sim, de outro lado, numa declaração de não oponibilidade de direitos exclusivos em face do licenciado (VIEGAS, pp. 94-95).

8.2.1. CONTRATOS DE AQUISIÇÃO DE TECNOLOGIA

Conforme vimos anteriormente, por meio de tais contratos, o detentor de uma tecnologia transfere-a, em definitivo, ao terceiro adquirente. Em outras palavras, findo o prazo contratual o adquirente continuará a explorar a tecnologia transferida, independentemente de qualquer autorização do detentor originário. É possível, no entanto, impor certas restrições de uso e exploração da tecnologia adquirida, sobretudo quando há terceiros envolvidos[170].

Esta modalidade é largamente utilizada no Brasil, porque o INPI – Instituto Nacional da Propriedade Industrial, Autarquia federal responsável pelo registro de contratos de transferência de tecnologia, não aceita a figura contratual da licença de tecnologia não patenteada, mas apenas a licença de tecnologia patenteada. Como há uma grande escala de tecnologias não patenteadas, as empresas se veem obrigadas a celebrar um contrato de transferência definitiva.

Tecnologia não patenteada pode ser definida como conhecimentos que não estão protegidos por patente[171]. Dentro de tais conhecimentos podemos incluir o *know-how* (*saber fazer* algo). Patentear ou não uma tecnologia é uma decisão estratégica de seu detentor.

Quando se opta por não patentear determinada tecnologia, a rigor deve-se assegurar a confidencialidade da tecnologia dentro dos *borders* da empresa e de quem teve acesso a tal tecnologia com o respectivo consentimento. Neste caso, o "valor agregado" da tecnologia perdurará enquanto ela permanecer confidencial, sigilosa, ou seja, por prazo indefinido. Não se está falando aqui no tempo de vigência de um direito outorgado pelo Estado, mas sim na manutenção do diferencial competitivo que uma determinada empresa possui em razão da tecnologia continuar confidencial e, logo, inacessível aos competidores.

Muitas vezes se opta por não patentear uma tecnologia justamente por não haver um prazo específico de proteção e obrigatoriedade de divulgação a terceiros, como ocorre com a patente.

---

[170] Exemplo: é possível estabelecer que o adquirente da tecnologia não irá transferi-la a terceiros ou exportar produtos que contemplam a tecnologia transferida, pois pode haver acordos de exclusividade com empresas em outros países, os quais devem ser observados.

[171] Título concedido pelo Governo às invenções consideradas patenteáveis nos termos da Lei da Propriedade Industrial (Lei n. 9.279/96). A concessão de uma patente outorga, ao seu titular, o direito de propriedade sobre esta, que implica a sua exploração a título exclusivo no território brasileiro e, consequentemente, no direito de impedir terceiros desautorizados de explorá-la.

Em geral, os contratos que estabelecem a transferência de tecnologia não patenteada preveem, também, a prestação de serviços de assistência técnica, a fim de que o adquirente seja capacitado na tecnologia, ou seja, aprenda a utilizá-la, manipulá-la e tenha possibilidades reais de implementá-la em sua planta.

A assistência técnica prestada inclui a entrega de documentos relativos à tecnologia, treinamentos, sejam eles *in loco* (com a presença de técnicos no Brasil ou no exterior) ou remotamente, e quaisquer outras formas de capacitação do adquirente.

Em alguns casos, uma determinada empresa adquire uma tecnologia, que será por ela explorada, mas a sua implementação se dará por um terceiro. Como exemplo podemos destacar a construção ou adaptação de uma planta industrial: uma empresa adquire a tecnologia para construir ou adaptar sua planta, mas a construção em si será feita por uma empresa de engenharia, esta capacitada para a construção e/ou adaptação. Em qualquer caso, a exploração da tecnologia será feita pelo adquirente, e não pelo terceiro, pois este será apenas um subcontratado para realizar um serviço.

A assistência técnica também pode ser contratada independentemente de haver uma transferência de tecnologia prévia. Inúmeros são os casos nos quais uma empresa necessita de determinada assistência técnica isolada (como, por exemplo, a melhoria de um processo produtivo e/ou de um produto ou parte deste, etc.).

Muito embora o termo transferência de tecnologia não necessariamente dê, nestes casos, nome ao contrato, é fato que há sim uma efetiva transferência de tecnologia, pois a assistência técnica implicará a capacitação da empresa em determinado conhecimento (logo, na tecnologia).

Assim, pouco importa o nome dado ao contrato ou mesmo, em alguns casos, o que foi estabelecido no escopo contratual, a transferência de tecnologia acabará se dando nestes casos. É preciso conhecer a natureza do contrato e, mais importante, o que foi acordado entre as partes para poder se determinar se há ou não alguma transferência de tecnologia.

Algumas vezes a assistência técnica é prestada sem a existência de um contrato que a estabelece formalmente, mas apenas mediante uma proposta comercial aceita pelo contratante. A proposta comercial operará como o contrato entre as partes e o pagamento será feito mediante faturas apresentadas pelo prestador[172].

---

172 Nestes casos, como há obrigatoriedade de registro da contratação pelo INPI para que seja permitida a remessa da remuneração pactuada (entre outros efeitos do registro pelo INPI), pode-se registrar a fatura emitida pelo prestador; não há necessidade de submeter um contrato.

8.2.2. CONTRATOS DE LICENCIAMENTO DE TECNOLOGIA

Diferentemente do que ocorre nos contratos de aquisição de tecnologia, aqui não se opera uma transferência definitiva, mas sim temporária. Os contratos de licença podem ser comparados aos de "aluguel" ou "comodato".

Nos contratos de licença, a propriedade do bem continua a pertencer ao seu detentor. Opera-se aqui uma autorização de exploração ou utilização.

Quando falamos em direitos de propriedade, que é o caso de patentes no sistema jurídico brasileiro[173], é facultado ao seu titular (detentor do direito de exploração exclusiva da patente) ceder a sua titularidade ("vendê-la") ou licenciar a sua exploração a terceiros ("alugá-la").

Os contratos de licença são amplamente utilizados quando há uma patente envolvida, seja ela concedida ou ainda uma expectativa de direito (quer dizer, um pedido de patente ainda em exame pelo INPI).

A licença, como vimos, tem caráter temporário e não há transferência de titularidade. Por deter este caráter, torna-se mais fácil e, na realidade, mais factível a imposição de restrições de exploração da tecnologia licenciada.

Entre as restrições, destaca-se aquela relativa ao período no qual o licenciado poderá explorar a tecnologia patenteada. Pode-se estabelecer, livremente entre as partes, que a licença perdurará por todo o período de vigência da patente[174] ou, alternativamente, apenas durante parte da vigência, com possibilidade de renovação ou não da licença.

Nos casos em que a licença perdura por toda a vigência da patente não haverá, ao final, restrição de continuidade de exploração da tecnologia patenteada pelo licenciado, pois ela terá caído em domínio público a partir da expiração da patente[175]. É preciso esclarecer que não se está falando aqui em transferência de titularidade, mas sim utilização de conhecimentos que não mais pertencem ao domínio exclusivo de alguém.

---

[173] O artigo 5º da Lei da Propriedade Industrial (Lei n. 9.279/96) estabelece que os direitos de propriedade industrial são bens móveis (*Consideram-se bens móveis, para os efeitos legais, os direitos de propriedade industrial*). Por sua vez, o *caput* do artigo 6º da mesma norma legal determina que: *Ao autor de invenção ou modelo de utilidade será assegurado o direito de obter a patente que lhe garanta a* propriedade, *nas condições estabelecidas nesta Lei*. (original não grifado)

[174] A Lei da Propriedade Industrial (Lei n. 9.279/96) estabelece dois tipos de patentes: a de invenção, cuja duração da vigência é de 20 anos, e a de modelo de utilidade, cuja duração é de 15 anos. Ambas as vigências retroagem à data de depósito, após, obviamente, a concessão do direito pelo INPI.

[175] Após a expiração do prazo de vigência de uma patente, a tecnologia cairá em domínio público, ou seja, poderá ser explorada por qualquer terceiro, independentemente do fato de ele haver sido previamente licenciado a explorá-la.

É comum os contratos de licenciamento de patente envolverem, ademais, uma transferência de determinado *know-how* ou conhecimento não patenteado, que compõem ou complementam a tecnologia abarcada pela patente. Muitas vezes as tecnologias (patenteadas e não patenteadas) são complementares e dependentes umas das outras, sendo necessária a transferência de ambas para que seja possível a sua exploração e aplicação na indústria.

Como o INPI não aceita a figura da licença de tecnologia não patenteada (conforme já mencionado e mais detalhado no item 2.2.1 deste subcapítulo), um contrato de licença de patente, que também abarque transferência de conhecimento não patenteado, poderia criar uma problemática em relação à utilização das tecnologias envolvidas após o término da licença.

De um lado, findo o contrato de licença (e desde que a patente ainda esteja vigente), a exploração da tecnologia patenteada deverá ser cessada pela licenciada, mas, de outro, em tese[176] o licenciado/adquirente poderia continuar a explorar a tecnologia não patenteada. Ocorre que, na prática, as tecnologias envolvidas, em geral, são dependentes, uma não funciona sem a outra ou não se torna completa sem a outra. Logo, dificilmente a tecnologia não patenteada, que foi transferida no âmbito de uma licença, poderá ser explorada pelo licenciado/adquirente, já que dependeria daquela patenteada, a qual não mais se possui autorização para explorar.

8.2.2.1. LICENCIAMENTO DE TECNOLOGIA NÃO PATENTEADA

Abre-se aqui um item dentro do subcapítulo 8.2.2 para tratarmos, brevemente, sobre a licença de tecnologia não patenteada.

É perfeitamente possível enquadrar dentro dos contratos de licenciamento de tecnologia aquelas não patenteadas. Não há nada na legislação brasileira que impeça esta modalidade contratual, amplamente utilizada no comércio internacional.

Ocorre que, conforme já mencionado anteriormente, o INPI, órgão responsável pelo registro e averbação de contratos de transferência de tecnologia, não aceita a figura de licença de tecnologia não patenteada. Entre as justificativas do INPI para impedir esta modalidade contratual destaca-se o entendimento de que não se trata de um direito de propriedade e, desta forma,

---

[176] Em tese, pois partimos do entendimento atual do INPI de não aceitar a licença de tecnologia não patenteada, entendimento este questionável.

não poderia ser licenciada (autorização de exploração temporária) a terceiros, mas transferida de fato.

A Autarquia também entende que, uma vez que um conhecimento (não patenteado) é divulgado, não se pode mais exercer controle sobre este e, consequentemente, não se pode "retirá-lo" da parte que o adquiriu.

A ABPI – Associação Brasileira da Propriedade Intelectual[177] estudou recentemente a questão e concluiu que não há qualquer impedimento, nas leis brasileiras, para a celebração de um contrato que preveja a licença de tecnologia não patenteada.

Analisou-se, na ocasião, as possíveis naturezas jurídicas da tecnologia não patenteada (pois a lei brasileira não a define) e, quaisquer que fossem elas, não há obstáculo legal para a sua concretização e aplicação no Brasil.

Não obstante, o cenário não foi alterado no INPI e é preciso atentar pela impossibilidade de celebrar contratos de licença de tecnologia não patenteada quando estes envolverem pagamentos ao exterior.

É muito difícil explicar aos estrangeiros esta restrição exclusivamente brasileira e, muitas vezes, a transferência de tecnologia ao Brasil acaba sendo barrada, em razão do caráter definitivo que se opera nestes casos, com possibilidades reduzidas de impor restrições de uso da tecnologia e, consequentemente, a insegurança jurídica que gera no seu detentor originário.

8.2.3. SERVIÇOS TÉCNICOS

Há também os contratos que envolvem os chamados serviços técnicos.

As empresas necessitam diariamente de serviços que têm características técnicas, mas que não envolvem nenhum tipo de transferência de tecnologia. São serviços bastante pontuais. Exemplos: conserto, reparações, manutenções de turbinas, máquinas, dispositivos industriais. Não há, nestes casos, capacitação da empresa adquirente na realização dos serviços, até porque tais serviços não são inerentes à atividade fim da empresa, mas sim necessários para uma adequada manutenção de suas atividades.

Hoje, mesmo não havendo transferência de tecnologia, tais contratos (ou faturas) devem ser registrados no INPI, a fim de permitir o pagamento da remessa ao exterior (quando a prestadora dos serviços acha-se em outro país).

A fundamentação para a necessidade de registro deste tipo de contratação é respaldada, principalmente, pela interpretação extensiva do *caput* do artigo 211 da Lei da Propriedade Industrial, que determina que:

---

[177] O relatório do estudo é confidencial e disponível apenas aos associados da ABPI.

O INPI fará o registro dos contratos que impliquem transferência de tecnologia, contratos de franquia e similares *para produzirem efeitos em relação a terceiros.* (original não grifado)

Os serviços técnicos acabam sendo enquadrados como "similares" e, logo, passíveis de serem registrados no INPI para surtir os respectivos efeitos.

Discute-se a imposição do registro de tais contratos perante o INPI e a criação de uma etapa burocrática desnecessária ao processo, mas, na prática atual, o registro é obrigatório e deve ser observado pelas empresas.

8.3. AVERBAÇÃO E REGISTRO DE CONTRATOS NO INPI

8.3.1. TERMINOLOGIA

Em primeiro lugar, é preciso fazer um breve esclarecimento sobre a terminologia utilizada. O título deste Capítulo incluiu a conjunção "e" entre "registro" e "averbação", pois, de fato, são coisas distintas.

O primeiro, "averbação", refere-se à averbação dos contratos que envolvem direitos preexistentes no INPI, como as patentes (e também as marcas e desenhos industriais). Logo, averba-se no título já existente dentro do INPI a licença a ele atrelada.

Já no segundo caso, o "registro", estamos tratando de contratos que não envolvem direitos preexistentes, como a tecnologia não patenteada, os serviços técnicos. Os contratos são, então, registrados no INPI, e não averbados e atrelados a títulos ali existentes.

A Lei da Propriedade Industrial inclusive faz esta distinção nos artigos 62, 140 e 211[178].

8.3.2. EFEITOS DA AVERBAÇÃO OU REGISTRO

Pois bem, feita esta observação inicial, trataremos da averbação e registro de contratos pelo INPI. Centraremos nossos comentários nos contratos de

---

[178] Art. 62. *O contrato de licença deverá ser averbado no INPI para que* produza efeitos em relação a terceiros. (original não grifado)

Art. 140. *O contrato de licença deverá ser averbado no INPI para que* produza efeitos em relação a terceiros. (original não grifado)

Art. 211. *O INPI fará o registro dos contratos que impliquem transferência de tecnologia, contratos de franquia e similares para* produzirem efeitos em relação a terceiros. (original não grifado)

transferência de tecnologia aqui tratados, ou seja, aqueles que envolvem uma tecnologia, seja ela patenteada ou não[179].

A averbação e o registro de contratos de transferência de tecnologia envolvendo pagamentos de partes nacionais a partes estrangeiras são necessários para:

1. Permitir a remessa da remuneração ou *royalties* pactuados[180];
2. Admitir a dedução fiscal (de parcela da base de cálculo do Imposto de Renda)[181]; e
3. Surtir efeitos perante terceiros[182].

Uma vez concedida a averbação ou registro pelo INPI, este emitirá um certificado, que será o documento oficial que comprovará a existência da averbação/registro e servirá de base para a efetivação do pagamento[183] e da dedutibilidade fiscal.

---

[179] O INPI averba também contratos de licença de uso de marcas e desenhos industriais, bem como registra contratos de franquia e contratos de licenciamento de *software* (quando há transferência de tecnologia envolvida).

[180] Efeito estabelecido pelo artigo 9º da Lei n. 4.131/62: *Art. 9º As pessoas físicas e jurídicas que desejarem fazer transferências para o exterior a título de lucros, dividendos, juros, amortizações, royalties, assistência técnica, científica, administrativa e semelhantes deverão submeter aos órgãos competentes da Superintendência da Moeda e do Crédito e da Divisão de Imposto sobre a Renda os contratos e documentos que forem considerados necessários para justificar a remessa.* A Superintendência da Moeda e do Crédito foi substituída pelo Banco Central do Brasil (Bacen) e o registro ou averbação de contratos pelo INPI é pressuposto para a admissão da remessa pelo Bacen (VIEGAS, páginas 64, 65, 85 e 86).

[181] Efeito estabelecido pelo artigo 11 da Lei n. 4.131/62: *Art. 11 Os pedidos de registro de contrato, para efeito de transferências financeiras para o pagamento de "royalties" devidos pelo uso de patentes, marcas de indústria e de comércio ou outros títulos da mesma espécie serão instruídos com certidão probatória da existência e vigência, no Brasil, dos respectivos privilégios concedidos pelo Departamento Nacional da Propriedade Industrial, bem como de documento hábil probatório de que eles não caducaram no país de origem.* O Departamento Nacional da Propriedade Industrial foi substituído pelo INPI.
O RIR/99 Regulamento do Imposto de Renda (Decreto n. 3.000/99) confirmou a obrigatoriedade de registro ou averbação para a admissão da dedutibilidade fiscal, conforme § 3º do artigo 355: *§ 3º A dedutibilidade das importâncias pagas ou creditadas pelas pessoas jurídicas, a título de aluguéis ou royalties pela exploração ou cessão de patentes ou pelo uso ou cessão de marcas, bem como a título de remuneração que envolva transferência de tecnologia (assistência técnica, científica, administrativa ou semelhantes, projetos ou serviços técnicos especializados) somente será admitida a partir da averbação do respectivo ato ou contrato no Instituto Nacional da Propriedade Industrial – INPI, obedecidos o prazo e as condições da averbação e, ainda, as demais prescrições pertinentes, na forma da Lei n. 9.279, de 14 de maio de 1996.* (original não grifado)

[182] No caso de tecnologia, os artigos 62 e 211 da Lei da Propriedade Industrial estabelecem estes efeitos. Vide nota 15.

[183] O Banco Central do Brasil exige o certificado emitido pelo INPI para fazer o registro eletrônico e efetivar a remessa da compensação financeira ao exterior.

Por óbvio, os contratos gratuitos, ou seja, que não preveem nenhum tipo de compensação financeira pela transferência de tecnologia, devem ser averbados ou registrados apenas para surtir efeitos perante terceiros[184].

A averbação ou registro pelo INPI são necessários, também, para permitir a remessa da compensação financeira pactuada entre as partes.

Sem o certificado de averbação ou registro concedido pelo INPI, o pagamento será barrado pelo Banco Central do Brasil. É preciso atentar para este fato na negociação e redação de contratos de transferência de tecnologia, a fim de evitar descumprimentos pela empresa nacional em razão da falta de pagamento da compensação justamente pela ausência de averbação ou registro.

É importante abrir um parêntesis aqui para esclarecer que, quando tratamos de pagamentos por transferência de tecnologia entre empresas com relação de controle (direto ou indireto), hoje somente é possível pagar o que é possível deduzir. Explique-se: se o limite de dedutibilidade fiscal para determinada atividade é de 3%, a remuneração ou *royalty* não poderá ultrapassar os mesmos 3%.

A dedutibilidade fiscal é um efeito bastante relevante para as empresas nacionais. Sabemos que a carga tributária no Brasil é pesadíssima e, por se tratar de um investimento do empresário nacional na sua capacitação, melhoria de seu parque industrial e, consequentemente, colaboração com o desenvolvimento econômico brasileiro, nada mais justo que o Governo conceda um benefício fiscal.

Hoje, o benefício fiscal concedido é a dedução da base de cálculo do Imposto sobre a Renda de percentual do pagamento realizado. O percentual será aquele estabelecido pela Portaria/MF n. 436/1958, cujos coeficientes variam de 1% a 5% sobre a receita líquida[185], dependendo do tipo de atividade ou, como a própria Portaria diz, o grau de essencialidade.

Os graus de essencialidades estão divididos em três:

---

[184] Existe uma discussão sobre a necessidade de averbação ou registro de contratos onerosos celebrados entre partes nacionais, ou seja, para os pagamentos internos. Tais contratos não precisam ser averbados perante o INPI para permitir o pagamento, pois não há esta obrigação legal. Discussão centra-se mais na necessidade de averbação ou registro para a admissão da dedutibilidade fiscal. Uma posição mais conservadora deve cumprir com o requisito da averbação ou registro, para evitar problemas com o fisco, já que este, para alguns, é considerado terceiro (averbação ou registro surte efeitos perante terceiros).

[185] Receita líquida estabelecida no artigo 355, *caput*, do Decreto 3.000/99 (RIR/99): *Art. 355. As somas das quantias devidas a título de royalties pela exploração de patentes de invenção ou uso de marcas de indústria ou de comércio, e por assistência técnica, científica, administrativa ou semelhante, poderão ser deduzidas como despesas operacionais até o limite máximo de cinco por cento da receita líquida das vendas do produto fabricado ou vendido (art. 280), ressalvado o disposto nos arts. 501 e 504, inciso V (Lei n. 3.470, de 1958, art. 74, e Lei n. 4.131, de 1962, art. 12, e Decreto-Lei n. 1.730, de 1979, art. 6º).*

1. Indústrias de base, cujo coeficiente é mais alto, qual seja, de 5%: energia elétrica, combustíveis, transportes, comunicações, material de transportes, fertilizantes, produtos químicos básicos, metalurgia pesada, material elétrico, materiais diversos e construção naval;
2. Indústria de transformação – essenciais, cujos coeficientes variam de 2% até 5%: indústria de informática, automação e instrumentação (5%)[186], material de acondicionamento e embalagens (4%), produtos alimentares (4%), produtos químicos (4%), produtos farmacêuticos (4%), tecidos, fios e linhas (4%), calçados e semelhantes (3,5%), artefatos de metais (3,5%), artefatos de cimentos e amianto (3,5%), material elétrico (3%), máquinas e aparelhos (3%), artefatos de borracha e matéria plástica (2%), artigos de higiene e cuidados pessoais (2%);
3. Outras indústrias de transformação, cujo coeficiente é de 1%.

Um primeiro comentário diz respeito ao grau de essencialidade à época de publicação da Portaria, de 1958, *vis-à-vis* a realidade atual. Na década de 50, a realidade da indústria brasileira era completamente diversa, totalmente carente daquelas de base, para suportar as demais. Logo, fazia todo o sentido privilegiar estas indústrias e, assim, incentivar a obtenção de tecnologias que melhorassem a base industrial brasileira.

Ocorre que hoje a realidade é completamente diversa. Além dos níveis de essencialidade estarem defasados, há atividades, inexistentes em 1958, mas hoje em pleno vapor (como é o caso, por exemplo, da biotecnologia).

Ademais, os coeficientes em si parecem totalmente inadequados e muito aquém dos investimentos que o empresário realiza quando decide obter tecnologia estrangeira. É imprescindível o Governo revisar a Portaria/MF n. 436/58 e, mais além, reestruturar a dedução fiscal, de forma a se tornar compatível com os investimentos realizados.

Por fim, a averbação ou registro também é requisito para que a contratação surta efeitos perante terceiros, ou seja, para que o contrato se torne oponível perante terceiros.

No caso de licenças de patentes nas quais é outorgado ao licenciado o direito de defender a patente em relação a violações praticadas por terceiros, é preciso obter a averbação ou registro do contrato para que o licenciado se torne legitimado a tomar medidas contra a violação.

O contrato produzirá efeitos em face de terceiros a partir da respectiva publicação da averbação ou registro na Revista da Propriedade Industrial do

---
[186] Este item foi inserido pela Portaria/MF n. 60, de 01/02/1994.

INPI. Em geral, o INPI publica as averbações ou registros em até 1 mês após a emissão do certificado.

8.3.3. PROCESSO DE AVERBAÇÃO OU REGISTRO

O parágrafo único do artigo 211 da Lei da Propriedade Industrial estabelece que a *decisão relativa aos pedidos de registro de contratos de que trata este artigo será proferida no prazo de 30 (trinta) dias, contados da data do pedido de registro.*

Na prática, o prazo de 30 dias começa a contar a partir do que conhecemos como a data de protocolo oficial do pedido de registro, após haver passado e superado o exame formal preliminar[187].

O artigo 211 refere-se ao registro dos contratos de aquisição de tecnologia, e não aos contratos de licenciamento de tecnologia (patenteada). Não obstante, o prazo de 30 dias também se estende aos contratos de licenciamento de tecnologia (patenteada).

Durante o processo de averbação ou registro de um contrato, o INPI pode emitir exigências e solicitar esclarecimentos sobre as condições pactuadas. Em alguns casos, há, inclusive, exigência de modificação ou mesmo exclusão de cláusula contratual, condicionando-a à concessão da averbação ou registro.

Há grande discussão sobre muitas das exigências realizadas pelo INPI e a falta de fundamentação legal para tanto. Não cabe aqui discorrer sobre o papel do INPI na averbação ou registro de contratos de transferência de tecnologia, pois extrapola o propósito do artigo. Cumpre tão somente alertar sobre a necessidade de se buscar um conhecimento consistente da atuação do INPI antes de formalizar uma contratação que envolva transferência de tecnologia, a fim de evitar a frustração de condições que não são aceitas pela Autarquia e, assim, evitar problemas, riscos e prejuízos na contratação[188].

8.4. PAGAMENTOS POR TRANSFERÊNCIA DE TECNOLOGIA *VERSUS* TRIBUTAÇÃO

As remunerações ou *royalties* pagos em contraprestação por uma tecnologia transferida ou licenciada importam numa carga tributária expressiva.

---

[187] Vide Resolução INPI n. 94/03.
[188] É preciso ressaltar, no entanto, que ao longo dos últimos anos o INPI vem flexibilizando suas posições e deixou de aplicar algumas restrições. Esta iniciativa é bem recebida pela comunidade, pois aumenta a segurança jurídica na transferência de tecnologia.

Via de regra, os seguintes tributos recaem sobre este tipo de pagamento (entre outros):
1. IRRF – Imposto de Renda Retido na Fonte à alíquota de 15%;
2. CIDE – Contribuição de Intervenção no Domínio Econômico à alíquota de 10%;
3. ISS – Imposto sobre Serviços (a alíquota dependerá do município no qual se situa o adquirente ou licenciado);
4. COFINS – Contribuição Social para o Financiamento da Seguridade Social (COFINS-Importação) à alíquota de 7,6%[189];
5. PIS/PASEP – Programas de Integração Social e de Formação do Patrimônio do Servidor Público (PIS-Importação) à alíquota de 1,65%.

A tributação, assim, beira os 40% sobre o valor pago, sendo a dedutibilidade fiscal aplicada apenas à base de cálculo do Imposto de Renda no limite máximo de 5% (dependendo da atividade e seu grau de essencialidade).

Seria prudente o Governo brasileiro repensar a pesada carga tributária imposta aos pagamentos realizados a título de transferência de tecnologia, já que os investimentos realizados pelo empresário nacional na obtenção de tecnologia de ponta ajudam, e muito, no desenvolvimento industrial e econômico do próprio país.

8.5. CONSIDERAÇÕES FINAIS

A transferência de tecnologia é inerente à globalização e ao próprio modo de vida construído pelas civilizações ao longo dos séculos. Os países são verdadeiros dependentes da transferência de tecnologia, impulsionadora de seus desenvolvimentos industrial, econômico e, consequentemente, social.

O Brasil é grande receptor de tecnologia, em vista de seu histórico de desenvolvimento econômico e industrial. É preciso incentivar cada vez mais a pesquisa e desenvolvimento local, a fim de que os nacionais tenham condições de criar tecnologias de ponta e, assim, nos tornarmos exportadores relevantes de tecnologia ou mesmo para termos melhores condições de explorar as tecnologias adquiridas do exterior.

---

[189] O COFINS-Importação e o PIS-Importação somente incidem sobre o valor pago pelos serviços de assistência técnica, e não sobre o valor pago pela aquisição em si da tecnologia ou licenciamento da patente (estes dois enquadrados como *royalties*, e não como remuneração). Este entendimento foi pacificado pela Receita Federal do Brasil na Solução de Divergência n. 11, de 2011, da Coordenação--Geral de Tributação (Cosit).

A contratação de transferência de tecnologia, geralmente realizada entre empresas, depende da vontade das partes e a sua formalização em contrato é necessária, devendo este ser bem redigido e bastante claro em relação às condições, obrigações, direitos, restrições, etc.

A transferência de tecnologia pode ser realizada mediante aquisição ou licenciamento. No Brasil, os contratos de transferência de tecnologia devem ser averbados ou registrados no INPI, a fim de que: (a) seja permitida a remessa da compensação financeira pactuada, (b) seja admitida a dedução fiscal e (c) para que o contrato surta efeitos perante terceiros.

O processo de averbação ou registro pelo INPI pode resultar em entraves ou obstáculos a algumas condições pactuadas pelas partes e, assim, deve-se ter conhecimento sobre tais aspectos antes ou, minimamente, durante a negociação contratual.

A tributação brasileira sobre pagamentos realizados a título de transferência de tecnologia é excessivamente carregada e merece uma revisão do Governo, a fim de garantir um justo equilíbrio pelos investimentos suportados pelo empresário nacional na sua capacitação que, em última instância, colabora, e muito, para o desenvolvimento econômico, industrial e social do país.

8.6. REFERÊNCIAS BIBLIOGRÁFICAS

ASSAFIM, João Marcelo de Lima. *A transferência de tecnologia no Brasil.* Revista Lumen Juris. Rio de Janeiro. 2005.

FEKETE, Elizabeth E. F. Kasznar. *O regime jurídico do segredo de indústria e comércio no direito brasileiro.* Rio de Janeiro: Editora Forense. 2003.

LEONARDOS, Gabriel Francisco. *Tributação da transferência de tecnologia.* Rio de Janeiro: Editora Forense. 1997.

MULLER, Karina Haidar. Tributação das Remunerações Pagas por Direitos de Propriedade Industrial. *Revista da ABPI*, n. 59, pp. 50-56, jul./ago. 2002, Rio de Janeiro.

VIEGAS, Juliana Laura Bruna. *Contratos típicos de propriedade industrial: contratos de cessão e de licenciamento de marcas e patentes; licenças compulsórias. Contratos de Propriedade Industrial e Novas Tecnologias.* São Paulo: Saraiva, 2007, pp. 57-142.

VIEGAS, Juliana Laura Bruna. *Contratos de fornecimento de tecnologia e de prestação de serviços de assistência técnica e serviços técnicos. Contratos de Propriedade Industrial e Novas Tecnologias.* São Paulo: Saraiva, 2007, pp. 145-197.

ABPI – Associação Brasileira da Propriedade Intelectual.

PORTAL INPI – Instituto Nacional da Propriedade Industrial.

Capítulo 9

INOVAÇÃO TECNOLÓGICA: BENEFÍCIO FISCAL INTRODUZIDO PELA LEI 11.196/05 – DESAFIOS NA APLICAÇÃO DA LEI

Lucimara dos Santos D'Ávila

Sumário

1. Evolução legislativa dos incentivos à inovação tecnológica
2. Inovação tecnológica
3. Conclusão
4. Referências bibliográficas

9.1. EVOLUÇÃO LEGISLATIVA DOS INCENTIVOS À INOVAÇÃO TECNOLÓGICA

A Constituição Federal prevê em seus arts. 218 e 219 que o Estado promoverá e incentivará o desenvolvimento científico, a pesquisa e a capacitação tecnológicas. Igualmente preconiza a Constituição que o mercado interno será incentivado de modo a viabilizar o desenvolvimento cultural e socioeconômico, o bem-estar da população e a autonomia tecnológica do País.

Nesse contexto, aliado ao papel fundamental que o desenvolvimento tecnológico e a inovação desempenham no crescimento da produtividade e do emprego, o Estado se utiliza do mecanismo dos incentivos fiscais para induzir as empresas a investirem em pesquisa, desenvolvimento e inovação tecnológica.

Atualmente a norma que regula os incentivos à inovação tecnológica é a Lei n. 11.196, de 21 de novembro de 2005, nos seus arts. 17 a 26. Esta lei foi promulgada após a perda da eficácia da Medida Provisória (MP) n. 252/05 e introduziu novamente no ordenamento jurídico os benefícios fiscais originariamente instituídos pela referida MP, dentre os quais o benefício de incentivos à pesquisa e inovação tecnológica.

Ressalta-se, contudo, que mesmo antes da edição da MP n. 252/2005, já existiam, no Brasil, incentivos à inovação tecnológica, os quais podem ser resumidos da seguinte forma:

- **Dedução no cálculo do lucro real das despesas com pesquisas tecnológicas:** o artigo 53 da Lei 4.506/1964, (art. 349 do RIR/1999) permite que a pessoa jurídica deduza do lucro real, como operacionais, as despesas com pesquisas científicas ou tecnológicas, inclusive com experimentação para criação ou aperfeiçoamento de produtos, processos, fórmulas e técnicas de produção, administração ou venda. Assim, a legislação concede à pessoa jurídica a opção de (i) efetuar o lançamento daquelas despesas a débito na conta de resultado do período de apuração em que elas forem incorridas; ou (ii) creditar o respectivo valor em conta de ativo diferido para ser amortizado em prazo não inferior a cinco anos (RIR/99, art. 325, II, "b", combinado com o art. 327, parágrafo único).
- **Programas de Desenvolvimento Tecnológico Industrial (PDTI) e Programas de Desenvolvimento Tecnológico Agropecuário (PDTA) – Lei n. 8.661/1993:** o art. 504 do RIR/1999 (em consonância com a Lei n. 8.661/1993 que instituiu os referidos programas de desenvolvimento) preconizava que às empresas industriais e agropecuárias que

executassem o PDTI ou o PDTA poderiam ser concedidos benefícios fiscais, assim compreendidos, resumidamente em:
1. Dedução do imposto devido: dedução até o limite de 4% do imposto devido de valor equivalente à aplicação de alíquota cabível do imposto à soma dos dispêndios em atividades de pesquisa e de desenvolvimento tecnológico industrial ou agropecuário, incorridos no período de apuração;
2. Depreciação acelerada;
3. Amortização acelerada;
4. Crédito do imposto retido na fonte;
5. Dedução de *royalties*, de assistência técnica ou científica.

Cumpre salientar que a n. Lei 11.196/2005 revogou referida lei, mas os programas PDTI e PDTA e os projetos aprovados até 31 de dezembro de 2005 foram mantidos. As pessoas jurídicas executoras de programas e projetos podem, no entanto, solicitar ao Ministério de Ciência e Tecnologia – MCT a migração para o regime da Lei n. 11.196/2005. Todavia, esta migração acarretará a cessação da fruição dos incentivos fiscais concedidos com base nos programas e projetos anteriormente estabelecidos, a partir da data de publicação do ato autorizativo da migração no Diário Oficial da União.

• **Redução do IPI:** O inciso II do art. 65 do Regulamento do IPI – RIPI/2002 concedia a redução de 50% da alíquota desse imposto, incidente sobre equipamentos, máquinas, aparelhos e instrumentos, bem como sobre os acessórios sobressalentes e ferramentas que acompanham esses bens destinados à pesquisa e ao desenvolvimento tecnológico, quando adquiridos por empresas industriais e agropecuárias nacionais que executassem o PDTI e o PDTA.

Em dezembro de 2002 entrou em vigor a Lei n. 10.637/2002, originada da conversão da MP n. 66, de 29 de agosto de 2002, disciplinando, entre outros, o tratamento dos dispêndios por pessoas jurídicas incorridos em instalações fixas e na aquisição de aparelhos, máquinas e equipamentos, destinados à utilização em projetos de pesquisa e desenvolvimento tecnológicos. Ainda, introduziu benefício pelo qual a pessoa jurídica poderia excluir na apuração do lucro real valor equivalente a 100% do dispêndio de cada projeto que venha a ser transformado em depósito de patente registrado no Instituto Nacional de Propriedade Industrial (INPI), e, cumulativamente, em pelo menos em uma das autoridades estrangeiras de exame de patente listadas na referida lei.

Correntemente, os incentivos fiscais relacionados com as pesquisas científicas e tecnológicas e desenvolvimento de inovação tecnológica foram consolidados e/ou alterados pela MP n. 252/2005, e, posteriormente, Lei 11.196, sancionada em 21.11.2005, regulada pelo Decreto n. 5.798, de 7 de junho de 2006.

9.2. INOVAÇÃO TECNOLÓGICA

9.2.1. LINGUAGEM, INTERPRETAÇÃO E REALIDADE SOCIAL: OS PRECEITOS DA LEI N. 11.196/2005

Conforme ensina Paulo de Barros Carvalho[190], a interpretação da lei é trilhada por meio de um caminho tortuoso, já que seus preceitos estão espalhados por seu texto, sendo necessária uma composição pelo jurista neste processo. A língua, como conjunto de palavras ligadas entre si mediante regras estabelecidas, é a essência da sociedade e, no exercício da fala, se expressa o pensamento e aprende-se a compreender a realidade. E o "mundo da vida", para transformar-se em realidade, precisa ser traduzido pela linguagem, tendo o homem como seu polo central. Assim, o jurista, por meio de linguagem, compreende a realidade, pela interpretação de fatos e de sua correlação com normas jurídicas, criando assim o direito.

A Lei 11.196/05, ao introduzir no ordenamento jurídico brasileiro o benefício fiscal da inovação tecnológica, traz importante incentivo para o maior desenvolvimento da tecnologia nacional, estimulando também a maior integração entre a pesquisa acadêmica e a atividade empresarial, visando reduzir a dependência do país em relação à importação de soluções tecnológicas.

No entanto, controvérsias e dúvidas têm surgido acerca do alcance da lei e sua aplicação, considerando também os preceitos do Decreto n. 5.798/06 que a regulamenta, como veremos a seguir.

9.2.2. LEI N. 11.196/05: OBJETIVOS E REQUISITOS

Devemos sempre ter em vista que a empresa que investe em inovação tecnológica tem sempre como objetivo final melhorar a qualidade de seus produtos, bens ou serviços, de forma a ampliar seu mercado e agregar a estes produtos ou serviços diferenciais competitivos, com vistas a melhorar sua

---

[190] CARVALHO, Paulo de Barros. *Direito Tributário, Linguagem e Método*. São Paulo: Noeses, 2008.

competitividade. A obtenção do benefício fiscal é somente um incentivo para a ampliação de tais investimentos.

Ademais, devemos considerar que o objetivo principal do incentivo introduzido pela Lei n. 11.196/05 foi o de criar condições para a modernização e competitividade das empresas brasileiras como um todo. O Poder Público brasileiro demonstrou, por meio deste Programa, sua preocupação com o desenvolvimento nacional, definindo, para tanto, que as atividades de pesquisa e inovação tecnológica são essenciais para a consecução de tal objetivo. Como bem ressalta Elídie Bifano[191]:

> *Vivemos um momento no qual as empresas procuram reduzir seus custos ao máximo para garantir competitividade. Como esse tem sido o tom nos últimos anos, o principal mecanismo para mais bem competir, além de diminuir gastos, é aderir à inovação tecnológica. A empresa que não se ajusta a isto perde mercado.*

A Lei n. 11.196/05, ao introduzir no ordenamento jurídico brasileiro o benefício fiscal da inovação tecnológica, traz importante incentivo para o maior desenvolvimento da tecnologia nacional, estimulando também a maior integração entre a pesquisa acadêmica e a atividade empresarial, visando reduzir a dependência do país em relação à importação de soluções tecnológicas.

Nos itens 6 e 7 da Exposição de Motivos Interministerial n. 84/05, os Ministros de Estado da Fazenda e da Previdência Social expuseram que:

> *(6) Os incentivos à inovação tecnológica estão sendo instituídos em cumprimento ao previsto no art. 28 da Lei n. 10.973/04, que prescreve que a União fomentará a inovação na Sociedade mediante a concessão de incentivos fiscais à inovação e à pesquisa científica e tecnológica no ambiente produtivo; e*
>
> *(7) As normas adotadas na Medida Provisória, em obediência à determinação legal mencionada, ratificam e expandem os mecanismos atualmente existentes de incentivo fiscal por meio de renúncia tributária com relação às atividades desenvolvidas pelas pessoas jurídicas em pesquisa, desenvolvimento tecnológico e inovação.*

---

[191] A política fiscal deve ser instrumento de incentivo à inovação tecnológica?, *Revista Getúlio*, FGV, jul. 2007.

Em outras palavras, a referida Lei instituiu importante fomento à atividade de pesquisa e desenvolvimento no ambiente produtivo, sem, no entanto, restringir-se ao fomento exclusivo desse ambiente. Nos termos do artigo 17, parágrafo 1º, a Lei n. 11.196/05 trouxe a definição de inovação tecnológica como sendo:

> [...] a concepção de novo produto ou processo de fabricação, bem como a agregação de novas funcionalidades ou características ao produto ou processo que implique melhorias incrementais e efetivo ganho de qualidade ou produtividade, resultando maior competitividade no mercado.

É de se ressaltar que o gozo dos benefícios fiscais e da subvenção de que tratam os arts. 17 a 21 da Lei n. 11.196/05 fica condicionado aos seguintes requisitos:
- Comprovação da regularidade fiscal da pessoa jurídica beneficiada;
- Manutenção, pela pessoa jurídica, da documentação relativa à utilização dos incentivos à disposição da fiscalização da Receita Federal do Brasil durante o prazo prescricional;
- Registro em contas contábeis específicas dos dispêndios e pagamentos relativos à pesquisa tecnológica e desenvolvimento de inovação tecnológica; e
- Dispêndios e pagamentos deverão ser efetuados a pessoas físicas e jurídicas residentes e domiciliadas no Brasil.

Conforme preceitua a legislação vigente, o descumprimento de qualquer obrigação assumida para obtenção dos incentivos, bem como a utilização indevida destes, implicará perda do direito aos incentivos ainda não utilizados e recolhimento do valor correspondente aos tributos não pagos em decorrência dos benefícios já utilizados, acrescidos de encargos moratórios previstos na legislação tributária, sem prejuízo das sanções penais cabíveis.

Acerca dos requisitos descritos para a fruição do benefício, a Receita Federal do Brasil já se pronunciou:

> *Solução de Consulta n. 129 de 29 de outubro de 2010.* "O conceito de inovação tecnológica é aquele previsto no § 1º do art. 17 da Lei n. 11.196, de 2005, e no art. 2º do Decreto n. 5.798, de 2006, sendo autoaplicável, desde que sejam atendidos todas formalidades e requisitos normativos pertinentes."

Solução de Consulta n. 143 de 06 de dezembro de 2010:

> *Para usufruir o benefício fiscal de dedução do lucro líquido do valor correspondente à soma dos dispêndios realizados no período de apuração com pesquisa tecnológica e desenvolvimento de inovação tecnológica, é necessário observar o critério de serem os dispêndios classificáveis como despesas operacionais pela legislação do IRPJ, não havendo possibilidade de substituí-lo por outro, mesmo que aceito por órgão federal de fomento à pesquisa tecnológica e ao desenvolvimento de inovação tecnológica.*

9.2.3. OS BENEFÍCIOS INTRODUZIDOS PELA "LEI DO BEM"

A Lei 11.196/05, conhecida também por "Lei do Bem", concedeu os seguintes benefícios, regulamentados pelo Decreto 5.798, de 2006:
1. Deduções, normal e adicional, devidamente autorizadas, de dispêndios realizados com pesquisa e inovação tecnológica, para fins de Imposto sobre a Renda da Pessoa Jurídica – IRPJ, e Contribuição Social sobre o Lucro Líquido – CSLL;
2. Redução do Imposto sobre Produtos Industrializados – IPI incidente na aquisição de equipamentos destinados à pesquisa e ao desenvolvimento tecnológico;
3. Depreciação integral, no próprio ano de aquisição, de máquinas, equipamentos, aparelhos e instrumentos, novos, destinados à utilização nas atividades de pesquisa tecnológica e desenvolvimento de inovação tecnológica (conforme alteração introduzida pela Lei n. 11.774/08);
4. Amortização acelerada, autorizada, de despesas ou custos destinados à pesquisa e desenvolvimento tecnológico para fins do IRPJ;
5. Crédito, autorizado, de imposto sobre a renda na fonte incidente sobre valores pagos, creditados, remetidos ao exterior em pagamento de *royalties*, assistência técnica ou científica e serviços especializados voltados à inovação tecnológica (revogado pela Lei n. 12.350, de 2010).

O Decreto n. 5.798/06, em seu art. 2º, I, trouxe definições de quais seriam as pesquisas desenvolvidas no âmbito de um projeto inovador:

a) **Pesquisa básica dirigida:** Os trabalhos executados com o objetivo de adquirir conhecimentos quanto à compreensão de novos fenômenos, com vistas ao desenvolvimento de produtos, processos ou sistemas inovadores.
b) **Pesquisa aplicada:** Os trabalhos executados com o objetivo de adquirir novos conhecimentos, com vistas ao desenvolvimento ou aprimoramento de produtos, processos e sistemas.
c) **Desenvolvimento experimental:** Os trabalhos sistemáticos delineados a partir de conhecimentos preexistentes, visando à comprovação ou demonstração da viabilidade técnica ou funcional de novos produtos, processos, sistemas e serviços ou, ainda, um evidente aperfeiçoamento dos já produzidos ou estabelecidos.
d) **Tecnologia industrial básica:** Aquelas tais como a aferição e calibração de máquinas e equipamentos, o projeto e a confecção de instrumentos de medida específicos, a certificação de conformidade, inclusive os ensaios correspondentes, a normalização ou a documentação técnica gerada e o patenteamento do produto ou processo desenvolvido.
e) **Serviços de apoio técnico:** Aqueles que sejam indispensáveis à implantação e à manutenção das instalações ou dos equipamentos destinados, exclusivamente, à execução de projetos de pesquisa, desenvolvimento ou inovação tecnológica, bem como à capacitação dos recursos humanos a eles dedicados.

Ainda, a pessoa jurídica beneficiada pelo incentivo é obrigada a prestar informações, em meio eletrônico, ao Ministério da Ciência, Tecnologia e Inovação – MCTI, sobre os programas de pesquisa tecnológica e de desenvolvimento de inovação tecnológica desenvolvidos ao amparo deste benefício, conforme instruções por ele estabelecidas, até 31 de julho de cada ano. Estas informações serão prestadas ao MCTI por meio de formulário eletrônico a ser preenchido no *site* http://www.mct.gov.br.

Do formulário expedido na Portaria n. 327, do Ministério da Ciência e Tecnologia e Inovação – MCTI, depreende-se que a mera aquisição de tecnologia inovadora, sem que haja esforço da própria empresa para a realização das atividades de pesquisa e desenvolvimento, não gera direito ao aproveitamento do benefício fiscal. Segundo o formulário aprovado pela referida portaria, o esforço tecnológico em desenvolver atividades inovadoras deve ser assim caracterizado pela assunção do risco empresarial envolvido com o desenvolvimento do projeto.

A Instrução Normativa RFB n. 1.187 de 29 de agosto de 2011, por sua vez, trouxe orientações da Receita Federal do Brasil acerca dos requisitos a serem atendidos para que possam ser usufruídos os incentivos fiscais aplicáveis às atividades de pesquisa e desenvolvimento de inovação tecnológica de que tratam os artigos 17 a 26 da Lei n. 11.196, de 21 de novembro de 2005. No entanto, referida Instrução trouxe interpretações extensivas e alguns requisitos não previstos na Lei n. 11.196/05, os quais entraram em vigor na data de sua publicação.

Como visto, os conceitos acima não exaurem as dúvidas existentes na classificação de um projeto para fins do benefício fiscal: o que seria uma atividade inovadora no âmbito empresarial, a qual faria jus ao benefício da lei? Como dispõe Sérgio André Rocha[192], "nem a Lei n. 11.196/05 nem o Decreto n. 5.798/06 que a regulamentou, esclarecem claramente de quem seria a competência para a identificação se determinado contribuinte está desenvolvendo atividades de pesquisa e desenvolvimento para inovação". Para melhor interpretação do benefício de inovação, faz-se necessária a análise ampla, que adiciona ao texto legal os estudos desenvolvidos pelo Ministério da Ciência e Tecnologia – MCT e pela Organização para Cooperação e Desenvolvimento Econômico – OCDE.

9.2.4. DO CONCEITO DE INOVAÇÃO TECNOLÓGICA: AS ORIENTAÇÕES ESTABELECIDAS PELA ORGANIZAÇÃO PARA COOPERAÇÃO E DESENVOLVIMENTO ECONÔMICO (OCDE) NOS *MANUAIS DE OSLO* E *FRASCATTI*

Para a interpretação e correta aplicação da lei e seus efeitos, de forma que a base a ser utilizada para fruição do benefício pelo contribuinte seja adequadamente mensurada, busca-se também a interpretação técnica do termo "inovação tecnológica", amparando-se em análises efetuadas pela Organização para Cooperação e Desenvolvimento Econômico (OCDE).

Publicado pela Organização para Cooperação e Desenvolvimento Econômico (OCDE), o *Manual de Frascati*, cuja primeira versão data de

---

[192] Aplicação dos incentivos à inovação tecnológica previstos na Lei n. 11.196/05. *Revista Dialética*, n. 171, p. 139.

1963, é a obra tida como sendo referência, pelo MCT[193], para definição de inovação tecnológica[194]:

> *As atividades de inovação tecnológica são o conjunto de etapas científicas, tecnológicas, organizativas, financeiras e comerciais, incluindo os investimentos em novos conhecimentos, que levam ou que tentam levar à implementação de produtos e de processos novos ou melhorados. A pesquisa e o desenvolvimento não são mais que uma destas atividades e pode ser desenvolvida em diferentes fases do processo de inovação, não sendo utilizada apenas enquanto fonte de ideias criativas, mas também para resolver os problemas que podem surgir em qualquer fase até a sua implementação [...].*

No ano de 1992, o *Manual de Oslo* foi também publicado pela OCDE, com o objetivo de orientar e padronizar conceitos, metodologias e construção de estatísticas e indicadores de pesquisa e desenvolvimento para países industrializados. Em relação ao *Manual Frascati*, o *Manual de Oslo* inova ao estender o conceito de inovação tecnológica para todos os setores[195]:

> *A inovação pode, previamente, ocorrer em qualquer setor da economia, inclusive em serviços públicos como saúde ou educação. As diretrizes deste Manual foram desenhadas, essencialmente, para tratar com inovações em empresas do setor privado, mais particularmente em empresas manufatureiras, de construção, de utilidades e de serviços comercializados.*

O *Manual de Oslo* esclarece também que:
a) Para haver inovação, a exigência mínima é que o produto ou processo deve ser novo (ou substancialmente melhorado) para a empresa, não precisando assim ser novo no mercado;
b) Para a caracterização da inovação tecnológica, é necessário um elemento significativo de novidade e/ou a resolução de uma incerteza tecnológica.

---

[193] Neste sentido, veja *Manual de Inovação* divulgado no endereço eletrônico do Ministério da Ciência e Tecnologia: http://www.mct.gov.br/index.php/content/view/8563/Informacoes_Gerais.html.

[194] OCDE, *Manual Frascati*, p. 28. Disponível no http://www.mct.gov.br/index.php/content/view/4639.html.

[195] OCDE, *Manual de Oslo*, p. 22. Disponível no http://www.mct.gov.br/upd_blob/0026/26032.pdf.

Logo, conclui-se que as orientações da OCDE são bastante esclarecedoras em relação à abrangência da inovação tecnológica, como sendo aplicável a todos os setores da economia, assim como em relação ao seu escopo, sendo suficiente que seja uma inovação para a empresa, ainda que já exista pesquisa semelhante no mercado.

9.2.5. MANIFESTAÇÕES DA RECEITA FEDERAL DO BRASIL – RFB

A Receita Federal do Brasil (RFB) manifestou-se somente em sede de solução de consulta acerca da abrangência do conceito de inovação tecnológica:

> *10ª Região Fiscal – Solução de Consulta n. 49 de 29 de junho de 2010*
> *Ementa: Lucro Real. Incentivo Fiscal. Inovação Tecnológica. O conceito de inovação tecnológica é aquele previsto no § 1º do art. 17 da Lei n. 11.196, de 2005, e no art. 2º do Decreto n. 5.798, de 2006, sendo autoaplicável, desde que sejam atendidos todas as formalidades e requisitos normativos pertinentes.*
> *Dispositivos Legais: Lei n. 11.196, de 2005, arts. 17 a 26; Decreto n. 5.798, de 2006; e Portaria MCT n. 327, de 2010. JORGE AUGUSTO GIRARDON DA ROSA – p/Delegação de Competência DOU 27.07.2010*

> *6ª Região Fiscal – Solução de Consulta n. 95, de 22 de setembro de 2010*
> *Ementa: Incentivos Fiscais. Inovação Tecnológica. Prestação de Serviços de Pesquisa a outras Pessoas Jurídicas. Inaplicabilidade. O incentivo fiscal destinado à pesquisa e ao desenvolvimento de inovação tecnológica tem como requisito o fato de a própria pessoa jurídica que realize os dispêndios com pesquisa ou inovação tecnológica ter a responsabilidade, o risco, a gestão e o controle do resultado. Tal incentivo não se estende à pessoa jurídica, prestadora de serviço de pesquisa a terceiros, que não detenha o controle dos resultados do dispêndio. (7ª Região Fiscal – DRFs: Rio de Janeiro, Campos de Goitacazes, Niterói, Nova Iguaçu, Volta Redonda, Vitória).*

> *9ª Região Fiscal – Solução de Consulta n. 372, de 19 de outubro de 2007*
> **Ementa:** *"O incentivo à inovação tecnológica de que trata o capítulo III da Lei n. 11.196, de 2005, não é aplicável ao desenvolvimento de projetos relacionados à comercialização, gestão e distribuição de produtos. Fundamentos Legais: Lei n. 11.196, de 2005, arts. 17 a 27; Lei n. 10.973, de 2004, art. 28". (9ª Região Fiscal – DRFs: Curitiba, Cascavel, Foz do Iguaçu, Londrina, Maringá, Paranaguá, Ponta Grossa, Blumenau, Florianópolis, Joaçaba, Joinville, Lages, Itajaí).*

Como visto, tais manifestações da Receita Federal não acrescentam novos elementos para a interpretação do conceito. Reforça-se ainda mais a importância do processo de diálogo na construção do conceito aplicável à prática das empresas, a fim de que se cumpra a real intenção do legislador de fomentar o desenvolvimento tecnológico no país, em todos os setores da economia. Somente pela interpretação de diferentes textos serão encontrados subsídios para o entendimento do alcance da norma legal que regula o incentivo fiscal relativo às atividades de pesquisa tecnológica e desenvolvimento de inovação tecnológica, permitindo assim a correta fruição do benefício em cada caso concreto analisado.

9.3. CONCLUSÃO

O incentivo fiscal relacionado aos dispêndios com inovação tecnológica, regulado pela Lei 11.196/05 e Decreto n. 5.798/06, veio estimular a busca pelo maior desenvolvimento tecnológico do país, mas controvérsias e dúvidas têm surgido acerca da interpretação da lei e sua aplicação.

Para melhor interpretação do benefício de inovação, faz-se necessária a análise ampla, adicionando-se ao texto legal os estudos desenvolvidos pelo Ministério da Ciência e Tecnologia – MCT, e Organização para Cooperação e Desenvolvimento Econômico – OCDE.

Somente mediante a interpretação de diferentes textos encontrar-se-ão subsídios para o entendimento do alcance da norma legal que regula o incentivo fiscal relativo às atividades de pesquisa tecnológica e desenvolvimento de inovação tecnológica, permitindo assim a correta fruição do benefício em cada caso concreto analisado.

9.4. REFERÊNCIAS BIBLIOGRÁFICAS

BIFANO, Elidie. A política fiscal deve ser instrumento de incentivo à inovação tecnológica? *Revista Getúlio*, FGV, julho/2007.

CARVALHO, Paulo de Barros. *Direito Tributário, Linguagem e Método*. São Paulo: Noeses, 2008.

OCDE. *Manual Frascati*. Disponível em: <http://www.mct.gov.br/index.php/content/view/4639.html>.

OCDE. *Manual de Oslo*. Disponível em: <http://www.mct.gov.br/upd_blob/0026/26032.pdf>.

ROCHA, Sérgio André. Aplicação dos Incentivos à inovação tecnológica previstos na Lei n. 11.196/05. *Revista Dialética de Direito Tributário*, n. 171, pp. 132-142.

Capítulo 10

A INSALUBRIDADE NAS INDÚSTRIAS DE CALÇADOS E OS REFLEXOS NA APOSENTADORIA ESPECIAL

Peterson de Souza

Sumário

1. Introdução
2. Da legislação aplicável à espécie
3. Dos formulários de insalubridade
4. Do fato gerador de contribuição
5. Conclusão
6. Referências bibliográficas

10.1. INTRODUÇÃO

O presente estudo analisa a possibilidade de concessão de aposentadoria especial aos trabalhadores das indústrias de calçados, observada a legislação que regula este benefício previdenciário, as condições de trabalho insalubre decorrentes do ruído excessivo e da exposição ao agente químico tolueno e a jurisprudência dos tribunais referente ao tema. Aborda, ainda, a possibilidade de conversão do tempo especial de sapateiro em tempo comum para fins de concessão da aposentadoria por tempo de contribuição.

10.2. DA LEGISLAÇÃO APLICÁVEL À ESPÉCIE

A aposentadoria especial é regulada pelos artigos 57 e seguintes da Lei n. 8.213/91, *verbis:*

> *[...] Art. 57. A aposentadoria especial será devida, uma vez cumprida a carência exigida nesta Lei, ao segurado que tiver trabalhado sujeito a condições especiais que prejudiquem a saúde ou a integridade física, durante 15 (quinze), 20 (vinte) ou 25 (vinte e cinco) anos, conforme dispuser a lei.*
>
> *§ 1º. A aposentadoria especial, observado o disposto no Art. 33 desta Lei, consistirá numa renda mensal equivalente a 100% (cem porcento) do salário de benefício.*
>
> *§ 2º. A data de início do benefício será fixada da mesma forma que a da aposentadoria por idade, conforme o disposto no Art. 49.*
>
> *§ 3º. A concessão da aposentadoria especial dependerá de comprovação pelo segurado, perante o Instituto Nacional do Seguro Social – INSS, do tempo de trabalho permanente, não ocasional nem intermitente, em condições especiais que prejudiquem a saúde ou a integridade física, durante o período mínimo fixado.*
>
> *§ 4º. O segurado deverá comprovar, além do tempo de trabalho, exposição aos agentes nocivos químicos, físicos, biológicos ou associação de agentes prejudiciais à saúde ou à integridade física, pelo período equivalente ao exigido para a concessão do benefício.*
>
> *§ 5º. [...]*[196]

---

[196] BRASIL. Lei n. 8.213, de 24 de julho de 1991. Dispõe sobre os Planos de Benefícios da Previdência Social e dá outras providências. Diário Oficial [da] República Federativa do Brasil, Poder Executivo, Brasília, DF, 25 jul. 1991. Disponível em: <http://planalto.gov.br/ccivil_03/Leis/L8213cons.htm>. Acesso em: 8 junho 2012.

E, ainda, pelo artigo 102, inciso I, da IN/INSS n. 84/2002, publicada no DOU de 23.12.2002 e republicada no DOU de 22.1.2003, *verbis*:

> [...] *Art. 102. Os segurados inscritos no RGPS até 16 de dezembro de 1998, data da publicação da Emenda Constitucional (EC) n. 20, inclusive os oriundos de outro regime de Previdência Social, desde que cumprida a carência exigida, terão direito à aposentadoria por tempo de contribuição nas seguintes situações:*
> *I – aposentadoria por tempo de contribuição, conforme o caso, com renda mensal no valor de cem porcento do salário de benefício, desde que cumpridos:*
> *a) 35 anos de contribuição, se homem;*
> *b) 30 anos de contribuição, se mulher;*
> *II – [...]*[197]

10.2.1. DA CONVERSÃO DO TEMPO TRABALHADO EM ATIVIDADE ESPECIAL PARA TEMPO DE SERVIÇO COMUM

A questão da conversão do tempo laborado em atividade especial para tempo de serviço comum foi inicialmente prevista nos artigos 58 e 152 da Lei n. 8.213/91, na sua redação original, *verbis*:

> [...] *Art. 58. A relação de atividades profissionais prejudiciais à saúde ou à integridade física será objeto de lei específica [...]*
> [...] *Art. 152. A relação de atividades profissionais prejudiciais à saúde ou à integridade física deverá ser submetida à apreciação do Congresso Nacional, no prazo de 30 (trinta) dias a partir da data da publicação desta lei, prevalecendo, até então, a lista constante da legislação atualmente em vigor para aposentadoria especial [...]*[198]

---

[197] BRASIL. Instrução Normativa INSS n. 84, de 17 de dezembro de 2002. Estabelece critérios para serem adotados pelas áreas de arrecadação e benefício. Diário Oficial [da] República Federativa do Brasil, Poder Executivo, Brasília, DF, 22 jan. 2003. Disponível em: <http://www3.dataprev.gov.br/sislex/paginas/38/INSS-DC/2002/84_1.htm>. Acesso em: 8 junho 2012.

[198] BRASIL. Lei n. 8.213, de 24 de julho de 1991. Dispõe sobre os Planos de Benefícios da Previdência Social e dá outras providências. Diário Oficial [da] República Federativa do Brasil, Poder Executivo, Brasília, DF, 25 jul. 1991. Disponível em: <http://planalto.gov.br/ccivil_03/Leis/L8213cons.htm>. Acesso em: 8 junho 2012.

É certo que a legislação em vigor a que se referia o art. 152 supra é aquela constante dos anexos aos Decretos ns. 53.831/64 e 83.080/79.

Posteriormente, a Lei n. 9.032/95 alterou a redação do § 5º do art. 57 da Lei n. 8.213/91 para nele fazer constar que:

> *[...] § 5º. O tempo de trabalho exercido sob condições especiais que sejam ou venham a ser consideradas prejudiciais à saúde e à integridade física será somado, após a respectiva conversão ao tempo de trabalho exercido em atividade comum, segundo critérios estabelecidos pelo Ministério da Previdência e Assistência Social, para efeito de concessão de qualquer benefício [...]*[199]

Por fim, em 11.12.1998, o art. 58 da Lei n. 8.213/91 foi modificado em seus parágrafos 1º e 2º pela Lei n. 9.732, na forma abaixo transcrita:

> *[...] § 1º. A comprovação da efetiva exposição do segurado aos agentes nocivos será feita mediante formulário, na forma estabelecida pelo Instituto Nacional do Seguro Social – INSS, emitido pela empresa ou seu preposto, com base em laudo técnico de condições ambientais do trabalho expedido por médico do trabalho ou engenheiro de segurança do trabalho nos termos da legislação trabalhista.*
>
> *§ 2º. Do laudo técnico referido no parágrafo anterior deverão constar informação sobre a existência de tecnologia de proteção coletiva ou individual que diminua a intensidade do agente agressivo a limites de tolerância e recomendação sobre a sua adoção pelo estabelecimento respectivo [...]*[200]

---

[199] BRASIL. Lei n. 9.032, de 28 de abril de 1995. Dispõe sobre o valor do salário mínimo, altera dispositivos das Leis n. 8.212 e n. 8.213, ambas de 24 de julho de 1991, e dá outras providências. Diário Oficial [da] República Federativa do Brasil, Poder Executivo, Brasília, DF, 29 abr. 1995. Disponível em: <http://www.planalto.gov.br/ccivil_03/Leis/L9032.htm>. Acesso em: 8 junho 2012.

[200] BRASIL. Lei n. 9.732, de 11 de dezembro de 1998. Altera dispositivos das Leis 8.212 e 8.213, ambas de 24 de julho de 1991, da Lei 9.317, de 05 de dezembro de 1996, e dá outras providências. Diário Oficial [da] República Federativa do Brasil, Poder Executivo, Brasília, DF, 14 dez. 1998. Disponível em: <http://planalto.gov.br/ccivil_03/Leis/L9732.htm>. Acesso em: 8 junho 2012.

10.2.2. DA CONVERSÃO DO TEMPO POSTERIOR A 28.5.1998

Buscando extinguir a possibilidade de conversão do tempo de serviço laborado em atividades especiais para tempo de serviço comum, editou o Governo Federal a Medida Provisória n. 1.663-10, que em seu art. 28 revogou o § 5º do art. 57 da Lei n. 8.213/91 supratranscrito. Tal revogação foi deslocada para o art. 31 na MP 1.663-13 (reedição) e art. 32 na MP 1.663-14 (reedição).

Posteriormente, a MP 1.663-15 (reedição) foi parcialmente convertida na Lei n. 9.711, de 20.11.1998, que dispõe em seu art. 28, *verbis:*

> [...] *Art. 28. O Poder Executivo estabelecerá critérios para a conversão do tempo de trabalho exercido até 28 de maio de 1998, sob condições especiais que sejam prejudiciais à saúde ou à integridade física, nos termos dos arts. 57 e 58 da Lei n. 8.213/91, na redação dada pelas Leis ns. 9.032, de 28 de abril de 1995, e 9.528, de 10 de dezembro de 1997, e de seu regulamento, em tempo de trabalho exercido em atividade comum, desde que o segurado tenha implementado percentual do tempo necessário para a obtenção da respectiva aposentadoria especial, conforme estabelecido em regulamento [...]*[201]

A leitura isolada do art. 28 indica a proibição de conversão do tempo de serviço laborado em atividades especiais a partir de 28.5.1998 (data da primeira edição da MP convertida na Lei n. 9.711/98).

Dúvida inexiste de que a tentativa do legislador ordinário de acabar com a conversão do tempo de serviço laborado em atividades especiais desconsidera o fato de a empresa empregadora ser obrigada ao recolhimento previdenciário em alíquotas diferenciadas para todos os funcionários que laborem em atividades de natureza especial, nos termos do § 6º do art. 57 da Lei n. 8.213/91 e inciso II do art. 22 da Lei n. 8.212/91.

---

[201] BRASIL. Lei n. 9.711, de 20 de novembro de 1998. Dispõe sobre a recuperação de haveres do Tesouro Nacional e do Instituto Nacional do Seguro Social – INSS, a utilização de Títulos da Dívida Pública, de responsabilidade do Tesouro Nacional, na quitação de débitos com o INSS, altera dispositivos das Leis ns. 7.986, de 28 de dezembro de 1989, 8.036, de 11 de maio de 1990, 8.212, de 24 de julho de 1991, 8.213, de 24 de julho de 1991, 8.742, de 7 de dezembro de 1993, e 9.639, de 25 de maio de 1998, e dá outras providências. Diário Oficial [da] República Federativa do Brasil, Poder Executivo, Brasília, DF, 21 nov. 1998. Disponível em: <http://www81.dataprev.gov.br/sislex/paginas/42/1998/9711.htm>. Acesso em: 8 junho 2012.

Havendo o recolhimento majorado para custear os benefícios concedidos com menor tempo de trabalho, mostra-se absolutamente inconstitucional o art. 28 da Lei n. 9.711/98, à evidência.

A par da inconstitucionalidade demonstrada, é certo que a possibilidade de conversão do tempo de serviço laborado após 28.5.1998 foi garantida pela edição da EC n. 20/98.

No ato de conversão da MP 1.663-15 na Lei n. 9.711/98 foi suprimida do seu art. 32 a parte na qual era revogado o § 5º do art. 57 da Lei n. 8.213/91, fato que manteve seu texto em plena vigência, garantindo a possibilidade de conversão do tempo de serviço laborado em atividades especiais.

Eventual dúvida ainda persistente foi afastada de forma irrefutável pelo art. 15 da EC n. 20/98, no qual consta que [...] até que a lei complementar a que se refere o art. 201, § 1º, da Constituição Federal, seja publicada, permanece em vigor o disposto nos arts. 57 e 58 da Lei n. 8.213, de 24 de julho de 1991, na redação vigente à data da publicação desta Emenda [...].[202]

Nesse contexto, as regras para concessão de aposentadoria especial em vigor até a publicação da Reforma da Previdência continuam válidas por expressa recepção, até que haja nova regulamentação da matéria por meio de Lei Complementar[203].

Certo de que o ordenamento jurídico ainda prevê a conversão do tempo de serviço laborado em atividades de natureza especial, o INSS editou as Instruções Normativas ns. 78/2002 e 84/2002, as quais estipulam no art. 166 que "[...] o tempo de trabalho exercido sob condições especiais que foram, sejam ou venham a ser consideradas prejudiciais à saúde ou à integridade física, conforme legislação vigente à época, será somado, após a respectiva conversão, ao tempo de trabalho exercido em atividade comum, independentemente de a data do requerimento do benefício ou da prestação do serviço ser posterior a 28.05.1998, aplicando-se a seguinte tabela de conversão, para efeito de concessão de qualquer benefício [...]".

Por fim, o Governo Federal editou o Decreto n. 4.827/03, o qual alterou a redação do art. 70 do Decreto n. 3.048/99, permitindo a conversão do tempo de serviço laborado em qualquer tempo, desde que comprovada a natureza especial da atividade, *verbis*:

---

[202] BRASIL. Constituição (1988). Constituição da República Federal do Brasil. Modifica o sistema da Previdência Social, estabelece normas de transição e dá outras providências. Emenda Constitucional n. 20, de 15 de dezembro de 1998. Diário Oficial [da] República Federativa do Brasil, Poder Executivo, Brasília, DF, 16 dez. 1998. Disponível em: <http://planalto.gov.br/ccivil_03/Constituicao/Emendas/Emc/emc20.htm>. Acesso em: 8 junho 2012.

[203] RIBEIRO, Maria Helena Carreira Alvim. Aposentadoria Especial. São Paulo: Juruá, 2004, p. 247.

[...] Art. 70. A conversão de tempo de atividade sob condições especiais em tempo de atividade comum dar-se-á de acordo com a seguinte tabela:

Tempo a converter	Multiplicadores	
	Mulher (para 30)	*Homem (para 35)*
De 15 anos	2,00	2,33
De 20 anos	1,50	1,75
De 25 anos	1,20	1,40

§ 1º. A caracterização e a comprovação do tempo de atividade sob condições especiais obedecerá ao disposto na legislação em vigor na época da prestação do serviço.
§ 2º. As regras de conversão de tempo de atividade sob condições especiais em tempo de atividade comum constantes deste artigo aplicam-se ao trabalho prestado em qualquer período [...][204]

Portanto, reconhecendo o INSS a possibilidade de conversão do tempo na via administrativa, resta afastada qualquer controvérsia a respeito desta questão. Possui o sapateiro, assim, direito de ver convertido em tempo de serviço comum os períodos laborados em atividades especiais, a qualquer tempo, devendo tal conversão ser realizada na forma prevista na tabela acima, em estrita obediência ao Regulamento Geral da Previdência Social.

Sobre o tema, leciona Nelson de Freitas Porfirio Junior [...] ser necessário que se fixe como premissa que para a conversão de determinado tempo de trabalho especial em comum devem ser observados os critérios previstos na legislação vigente à época, pois, ainda que inexistente disposição expressa, a lei nova não pode prejudicar o direito adquirido, o ato jurídico perfeito ou a coisa julgada, nos termos do inciso XXXVI, do art. 5º da Constituição Federal. Assim, o direito do segurado ao cômputo de tempo de serviço realizado em condições especiais nasce a cada dia trabalhado, devendo ser considerado nos termos da lei então em vigor.

Nesse contexto, é certo que a exigência prevista no art. 58 da Lei n. 8.213/91 a partir da edição da Lei n. 9.732/98, ou seja, a emissão de formulário pela empresa ou seu preposto, com base em laudo técnico de condições

---

[204] BRASIL. Decreto n. 4.827, de 3 de setembro de 2003. Altera o art. 70 do Regulamento da Previdência Social, aprovado pelo Decreto n. 3.048, de 6 de maio de 1999. Diário Oficial [da] República Federativa do Brasil, Poder Executivo, Brasília, DF, 4 set. 2003. Disponível em: <http://planalto.gov.br/ccivil_03/decreto/2003/D4827.htm>. Acesso em: 8 junho 2012.

ambientais do trabalho elaborado por engenheiro de segurança ou médico da área, não deve ser observada em períodos laborais anteriores à modificação das regras aplicáveis ao caso.

Tendo o segurado laborado em atividades especiais sob a vigência dos Decretos ns. 53.831/64 e 83.080/79, que consideravam penosas, insalubres ou perigosas aquelas atividades constantes de seus anexos, a comprovação deve ser realizada pelo regular enquadramento da atividade exercida, pois tais decretos não exigiam a apresentação de laudo pericial ou qualquer outro meio de prova de que a atividade causava dano à saúde do segurado [...][205].

Nesse sentido:

> *[...] Previdenciário. Tempo de serviço especial. Agente nocivo: ruído com média superior a 90 dB. Direito adquirido à forma de contagem do tempo. Decretos n. 53.831/64, 2.172/97 e 3.048/99. Conversão. Uso de equipamentos de proteção. Preliminar rejeitada. Apelação e remessa oficial improvidas. Sentença mantida.*
>
> *1. Comprovado de plano o direito invocado, cabível o mandado de segurança. Impropriedade da via processual eleita rejeitada.*
>
> *2. "O segurado que presta serviço em condições especiais, nos termos da legislação então vigente, e que teria direito por isso à aposentadoria especial, faz jus ao cômputo do tempo nos moldes previstos à época em que realizada a atividade. Isso se verifica na medida em que se trabalha. Assim, eventual alteração no regime ocorrida posteriormente, mesmo que não mais reconheça aquela atividade como especial, não retira do trabalhador o direito à contagem do tempo de serviço na forma anterior, porque já inserida em seu patrimônio jurídico" (STJ; RESP 425660/SC; DJ 5/08/2002 PG: 407; Relator Min. FELIX FISCHER).*
>
> *3. Tratando-se de período anterior à edição da Lei n. 9.032/95, não há necessidade de comprovação de exposição permanente e efetiva aos agentes nocivos, conforme orientação da Instrução Normativa 84 do INSS, de 22.01.2003 (art. 146).*
>
> *4. Para os períodos de atividade até 05.03.97 (quando entrou em vigor o Decreto n. 2.172/97), deve-se considerar como agente agressivo a exposição a locais com ruídos acima de 80 dB, constante do Anexo ao Decreto n. 53.831/64 (item 1.1.6). Precedentes*

---

[205] RIBEIRÃO PRETO. Quinta Vara Federal. Processo n. 2001.61.02.008903-4. Sentença proferida pelo MM. Juiz Federal Dr. Nelson de Freitas Porfirio Junior, em 23 nov. 2004.

do TRF/1ª Região (AC 1998.38.00.033993-9/MG; Relator Juiz Antonio Savio de Oliveira Chaves; Primeira Turma; DJ 16/07/2001, p. 35); (AC 96.01.21046-6/MG; Relator Juiz Jirair Aram Meguerian; Segunda Turma; DJ 6/10/1997, p. 81985).

5. Constatado que as atividades descritas têm enquadramento nos Decretos ns. 53.831/64 (item 1.1.6), 2.172/97 (item 2.0.1) e 3.048/99 (item 2.0.1), há de ser reconhecido tal período como tempo de serviço especial, com possibilidade de conversão para tempo comum (art. 70, § 2º, Decreto n. 3.048/99, com redação do Decreto n. 4.827/03).

6. Esta Corte já se posicionou no sentido de que "o uso de equipamentos de proteção não descaracteriza a situação de agressividade ou nocividade à saúde ou à integridade física, no ambiente de trabalho" (AMS 2001.38.00.017669-3/MG, Rel. Desembargador Federal Tourinho Neto, Segunda Turma do TRF 1ª Região, DJ de 24/10/2002 P.44), principalmente quando não há provas cabais de que sua efetiva utilização tenha neutralizado por completo a ação deletéria dos agentes ambientais nocivos.

7. Preliminar rejeitada. Apelação e remessa oficial improvidas [...] (TRF Primeira Região, AMS 38000289333, Primeira Turma, Relator Desembargador Federal Luiz Gonzaga Barbosa Moreira, DJ 24.11.2003).

[...] *Previdenciário. Aposentadoria por tempo de serviço. Conversão do tempo especial. Requisitos legais. Lei n. 8.213/91. Lei n. 9.032/95. Lei n. 9.528/97. Lei n. 9.711/98.*

1. O trabalho em atividade especial, enquadrada sob a égide da legislação vigente à época da prestação laboral, por si só, confere ao segurado o direito de somar o referido tempo de serviço, para todos os fins de direito, porque o preenchimento do suporte fático dá-se a cada dia trabalhado, independendo do preenchimento dos requisitos para a concessão de qualquer benefício.

2. A impossibilidade de conversão do tempo de serviço especial, aos segurados que não possuíam o tempo mínimo de serviço para a aposentadoria, à data do Decreto n. 2.172/97, viola direito adquirido do segurado.

3. A imposição de critérios novos e mais rígidos à comprovação do tempo de serviço especial anterior ao novo regime legal, instaurado pela Lei n. 9.032/95, frustra direito legítimo já conformado, pois atendidos os requisitos reclamados pela legislação então vigente [...] (TRF – Quarta Região, REO – Remessa ex-ofício – 12296, Sexta Turma, Data da decisão: 31/10/2000, Documento: TRF 400079045, Fonte DJU. Data:10/01/2001, p. 448, Relator Juiz Luiz Carlos de Castro Lugon, Decisão: A Turma, por unanimidade, negou provimento à remessa oficial).

Logo, cristalino é o direito do segurado sapateiro de ver o tempo de serviço laborado em atividades insalubres contado como especial ou convertido em tempo de serviço comum, bastando para tanto a efetiva comprovação da natureza especial das atividades, nos termos do Quadro Anexo ao Decreto n. 53.831/64, Anexo I do Decreto n. 83.080/79, Anexo IV do Decreto n. 2.172/97 e Anexo IV do Decreto n. 3.048/99.

Dessa forma, nas atividades de "operário de fábrica de calçados", "sapateiro" e funções análogas, o sapateiro fica exposto de forma habitual e permanente, não ocasional, nem intermitente, a agentes físicos e químicos agressivos prejudiciais à saúde. Tais atividades enquadram-se nos códigos 1.1.6, 1.2.9 e 1.2.11 do Decreto n. 53.831/64, pelos quais são consideradas insalubres as operações "em locais com ruído excessivo", "com outros tóxicos inorgânicos capazes de fazerem mal à saúde" (gazes, vapores, poeiras) e "executadas com derivados tóxicos do carbono" (hidrocarboneto aromático, a exemplo do solvente tolueno, presente na chamada cola de sapateiro).

Com a edição dos Decretos ns. 2.172/97 e 3.048/99, as atividades de "operário de fábrica de calçados", "sapateiro" e funções análogas devem ser enquadradas nos códigos 1.0.3 e 2.0.1, pelos quais são insalubres as atividades realizadas com "utilização de produtos que contenham benzeno, como colas, tintas, vernizes, produtos gráficos e solventes" (hidrocarboneto aromático, a exemplo do solvente tolueno, presente na chamada cola de sapateiro) e exposição permanente a "ruído excessivo".

10.3. DOS FORMULÁRIOS DE INSALUBRIDADE

Mostra-se incompatível com a realidade a conclusão costumeiramente expressa nos formulários de insalubridade fornecidos pelas indústrias de calçados, motivo pelo qual é imprescindível a produção da prova pericial para auferir, por meio de perito judicial, o verdadeiro índice de exposição a agentes nocivos físicos e químicos precípuos de suas atividades.

É certo que as informações contidas nos formulários de insalubridade não são conferidas pelo INSS ou pela Delegacia Regional do Trabalho, o que permite que as empresas insiram nestes documentos quaisquer índices de ruído para se esquivarem do recolhimento majorado da contribuição previdenciária patronal (§ 6º do art. 57 da Lei n. 8.213/91 e inciso II do art. 22 da Lei n. 8.212/91) ou até mesmo neguem a realidade fática da constante exposição dos empregados das indústrias de calçados ao solvente tolueno presente na denominada cola de sapateiro.

10.3.1. DA EXPOSIÇÃO AO RUÍDO EXCESSIVO

Dispõe o art. 68, §§ 7º e 11, do Decreto n. 3.048/99, *verbis:*

> *[...] § 7º. O laudo técnico de que tratam os §§ 2º e 3º deverá ser* elaborado *com observância das* normas editadas pelo Ministério do Trabalho e Emprego *e dos atos normativos expedidos pelo INSS [...].* (grifei)
> *[...] § 11. As avaliações ambientais deverão considerar a classificação dos agentes nocivos e os limites de tolerância estabelecidos pela* legislação trabalhista, *bem como a metodologia e os procedimentos de avaliação estabelecidos pela Fundação Jorge Duprat Figueiredo de Segurança e Medicina do Trabalho – Fundacentro [...].*[206] (grifei)

O texto é claro, impondo a conclusão inafastável de que as Normas Regulamentadoras emitidas pelo Ministério do Trabalho e Emprego (NR-15, por exemplo), bem como os limites de tolerância nelas estabelecidos, devem ser considerados na verificação da insalubridade.

É que até o Decreto n. 2.172/97 (05.03.1997) a classificação do agente nocivo físico ruído ocorria com uma exposição permanente a níveis de ruído superior a 80 decibéis (Decreto n. 53.831/64).

Com a edição do Decreto n. 2.172/97, passou a ser previsto que são insalubres as atividades realizadas com exposição permanente a níveis de

---

[206] BRASIL. Decreto n. 3.048, de 6 de maio de 1999. Aprova o regulamento da Previdência Social, e dá outras providências. Diário Oficial [da] República Federativa do Brasil, Poder Executivo, Brasília, DF, 7 maio 1999. Disponível em: <http://www.planalto.gov.br/ccivil/decreto/D3048.htm>. Acesso em: 8 junho 2012.

ruído acima de 85 decibéis, observada a aplicação conjunta e mais benéfica ao trabalhador da Norma Regulamentadora do Ministério do Trabalho que engloba a questão (NR-15).

Outrossim, com o advento do Decreto n. 4.882/03 (18.11.2003) foi confirmada a classificação do agente nocivo físico ruído nos termos da NR-15, ou seja, de serem consideradas insalubres as atividades realizadas a "níveis de exposição normalizados (NEN) superiores a 85 decibéis".

No mesmo sentido, temos o balizado entendimento do Juiz Federal Fábio Nobre Bueno Brandão, *verbis:*

> *[...] a variação dos limites de tolerância previstos em atos administrativos para a exposição ao agente nocivo "ruído" não se deu de forma linear, revelando, ao contrário, sensível regressão a partir do terceiro momento acima referido.*
>
> *Vale dizer, a partir da edição do Decreto n. 4.882/03, o Poder Executivo detectou que os limites a serem considerados como seguros para exposição dos trabalhadores ao agente nocivo "ruído", que até então eram de 90 dB, regrediram a 85 dB.*
>
> *Pela ótica inversa, decorre a inafastável conclusão: restou apurado que a exposição a ruídos superiores a 85 dB é nociva ao trabalhador, justificando, assim, o enquadramento diferenciado do serviço a eles sujeito.*
>
> *Estabelecida tal premissa, com relação ao parâmetro intermediário fixado no enunciado (intervalo de vigência do Decreto 2.172/97) — limite de tolerância equivalente a 90 dB — não se mostra justificável a diferenciação promovida.*
>
> *É que, decorrendo a caracterização dos limites de tolerância de pressupostos fáticos — surgimento ou não de danos à saúde do segurado — não é a mera alteração do panorama normativo que torna a exposição ao ruído mais ou menos ruinosa à saúde.*
>
> *Tratando-se de norma regulamentar eminentemente técnica, forçoso reconhecer que contraria o senso comum entender-se que a exposição a níveis de ruído superiores a 85 dB, quando posterior à edição do Decreto n. 4.882/03, causa efetivo dano à saúde do trabalhador e a exposição a este agente nocivo, em idênticos níveis, apenas porque anterior ao referido ato normativo, não teria igual consequência, justificando análogo tratamento.*

Como intuitivo, a inovação normativa decorreu de análises técnicas mais apuradas, utilizando meios tecnológicos mais confiáveis e estudos científicos mais abrangentes, permitindo o aperfeiçoamento da regulamentação anteriormente existente e justificando, por isso mesmo, a redução do limite de tolerância previsto em regulamento.

Presumindo-se aquilo que normalmente ocorre, pode-se razoavelmente concluir que, afastada a hipótese de erro administrativo puro e simples, estivessem tais meios disponíveis à época da edição do regulamento anterior, a solução seria idêntica a atual, ou seja, o limite de tolerância adotado seria o de 85 dB.

Por outro lado, seja no plano fático, seja no jurídico, inexiste óbice à aplicação retroativa das disposições regulamentares mais recentes contidas no Decreto n. 4.882/03, eis que, além de objetivamente mais benéficas aos segurados, revelam norma de natureza regulamentar e explicitamente declaratória, sem qualquer traço de incompatibilidade com a disciplina legal a ela anterior.

Convém destacar, ainda, outro relevante fator: a natureza social das normas previdenciárias protetivas da saúde do trabalhador (art. 6º, caput, da Constituição Federal de 1988), a justificar sua inafastável eficácia retroativa. (grifei)

Oportuna a advertência, no ponto, de CARLOS ALBERTO PEREIRA DE CASTRO E JOÃO BATISTA LAZZARI, ao discorrer sobre a interpretação das normas previdenciárias:

[...] Na aplicação das normas que envolvem a relação de seguro social — que tratam tanto de filiação ao sistema, como de concessão, manutenção e irredutibilidade de benefícios, deve-se recordar, sempre, que se trata de direito fundamental, logo, de largo espectro, interpretando-se na busca dos fins sociais da norma (art. 6º da Lei de Introdução ao Código Civil), ante sua indeclinável característica protecionista do indivíduo, com vistas à efetividade de seus Direitos Sociais [...]. (Manual de Direito Previdenciário. 10ª ed., Florianópolis: Conceito Editorial, 2008, p. 87)

> *Nesse rumo, a possibilidade de alteração, pela via infralegal, de normas que impliquem direta ou indiretamente a restrição, in concreto, do direito à previdência social dos trabalhadores, não se dá de forma ampla e irrestrita.*
>
> *Antes, deve ser analisada tal iniciativa sempre sob critérios de interpretação estrita ("strict scrutiny", parâmetro mais rigoroso de análise constitucional utilizado pela Suprema Corte norte-americana) e dos demais princípios constitucionais pertinentes — em especial, da busca do bem-estar e justiça sociais (art. 168, CF/88), da proibição do retrocesso e da razoabilidade — e sempre com vistas a verificar sua adequação aos fins pretendidos.*
>
> *[...] Imprescindível, assim, que se suprima o limite intermediário de exposição aos ruídos, previsto no Decreto n. 2.172/97, de 90 dB.*
>
> *Assim, deve ser considerado especial o tempo de trabalho sujeito, de forma habitual e permanente, a ruídos superiores a 80 dB, até 04.03.97 (Decreto n. 53.831/64) e, após esta data, a ruídos superiores a 85 dB (Decreto n. 4.882/03).*
>
> *Isto até que análises técnicas mais apuradas venham a, eventualmente, recomendar nova redução deste limite de tolerância, ampliando a esfera de proteção dos segurados [...]*[207] (grifei)

E, ainda, a jurisprudência atualmente predominante nos Tribunais Regionais Federais da 1ª, 3ª e 4ª Regiões, como se verifica nos seguintes precedentes[208]:

> *[...] Previdenciário. Aposentadoria integral por tempo de serviço. Tempo especial. Conversão. Exposição a agentes insalubres. Equipamentos de proteção. Reconhecimento do tempo de serviço prestado em atividade especial. Possibilidade. EC 20/98. Juros de mora. Correção monetária.*
>
> *[...]*

---

[207] BRANDÃO, Fábio Nobre Bueno. Exposição a ruídos. Necessidade de revisão da Súmula 32 da Turma Nacional de Uniformização dos Juizados Especiais Federais. *Jus Navigandi*, Teresina, ano 13, n. 2102, abr. 2009. Disponível em: <http://jus2.uol.com.br/doutrina/texto.asp?id=12575>. Acesso em: 8 junho 2012.

[208] BRANDÃO, *Op. cit.*

2. É considerada insalubre, para fins de contagem de tempo especial, a atividade desenvolvida com exposição a ruídos acima de 80 dB, conforme o item 1.1.6 do Anexo ao Decreto 53.831/64. A partir de 05.03.1997, passou-se a exigir a exposição a nível superior a 90 dB, nos termos do seu Anexo IV. Após 18.11.2003, data da edição do Decreto 4.882, passou-se a exigir a exposição a ruídos acima de 85 dB.

3. Diante do resultado que leva à interpretação restritiva e literal das normas regulamentares do Decreto 4.882/2003, bem como diante do caráter social e protetivo de tal norma, a melhor exegese para o caso concreto é a interpretação ampliativa em que se concede efeitos pretéritos ao referido dispositivo regulamentar, considerando insalubre toda a atividade exercida em nível de ruído superior a 85 dB a partir de 06.03.1997.

4. O uso de equipamentos de proteção não descaracteriza a situação de agressividade ou nocividade à saúde ou à integridade física no ambiente de trabalho [...]. (TRF 1ª Região, 1ª Seção, AR 2002.01.00.020011-0/MG, DJ 14.11.2003).

[...]

8. Remessa oficial a que se dá parcial provimento [...]. (TRF 1ª Região, REO 200036000049550/MT, 1ª Turma, Juíza Sônia Diniz Viana, e-DJF1 07/10/2008). (grifo nosso)

[...] Previdenciário. Processo civil. Aposentadoria por tempo de serviço. Atividade especial. Contagem de tempo laborado em atividade especial. Critérios. Legislação aplicável. Vigência concomitante dos Decretos n. 53.831/64 e 83.080/79. Decreto n. 4.882/03.

I – Os Decretos n. 53.831/64 e 83.080/79 vigeram, até o advento do Decreto n. 2.172/97, de forma simultânea, não havendo revogação daquela legislação por esta, de forma que, verificando-se divergência entre as duas normas, deverá prevalecer aquela mais favorável ao segurado. Precedente do C. STJ (REsp. n. 412351/RS).

II – A partir de 05.03.1997, há que se considerar como agente agressivo à saúde a exposição à pressão sonora acima de 85 dB, em conformidade com o disposto no Decreto n. 4.882, de 18.11.2003, *que reduziu o nível máximo de ruídos tolerável, trazendo um abrandamento da norma até então vigente, a qual*

*considerava como nociva a exposição acima de 90 decibéis [...].
(TRF 3ª Região, AMS 200661260038031/SP, 10ª Turma,
DJF3 04/03/2009, Rel. Juiz Sergio Nascimento).* (grifo nosso)

[...] Previdenciário. Aposentadoria por tempo de serviço.
***Atividade especial. Comprovação. Ruído. EPI. Consectários
legais.***

*É admitida como especial a atividade em que o segurado ficou
exposto a ruídos superiores a* 80 decibéis até 05-3-1997 e, a
partir de então, acima de 85 decibéis, *desde que aferidos esses
níveis de pressão sonora por meio de perícia técnica, trazida aos
autos ou noticiada no preenchimento de formulário expedido pelo
empregador.*

*No que tange ao uso de equipamentos de proteção individual
(EPI), é pacífico o entendimento deste Tribunal no sentido de que
esses dispositivos não são suficientes para descaracterizar a especialidade da atividade, a não ser que comprovada a sua real efetividade
por meio de perícia técnica especializada e desde que devidamente
demonstrado o uso permanente pelo empregado durante a jornada
de trabalho [...]. (TRF 4ª Região, AC 200470000267735/PR,
Turma Suplementar, D.E. 17/08/2007, Rel. Juiz Fernando
Quadros da Silva).* (grifei)

Ademais, importante anotarmos que, em relação ao agente nocivo ruído, não deve ser considerada na medição auferida a eventual utilização de EPIs, posto que tais equipamentos não alteram a natureza especial da atividade exercida, nos termos da jurisprudência pátria dominante.

10.3.2. DA EXPOSIÇÃO À COLA DE SAPATEIRO (TOLUENO)

Sobre o tema, ensina o Desembargador Federal Sérgio Nascimento que [...] em que pese o segurado não ter apresentado formulário de atividade especial – DSS 8030 ou laudo técnico, os contratos de trabalho anotados em carteira profissional relativos à função de aprendiz de sapateiro, sapateiro e acabador em fábrica de calçados, são suficientes à comprovação da exposição a agentes nocivos insalubres, uma vez que a utilização de hidrocarboneto tóxico derivado do carbono "cola de sapateiro" é inerente a tal atividade, conforme se verifica do laudo pericial que embora se refira a terceiros, ratifica a assertiva da nocividade da "cola de sapateiro" no processo produtivo em empresas — fábricas de calçados — paradigmas àquela em que o autor exerceu suas atividades [...][209].

Além disso, consta do anexo II do Decreto n. 3.048/99, que define os agentes patogênicos causadores de doenças profissionais ou do trabalho, conforme previsto no art. 20 da Lei 8.213/91, *verbis:*

REGULAMENTO DA PREVIDÊNCIA SOCIAL
Anexo II

Agentes patogênicos causadores de doenças profissionais ou do trabalho, conforme previsto no art. 20 da Lei n. 8.213, de 1991.

Agentes patogênicos Químicos	Trabalhos que contêm o risco
I. Arsênio e seus compostos arsenicais	1. Metalurgia de minérios arsenicais e indústria eletrônica; 2. [...]
II. Asbesto ou amianto	1. Extração de rochas amiantíferas, furação, corte, desmonte, trituração, peneiramento e manipulação; 2. [...]
III. Benzeno ou seus homólogos tóxicos	Fabricação e emprego do benzeno, seus homólogos ou seus derivados aminados e nitrosos: 1. Instalações petroquímicas onde se produzir benzeno; 2. Indústria química ou de laboratório; 3. Produção de cola sintética; 4. Usuários de cola sintética na fabricação de calçados, artigos de couro ou borracha e móveis; 5. Produção de tintas; 6. Impressores (especialmente na fotogravura); 7. Pintura a pistola; 8. Soldagem. [...]

Frise-se, neste ponto, que os "sapateiros", observados nas suas mais diversas funções (cortador, pespontador e colador, por exemplo), sempre trabalham lado a lado em barracões sem qualquer divisão que limite a exposição à cola de sapateiro aos seus usuários diretos.

---

[209] Brasil. Processo n. 2008.61.02.003316-3. Decisão proferida pelo Desembargador Federal Dr. Sérgio Nascimento, em 15 de dezembro de 2009.

Devido à enorme volatilidade do solvente tolueno (hidrocarboneto aromático), presente na cola de sapateiro, qualquer ambiente fechado em que este produto é utilizado fica contaminado com agentes químicos prejudiciais à saúde que ficam suspensos no ar que se respira, daí a exposição permanente de todos os segurados funcionários das fábricas de sapatos, independentemente de sua função.

Portanto, sob qualquer ângulo que se analise a questão, inequívoca é a insalubridade presente na atividade de sapateiro e funções análogas, na medida em que o trabalhador fica exposto de forma constante à denominada cola de sapateiro (hidrocarboneto aromático — solvente — tipo tolueno).

10.4. DO FATO GERADOR DE CONTRIBUIÇÃO

Dispõe ainda o art. 155, § 3º, da Instrução Normativa do INSS/PR n. 11/2006, que [...] o trabalho exercido em condições especiais que prejudicam a saúde ou a integridade física, com exposição a agentes nocivos de modo permanente, não ocasional nem intermitente, está tutelado pela Previdência Social mediante concessão especial, constituindo-se em fato gerador de contribuição previdenciária para custeio deste benefício [...].

O texto é claro, não permitindo outra interpretação senão a de que o reconhecimento do tempo exercido em atividade especial constitui fato gerador de contribuição previdenciária. E tal fato autoriza o INSS a efetuar a cobrança dessas contribuições junto às empresas em que os segurados trabalhavam, na medida em que a responsabilidade pelo pagamento das contribuições previdenciárias é dos empregadores.

E o prazo para que o INSS realize a cobrança desses créditos é de 10 anos, contados do trânsito em julgado da sentença que reconheceu a existência de insalubridade nos períodos de trabalho do segurado, nos termos dos arts. 45 e 46 da Lei n. 8.212/91.

Ademais, se a empresa não recolhe as contribuições corretamente, burlando a legislação que estipula a majoração das alíquotas para atividades exercidas com exposição a agentes agressores, e o INSS não fiscaliza de maneira adequada as condições em que estas atividades são exercidas, não pode o segurado ser prejudicado.

Destarte, inequívoco é o reconhecimento de que a natureza insalubre das atividades exercidas pelo sapateiro (segurado) não acarreta nenhum prejuízo para o INSS, visto que este pode cobrar das empresas empregadoras as diferenças de contribuições previdenciárias não recolhidas anteriormente.

10.5. CONCLUSÃO

Finalizado o estudo da legislação que regula a aposentadoria especial e a conversão de tempo especial em comum para fins de concessão da aposentadoria por tempo de contribuição e as condições de trabalho a que ficam sujeitos os funcionários das indústrias de calçados, conclui-se que a atividade de sapateiro é insalubre em virtude de constante exposição ao ruído excessivo (nas hipóteses de nível superior a 85 decibéis) e ao agente químico tolueno, sempre presente na denominada cola de sapateiro.

A jurisprudência dos tribunais referente ao tema confirma este entendimento, concedendo aos segurados sapateiros a aposentadoria especial, se comprovados mais de 25 anos nesta atividade ou funções análogas, ou a possibilidade de conversão deste tempo especial em tempo comum para fins de concessão da aposentadoria por tempo de contribuição.

10.6. REFERÊNCIAS BIBLIOGRÁFICAS

BIGOLIN, Giovani. O requerimento administrativo e o controle judicial dos benefícios previdenciários. *In:* ROCHA, Daniel Machado. [Org.]. *Temas atuais de direito previdenciário e assistência social.* Porto Alegre: Livraria do Advogado, 2003.

BODNAR, Zenildo. A concretização jurisdicional dos direitos previdenciários e sociais no estado contemporâneo. *In:* LUGON, Luiz Carlos de Castro; LAZZARI, João Batista. [Org.]. *Curso modular de direito previdenciário.* São José (SC): Conceito Editorial, 2007.

BRASIL. Constituição (1988). Constituição da República Federal do Brasil. Acrescenta parágrafo único ao art. 98 e altera as alíneas "i" do inciso I do art. 102 e "c" do inciso I do art. 105 da Constituição Federal. Emenda Constitucional n. 22, de 18 de março de 1999. *Diário Oficial da República Federativa do Brasil, Poder Executivo.* Brasília, DF, 19 mar. 1999. Disponível em: <http://planalto.gov.br/ccivil_03/Constituicao/Emendas/Emc/emc22.htm>. Acesso em: 8 junho 2012.

_____. Constituição (1988). Constituição da República Federal do Brasil. Modifica o sistema da previdência social, estabelece normas de transição e dá outras providências. Emenda Constitucional n. 20, de 15 de dezembro de 1998. *Diário Oficial da República Federativa do Brasil, Poder Executivo.* Brasília, DF, 16 dez. 1998. Disponível em: <http://planalto.gov.br/ccivil_03/Constituicao/Emendas/Emc/emc20.htm>. Acesso em: 8 junho 2012.

_____. Constituição (1988). *Constituição da República Federativa do Brasil: versão atualizada até a Emenda n. 56/2007*. Disponível em: <http://planalto.gov.br/ccivil_03/Constituicao/Constituicao.htm>. Acesso em: 8 junho 2012.

_____. Decreto n. 4.827, de 3 de setembro de 2003. Altera o art. 70 do Regulamento da Previdência Social, aprovado pelo Decreto n. 3.048, de 6 de maio de 1999. *Diário Oficial da República Federativa do Brasil, Poder Executivo*. Brasília, DF, 4 set. 2003. Disponível em: <http://planalto.gov.br/ccivil_03/decreto/2003/D4827.htm>. Acesso em: 8 junho 2012.

_____. Lei n. 5.869, de 11 de janeiro de 1973. Institui o Código de Processo Civil. *Diário Oficial da República Federativa do Brasil, Poder Executivo*. Brasília, DF, 17 jan. 1973. Disponível em: <http://planalto.gov.br/ccivil_03/LEIS/L5869.htm>. Acesso em: 8 junho 2012.

_____. Lei n. 8.213, de 24 de julho de 1991. Dispõe sobre os Planos de Benefícios da Previdência Social e dá outras providências. *Diário Oficial da República Federativa do Brasil, Poder Executivo*. Brasília, DF, 25 jul. 1991. Disponível em: <http://planalto.gov.br/ccivil_03/Leis/L8213cons.htm>. Acesso em: 8 junho 2012.

_____. Lei n. 8.742, de 7 de dezembro de 1993. Dispõe sobre a organização da Assistência Social e dá outras providências. *Diário Oficial da República Federativa do Brasil, Poder Executivo*. Brasília, DF, 8 dez. 1993. Disponível em: <http://planalto.gov.br/ccivil_03/Leis/L8742.htm>. Acesso em: 8 junho 2012.

_____. Lei n. 8.952, de 13 de setembro de 1994. Altera dispositivos do Código de Processo Civil sobre o processo de conhecimento e o processo cautelar. *Diário Oficial da República Federativa do Brasil, Poder Executivo*. Brasília, DF, 14 dez. 1994. Disponível em: <http://planalto.gov.br/ccivil_03/Leis/L8952.htm>. Acesso em: 8 junho 2012.

_____. Lei n. 9.099, de 26 de setembro de 1995. Dispõe sobre os Juizados Especiais Cíveis e Criminais e dá outras providências. *Diário Oficial da República Federativa do Brasil, Poder Executivo*. Brasília, DF, 27 set. 1995. Disponível em: <http://planalto.gov.br/ccivil_03/Leis/L9099.htm>. Acesso em: 8 junho 2012.

_____. Lei n. 9.732, de 11 de dezembro de 1998. Altera dispositivos das Leis 8.212 e 8.213, ambas de 24 de julho de 1991, da Lei 9.317, de 05 de dezembro de 1996, e dá outras providências. *Diário Oficial da República Federativa do Brasil, Poder Executivo*. Brasília, DF, 14 dez. 1998. Disponível em: <http://planalto.gov.br/ccivil_03/Leis/L9732.htm>. Acesso em: 8 junho 2012.

_____. Lei n. 9.876, de 26 de novembro de 1999. Dispõe sobre a contribuição previdenciária do contribuinte individual, o cálculo do benefício, altera dispositivos das Leis 8.212 e 8.213, ambas de 24 de julho de 1991 e dá outras providências. *Diário Oficial da República Federativa do Brasil, Poder Executivo*. Brasília, DF, 29 nov. 1999. Disponível em: <http://planalto.gov.br/ccivil_03/Leis/L9876.htm>. Acesso em: 8 junho 2012.

_____. Lei n. 10.259, de 12 de julho de 2001. Dispõe sobre a instituição dos Juizados Especiais Cíveis e Criminais no âmbito da Justiça Federal. *Diário Oficial da República Federativa do Brasil, Poder Executivo*. Brasília, DF, 13 jul. 2001. Disponível em: <http://planalto.gov.br/ccivil_03/Leis/LEIS_2001/L10259.htm>. Acesso em: 8 junho 2012.

_____. Lei n. 10.444, de 7 de maio de 2002. Altera a Lei 5.869, de 11 de janeiro de 1973 – Código de Processo Civil. *Diário Oficial da República Federativa do Brasil, Poder Executivo*. Brasília, DF, 8 maio 2002. Disponível em: <http://planalto.gov.br/ccivil_03/Leis/2002/L10444.htm>. Acesso em: 8 junho 2012.

_____. Lei n. 10.666, de 8 de maio de 2003. Dispõe sobre a concessão de aposentadoria especial ao cooperado de cooperativa de trabalho ou de produção dá outras providências. *Diário Oficial da República Federativa do Brasil, Poder Executivo*. Brasília, DF, 9 maio 2003. Disponível em: <http://planalto.gov.br/ccivil_03/Leis/2003/L10.666.htm>. Acesso em: 8 junho 2012.

_____. Lei n. 11.187, de 19 de outubro de 2005. Altera a Lei 5.869, de 11 de janeiro de 1973 – Código de Processo Civil, para conferir nova disciplina ao cabimento dos agravos retido e de instrumento, e dá outras providências. *Diário Oficial da República Federativa do Brasil, Poder Executivo*. Brasília, DF, 20 out. 2005. Disponível em: <http://planalto.gov.br/ccivil_03/_Ato2004-2006/2005/Lei/L11187.htm>. Acesso em: 8 junho 2012.

_____. Portaria Interministerial n. 77, de 11 de março de 2008. Dispõe sobre o reajuste dos benefícios pagos pelo Instituto Nacional do Seguro Social – INSS e dos demais valores constantes do Regulamento da Previdência Social – RPS. *Diário Oficial da República Federativa do Brasil, Poder Executivo*. Brasília, DF, 12 mar. 2008. Disponível em: <http://normaslegais.com.br/legislacao/portaria77_2008.htm>. Acesso em: 8 junho 2012.

DI PIETRO, Maria Sylvia Zanella. *Discricionariedade administrativa*. 2ª ed. São Paulo: Atlas, 2001.

FARIAS, Cristiano Chaves de. Os juizados especiais cíveis como instrumento de efetividade do processo e a atuação do ministério público. *Revista de Processo.* São Paulo, ano 29, n. 117, pp. 135-160, set./out. 2004.

FORTES, Simone Barbisan; PAULSEN, Leandro. *Direito da seguridade social: prestações e custeio da previdência, assistência e saúde.* Porto Alegre: Livraria do Advogado, 2005.

MARTINS, Sérgio Pinto. *Direito da seguridade social.* São Paulo: Atlas, 2000.

NOBRE JÚNIOR, Edílson Pereira. Seguridade social e cidadania (notas sobre a atuação do poder judiciário). *Revista ESMAFE:* Escola de Magistratura Federal da 5ª região. Recife, n. 7, pp. 127-141, ago. 2004.

ROCHA, Daniel Machado da; BALTAZAR JUNIOR, José Paulo. *Comentários à lei de benefícios da previdência social.* 5ª ed. Porto Alegre: Livraria do Advogado, 2005.

ROCHA, Rosalia Carolina Kappel. A eficácia dos direitos sociais e a reserva do possível. *Revista da Advocacia Geral da União (AGU).* Brasília, DF, ano 4, n. 8, pp. 7-33, dez. 2005.

SAVARIS, José Antonio. *Direito processual previdenciário.* Curitiba: Juruá, 2008.

Capítulo 11

RELAÇÕES ECONÔMICAS: EMPRESAS E TEORIA DO RISCO

Renato Souza Dellova

Sumário

1. Fundamentos históricos, direito e economia, sistema econômico
2. A Constituição Federal e a ordem econômica
3. As empresas e o mercado
4. Riscos empresariais e responsabilidade
5. A extensão da responsabilidade para além do direito interno e considerações finais
6. Referências bibliográficas

11.1. FUNDAMENTOS HISTÓRICOS, DIREITO E ECONOMIA, SISTEMA ECONÔMICO

Quando nos deparamos com questões de economia, especialmente tratadas em textos jurídicos, a primeira coisa que tentamos compreender é a relação entre Direito e Economia. Pois bem, como é sabido, advogados e economistas possuem diferenças, não só no Brasil, como também na Europa e nos Estados Unidos da América, mas parece ser importante a reflexão sobre o conflito existente entre as duas profissões, porque enquanto os economistas que trabalharam para governos criaram planos de estabilização da moeda e programas de desenvolvimento, a crítica é a de que sistematicamente desprezaram as liberdades públicas e os direitos individuais. Por outro lado, os advogados são criticados porque buscam forçar o governo, por intermédio do Poder Judiciário, à realização de pagamentos totalmente fora do alcance das contas públicas em busca de honorários.[210]

Apesar das diferenças e pontos de vista, há um amplo reconhecimento entre os economistas de que as leis, o Judiciário e o direito em geral exercem papel essencial na organização da atividade econômica. O reconhecimento deu-se na década de 1990, pelo que houve uma melhor compreensão do papel das instituições na economia, notadamente no desenvolvimento econômico.[211]

Ao se trabalhar o Sistema Econômico, observa-se que existe uma diversificada base econômica em que repousam as sociedades evoluídas, que iniciado pelo trabalho humano acaba por inserir uma série de bens destinados à própria comunidade.[212]

E no decorrer da história, nota-se uma economia focada em determinadas atividades, pois as civilizações ocidentais da antiguidade apresentam diversos exemplos típicos de economia dirigida, destacando, especialmente, a do Egito, da Grécia e de Roma. Nos Estados teocráticos das civilizações anteriores à era cristã, a centralização dos poderes era corolário natural das economias ainda insipientes, baseadas em sistemas com predominância do trabalho escravo e do artesanato rudimentar, havendo prevalência da economia rural. Tudo era rigorosamente controlado pelos dirigentes governamentais das antigas civilizações.[213]

---

[210] PINHEIRO, Armando Castelar; SADDI, Jairo. *Direito, Economia e Mercados*, 2005, pp. 3 e 4.
[211] PINHEIRO, Armando Castelar; SADDI, Jairo. *Direito, Economia e Mercados*, 2005, p. 11.
[212] LESSA, Carlos Francisco; CASTRO, Antonio Barros de. *Introdução à Economia*, 1997, 36ª ed., p. 21.
[213] LIMA, Maria Cristina de Brito. *Direito constitucional econômico*. Rio de Janeiro: Fundação Getúlio Vargas – Direito RIO, 2009, p. 18.

As ciências do Direito e Economia estão umbilicalmente ligadas à Política, e não há, efetivamente, notícia alguma da não-interferência do Estado, pois atualmente, basta observar o setor bancário, que parece mais uma extensão do Estado e vice-versa. Claro está que se estudam as tendências econômicas globalizadas para que o Estado decida como, quando e quanto investir para direcionar o Sistema (também o jurídico) a seu favor. Assim aconteceu, recentemente, na emissão de papéis pelos Estados Unidos da América, que outrora, possuindo muitos dólares passou a emprestar para os países subdesenvolvidos de modo a financiar seus projetos, tornando-se credores destes. Em parte foi relevante, mas se esqueceram de cuidar da economia interna, havendo necessidade de emissão de trilhões de dólares para dar fôlego à economia americana e uma tranquilidade mundial, mas que não resolverá o problema definitivamente, somente ganhará tempo até que se chegue novamente no limite, já que a maioria de seus devedores pagarão as dívidas paulatinamente, não possuindo, no momento, dinheiro para fazê-lo de uma só vez.

No ano 325 da era comum, ocorreu o Concílio de Niceia, momento em que o Imperador Constantino, avaliando a situação frágil do império romano, tomou decisões importantes para que pudesse robustecer o Estado, e longe de ser religioso, instituiu a Igreja Católica, exercendo sobre a sociedade influência política, espiritual e econômica. Essas influências são facilmente perceptíveis, pois, com a instituição da Igreja, há uma calmaria espiritual, e concomitante a ela há uma discussão sobre a Propriedade e Posse, ampliando a possibilidade de desenvoltura patrimonial para cidadãos romanos e estrangeiros, sem dizer da dinâmica autorizada pela gestão de negócios, também tratada pelo Concílio.

Com o advento da Revolução Francesa, em 1789, representou-se uma reação das massas contra as minorias burguesas na fase do predomínio dos Estados absolutistas e o protecionismo no comércio mundial, doutrina proveniente de filosofia agnóstica, que relega a segundo plano os interesses e as garantias individuais, sacrificados em prol do Estado soberano e autocrata. Mas o Estado liberal, emanado da Revolução Francesa e da filosofia dos enciclopedistas do século XVIII, na crista do livre-cambismo e do racionalismo econômico a suceder o protecionismo industrial das grandes potências colonialistas, também pecou por seus excessos e erros[214].

O prevalecimento das ideias liberais trouxe o afastamento da intervenção do Estado na economia, com a consagração das ideias de Adam Smith, 1776,

---

214 LIMA, Maria Cristina de Brito. *Direito constitucional econômico*. Rio de Janeiro: Fundação Getúlio Vargas – Direito RIO, 2009, p. 19.

especialmente o dever de proteger a sociedade da violência e da invasão; o dever de proteger cada membro da sociedade da injustiça e da opressão de qualquer outro membro e o dever de praticar e manter determinadas políticas públicas quando necessárias, porém a ninguém interessava individualmente.[215]

A supremacia dos grandes conglomerados industriais, comerciais e financeiros, induzida pela ânsia incontida de lucros, distanciou o capital do trabalho, reduzindo as grandes massas assalariadas a uma situação de perversa espoliação. Era comum, no século XIX, a jornada de trabalho de 10 (dez), 12 (doze) e até 14 (quatorze) horas, e o trabalho infantil, sem quaisquer garantias de férias anuais, remuneração condigna e velhice com aposentadoria. Desta situação germinou a insatisfação e a revolta das massas trabalhadoras, fomentadas pelos ideais socializantes, moderadas ou extremadas, a caracterizarem as lutas sociais do século XIX, novamente pondo em risco as liberdades individuais e o próprio direito de propriedade.[216]

Após o fim da segunda guerra mundial, e apoiado no Tratado de Versalles, por força dos princípios emanados da *rerum novarum*, de 1891, do Papa Leão XIII, os direitos dos economicamente mais fracos, perante a Economia de Mercado capitalista, passaram a merecer melhor atenção, com tentativas sempre mais numerosas para atenuar as desigualdades provenientes da concentração de rendas e abusos da concepção exclusivista da propriedade[217].

Todavia, para opor-se às doutrinas socializantes e preservar o direito de propriedade e a posse dos instrumentos de produção pelas empresas, ressurgia um Estado poderoso, escudado em um neoprotecionismo. A pretexto de subordinar o direito de propriedade ao social, passou a intervir em todos os setores da economia e das finanças, e, em vez de abrandar, mais acentuou as falhas estruturais da sociedade. Extravasou e exorbitou de uma intervenção supletiva e ordinatória, para atingir a absorção total do controle e direção das finanças e da economia, embora pregando as benesses da livre empresa e da economia de mercado, mas agindo autoritária e arbitrariamente, aproximando-se mais da filosofia socializante dos Estados autocráticos modernos do que das democracias que pretende defender ou enaltecer[218].

---

215 MORAES, Alexandre. *Direito Constitucional*. 23ª ed. São Paulo: Atlas, 2008, p. 795.

216 Idem, ibidem.

217 Idem, p. 19.

218 LIMA, Maria Cristina de Brito. *Direito constitucional econômico*. Rio de Janeiro: Fundação Getúlio Vargas – Direito RIO, 2009, p. 19.

11.2. A CONSTITUIÇÃO FEDERAL E A ORDEM ECONÔMICA

Como já ficou evidenciado, em nenhum momento o Estado deixou de intervir na ordem econômica, sempre o fez em maior ou menor intensidade.

O Professor Américo Luís Martins da Silva afirma que, na atualidade, ordem econômica está diretamente ligada à ideia de conjunto de princípios, normas, regras, instituições e, também, aos costumes que regulam a vida dos indivíduos em suas relações de natureza econômica de uns com os outros, e entre eles e o governo do país, bem como asseguram a propriedade privada e a livre-iniciativa e, por outro lado, atribuem uma função social significativa ao detentor da riqueza.[219]

Ainda segundo o Professor Américo, existem dois tipos de ordem econômica que podem ser vislumbrados: a ordem econômica encontrada, que é espontânea, referindo-se à estrutura organizada e equilibrada, que é produto da vivência de uma coletividade e que não se pode dizer seja o resultado de uma intenção humana; e a ordem econômica feita ou criada, que é concreta, sendo necessariamente abstrata e apreensível com dificuldade pelo intelecto, é querida e criada em consonância com os propósitos do seu idealizador. Para que a ordem criada possa subsistir, é necessário que seu idealizador consiga adequá-la e colocá-la em sintonia com os direcionamentos que emanam da ordem espontânea. As normas são o instrumento de que se vale o idealizador da ordem desejada para criá-la.[220]

Muitos são os princípios gerais da atividade econômica encontrados no artigo 170, da Constituição Federal, especialmente depois da redação dada pela Emenda Constitucional n. 6/1995.

Os princípios gerais da atividade econômica são: soberania nacional; propriedade privada; função social da propriedade; livre concorrência; defesa do consumidor; defesa do meio ambiente; redução das desigualdades regionais e sociais; busca do pleno emprego; tratamento favorecido para as empresas de pequeno porte constituídas sob as leis brasileiras que tenham sua sede e administração no País.

Os princípios são importantes na medida em que são normas jurídicas, elementos internos ao sistema, vale dizer, nele estão integrados e inseridos,

---

[219] SILVA, Américo Luís Martins da. *A ordem constitucional econômica*. 2ª ed. Rio de Janeiro: Forense, 2003, p. 3.

[220] SILVA, Américo Luís Martins da. *A ordem constitucional econômica*. 2ª ed. Rio de Janeiro: Forense, 2003, p. 5. Citando HAYEK, Friedrich A. Règles et Ordre, v. I, "Droit, législation et liberté", traduit de l'anglais par Raoul Audouin. 2ª ed. Paris: PUF, 1985, p. 50.

daí por que a interpretação jurídica — e, portanto, a interpretação da Constituição — é denominada pela força dos princípios.[221]

A soberania nacional é autogestão. O Estado é livre para implementar suas políticas voltadas à estrutura fincada na livre-iniciativa, trabalho e justiça social. As regras limitativas da soberania são de caráter político e jurídico; nelas podem se incluir as relativas ao comércio internacional.[222]

A propriedade privada, conforme Nelson Nazar[223], é um conceito ligado à regra da liberdade e da livre-iniciativa, cujos dispositivos da Constituição a ela pertinentes se encontram nos artigos 5º, incisos XXII e XXIII; 22, inciso II; 24, inciso VI; 30, inciso VIII; 136, parágrafo primeiro; 139, VII; 231; e 243.

Na sistemática da Constituição, será socialmente funcional a propriedade que, respeitando a dignidade da pessoa humana, contribuir para o desenvolvimento nacional, para diminuição da pobreza e das desigualdades sociais.[224]

Como se observa, a Constituição Federal garante o direito de propriedade desde que se viabilize o exercício de sua função social. Isto é, ao mesmo tempo em que a propriedade é regulamentada como direito individual fundamental, revela-se o interesse público de sua utilização e de seu aproveitamento ligado aos anseios sociais.[225]

A ordem econômica, fundada na livre-iniciativa, deve observar o princípio da livre concorrência que é um poder-dever atribuído ao Estado para viabilizar mecanismos que permitam aos agentes econômicos concorrerem de forma justa, em prol do interesse público. Duas são as formas de concorrência repudiadas pelo direito: a concorrência desleal e o abuso de poder.[226]

Em relação à defesa do meio ambiente, diz-se que a tutela constitucional dos bens ambientais é fundada principalmente na ética antropocêntrica conservacionista, explicitada em sua essencialidade à sadia qualidade de vida

---

[221] NAZAR, Nelson. *Direito Econômico*. 2ª ed. Ver. Ampl. e atual. Bauru, SP: EDIPRO, 2009, p. 54.

[222] NAZAR, Nelson. *Direito Econômico*. 2ª ed. Ver. Ampl. e atual. Bauru, SP: EDIPRO, 2009, p. 60.

[223] NAZAR, Nelson. *Direito Econômico*. 2ª ed. Ver. Ampl. e atual. Bauru, SP: EDIPRO, 2009, p. 60.

[224] GONDINHO, André Osório. TEPEDINO, Gustavo [Coord.]. *Problemas de Direito Civil* – Constitucional. Rio de Janeiro: Renovar, 2001, p. 412.

[225] GIORDANI, Jose Acir Lessa, Propriedade Imóvel: seu conceito, sua garantia e sua função social na Nova Ordem Constitucional. *Revista dos Tribunais*, v. 669, 1991.

[226] A definição de abuso de direito, no Código Civil de 2002, dá-se da seguinte forma: "Também comete ato ilícito o titular de um direito que, ao exercê-lo, excede manifestamente os limites impostos pelo seu fim econômico ou social, pela boa-fé ou pelos bons costumes" (CC/2002, art. 187).

destas e das futuras gerações.[227] Porém, bens ambientais são protegidos não apenas por suas funções ecológicas, mas também por seu valor cultural.[228]

A redução das desigualdades regionais e sociais configura um perfil social-democrático da Constituição Federal, com base no artigo 3º, inciso III, elencado como objetivo fundamental da República Federativa. Também os artigos 25, § 3º; e 43 da CF/88.

Neste ponto, apesar da fundamentação da redução das desigualdades pela Carta Magna, e apesar de não ser o objeto deste artigo, vale a citação da Professora Vera Lúcia C. Vassouras, que afirma que o formalismo jurídico nacional pretende tratar igualmente pessoas desiguais quando, na realidade, submete sujeitos absolutamente desiguais ao mesmo tratamento jurídico.[229]

No tocante à busca do pleno emprego, com tal princípio, esculpido no artigo 170, inciso VIII, da Constituição Federal, elencado entre aqueles princípios que informam a ordem econômica nacional, a Carta de 1988 reafirmou mais uma vez o modelo capitalista, procurando garantir, sobretudo, a preservação de uma existência digna a todo cidadão, dando-lhe condições de trabalho (apesar de muitos preferirem somente o emprego) e, consequentemente, de melhoria da qualidade de vida e subsistência. Desta forma, a livre-iniciativa, a concorrência, a propriedade, o desenvolvimento nacional e as atividades econômicas de modo geral deverão atender ao fim social do emprego.

E, por fim, os limites da intervenção do Estado na Economia, como explicitado, estão previstos em lei. Não obstante, poderá ser considerada correta ou incorreta.

Em suma, podemos dizer que, quando o Estado intervém para organizar o mercado e fazer os direitos coletivos sobreporem-se aos privados, a intervenção é devida. Podemos exemplificar tal questão como quando o Estado edita uma norma de tabelamento de preços de remédios limitando (e não inviabilizando) o lucro da indústria farmacêutica de modo a preservar interesses constitucionalmente garantidos, tais como o direito à vida, à saúde e o direito do consumidor.

Por outro lado, é possível afirmar que quando o Estado intervém de modo a inviabilizar o mercado, a intervenção é indevida, como, por exemplo, quando ao editar tal norma de tabelamento de preços de produtos da indústria

---

[227] Único dispositivo constitucional que indica tendência biocêntrica é a vedação de práticas cruéis contra animais (art. 225, § 1º, inc. VII).

[228] LINS, Ana Cristina Bandeira. A proteção dos bens ambientais do patrimônio cultural brasileiro. *In: Revista do Advogado*. Direito Ambiental, Ano XXIX, n. 102.

[229] VASSOURAS, Vera Lúcia Conceição. *O mito da igualdade jurídica no Brasil:* notas críticas sobre igualdade formal. São Paulo: Ed. EDICON, 1994.

farmacêutica, o Estado inviabilizar qualquer lucro, indo de encontro a princípios constitucionalmente garantidos, tais como a livre-iniciativa, o direito à concorrência e até mesmo o direito do consumidor.

Na verdade, somente a análise de cada caso possibilitará dizer se uma intervenção estatal é devida ou não. Trata-se de utilizar um critério casuístico, partindo sempre dos princípios constitucionais e do direito econômico, pois irão efetivamente limitar a atuação estatal. E, assim, são nos direitos constitucionalmente garantidos e nos princípios da razoabilidade, lucratividade, subsidiariedade e transparência que a sociedade encontra base para contestar as intervenções indevidas do Estado na economia. Isto porque, como notou-se, a intervenção se faz presente para evitar os abusos advindos de um Estado Liberal e não tem a conotação monárquica de uso indiscriminado do poder estatal.

Desta forma, é possível perceber que a intervenção do Estado na economia só se legitima quando visa condicionar a ordem econômica ao cumprimento de seu fim, assegurando os princípios que a regem em prioridade.

Claro que os princípios contratuais do Direito Privado sofrem uma releitura, pois deverão coadunar com a função social.

Assim, novos valores surgem da lei, quebrando a supremacia da vontade individual e privilegiando o interesse social. A lei deixa de ser meramente interpretativa ou supletiva e passa a ter caráter cogente na proteção de valores como boa-fé, equidade, transparência e confiança, servindo como ambiente limitador do poder da vontade.

Assim, o direito se volta para uma nova teoria contratual baseada na função social dos contratos, visando recompor o equilíbrio das relações há muito tempo olvidado, como a Lei n. 8.078/90, por exemplo.

Na maioria das vezes o intervencionismo demonstra instabilidade interna, pelo que afastam os investidores em potencial.

Assim, também é possível perceber que, mesmo adotando a Teoria Keynesiana, de que o aumento dos gastos do governo poderia aumentar o crescimento econômico, dificilmente o dinheiro seria completamente gasto, pois a maioria do dinheiro seria projetado para ser gasto no futuro, contribuindo para a pressão inflacionária.

11.3. AS EMPRESAS E O MERCADO

Como foi possível perceber até aqui, as pessoas jurídicas em geral se desenvolvem num contexto econômico complexo, e as liberdades concedidas pelo Estado promovem ao mesmo tempo o desenvolvimento da empresa e a proteção da sociedade relativamente ao crescimento daquelas.

Assim, o tratamento favorecido para empresas de pequeno porte sob leis brasileiras e na administração do país é um princípio que consta do artigo 170, inciso IX, da Carta de 88, visando, mais uma vez, garantir a soberania nacional. A intenção do legislador é de que as grandes empresas originadas das fusões e privatizações atualmente comuns venham a oprimir a indústria nacional, em respeito da função social a ele empregada pela Constituição de 1988.

Desta forma, vislumbramos a existência de um mercado que se forma a partir das decisões políticas expressas no direito, portanto, a realidade política e social do mercado não se separam de sua ordem jurídica.

Neste sentido, a compreensão do mercado em sua dimensão jurídica dependerá de dois elementos indispensáveis, quais sejam: o contrato e a propriedade, pois sem trocas e sem propriedade não existe mercado, porque não haverá sequer a possibilidade de tráfico. Ocorre que tanto o contrato, como a propriedade, são institutos jurídicos e produzem efeitos econômicos.[230]

A Professora Paula Forgioni conclui que o mercado é uma ordem, e não é indissociável da ordem jurídica. Para tanto, cita Perlingieri, que ousamos reproduzir:

> *O direito é política, na medida em que nasce de escolhas políticas. No entanto, "a história confirma que a institucionalização do mercado não pode prescindir de um garantidor externo". "A sociedade não é redutível ao mercado e às suas regras; o direito, ao qual toca a regulamentação da sociedade, indica limites e correções, ditadas não apenas pela busca da riqueza e da sua distribuição, mas por valores e interesses de natureza diversa. O mercado necessita de normas que o legitimem e o regulem: entre mercado e direito, não existe um antes e um depois, mas uma inseparabilidade lógica e histórica. O mercado é, por definição, uma instituição econômica e jurídica ao mesmo tempo, representado pelo seu estatuto jurídico, como tal caracterizado por escolhas políticas. [...] O mercado é, assim, um* locus *não natural, mas ao menos parcialmente artificial, onde a liberdade econômica é historicamente definida pelo contexto cultural e normativo."*[231]

---

[230] FORGIONI, Paula Andrea. *A evolução do direito comercial brasileiro:* da mercancia ao mercado. Prefácio de Eros Roberto Grau. São Paulo: Ed. Revista dos Tribunais, 2009, p. 228.

[231] Idem, p. 229. Citando Perlingieri, *Il diritto dei contratti fra persona e mercato,* 271-2.

Entendendo o contexto jurídico, econômico e mercadológico onde as empresas estão inseridas, logo nota-se a complexidade de consequências, pois além daquilo que salta aos olhos nas atividades mercantis existem outras quase "ocultas" em atividades virtuais, pelo que a leitura se modifica para adequar os institutos jurídicos consagrados e estruturantes ao desenvolvimento tecnológico.

Desse modo, nos deparamos com o contrato eletrônico, e no mister de definir a natureza jurídica da internet, pois, como aludido anteriormente, os institutos jurídicos que estruturam as relações não se modificam, pelo contrário, devem manter uma solidez para a desenvoltura dos negócios jurídicos virtuais, e sendo assim, os atos de manifestações de vontade, identificados como atos jurídicos do proponente e do oblato serão mantidos como base para os contratos em geral, aplicando todas a regras de formação, extinção e de responsabilidade civil.

Por outro lado, o artigo 435[232] do Código Civil considera o contrato celebrado no lugar em que foi proposto. E como ficaria o contrato celebrado no meio virtual? Seriam considerados ausentes ou presentes? São indagações que os professores Renata Rivelli e Vinicius Prioli resolvem a partir da definição da natureza jurídica da internet, bem como se ela se define como meio de contratação ou de um lugar de contratação.[233]

Neste sentido temos que a natureza jurídica da internet é um meio de contratação, pois se nota que muitas vezes a internet é vista no mundo jurídico como um meio virtual, o que faz pensar que realmente se trata a internet de um meio e não de um lugar.[234]

11.4. RISCOS EMPRESARIAIS E RESPONSABILIDADE

Perscrutando o tema, abre-se espaço para rediscutir os riscos das atividades empresariais, da forma que responderão considerando o ordenamento jurídico vigente, da maneira que farão a releitura do sistema e a adequação à tecnologia. Por exemplo, o direito de arrependimento, amplamente divulgado e conhecido pela sociedade, não em minúcias, por óbvio, é rediscutido para atender a proteção dos direitos dos consumidores, e, por outro lado, para redefinir as responsabilidades advindas do risco empresarial.

---

[232] Art.435 – Reputar-se-á celebrado o contrato no lugar em que foi proposto.

[233] SANTOS, Renata Rivelli Martins dos; SOUZA, Vinicius Roberto Prioli de. *Estabelecimento Empresarial Virtual*. Itu, São Paulo: Ottoni Editora, 2010, p. 116.

[234] SANTOS, Renata Rivelli Martins dos; SOUZA, Vinicius Roberto Prioli de. *Estabelecimento Empresarial Virtual*. Itu, São Paulo: Ottoni Editora, 2010, p. 117. Citando VENTURA, Luis Henrique. *Comércio e Contratos Eletrônicos:* Aspectos Jurídicos. Bauru: EDIPRO, 2001, p. 49.

Para tanto, a doutrina majoritária entende que o dispositivo é perfeitamente aplicável aos contratos eletrônicos, pois além de se tratar de um contrato a distância, está presente a impessoalidade e a satisfação incerta, já que o consumidor não tem contato direto com o produto ou serviço disponível na internet. Assim este conta com a prerrogativa de um prazo para sua reflexão, podendo verificar se o produto ou serviço realmente satisfaz suas expectativas, e, caso não satisfaça, poderá desfazer o negócio, segundo nos ensina Ronaldo Alves de Andrade[235]:

> *O Código de Defesa do Consumidor brasileiro não regulou minuciosamente os contratos de venda a distância, não estabelecendo os requisitos necessários para tal modalidade de contratação; tampouco ditou os tipos de contrato que poderiam legalmente ser celebrados dessa forma, nem fixou seus respectivos objetivos. Em realidade limitou-se a instituir, no artigo 49, o direito de recesso, ou seja, o direito de arrependimento, permitindo ao consumidor desistir dentro de sete dias, recebendo de volta, corrigida monetariamente, a importância despendida com a aquisição. O dispositivo legal mencionado é extremamente abrangente e por certo constitui um tipo aberto, cabendo ao juiz preenchê-lo.*

Dada essa opção do legislador, em princípio todo e qualquer negócio celebrado a distância, seja qual for seu objeto, comportará o direito de recesso. Entrementes, caberá ao aplicador do direito, portanto à jurisprudência, estabelecer exceções a essa regra tão ampla e que, se aplicada uniformemente, poderá trazer situações de injustiça que ferem o escopo do Código de Defesa do Consumidor tão somente para equipará-lo ao fornecedor e, assim, equilibrar as relações jurídicas de consumo.

Independentemente da evolução tecnológica, os direitos são preservados, pois o que se busca ainda é a repressão ao abuso do poder econômico e ao abuso de dependência econômica. Assim, o risco inerente à atividade empresarial compensa na medida em que há desenvolvimento econômico e lucro suficientes, além da proteção legal para tanto.

Em relação ao abuso do poder econômico podemos encontrar um dos efeitos externos do contrato que é o impacto sobre o mercado, restringindo a

---

[235] SANTOS, Renata Rivelli Martins dos; SOUZA, Vinicius Roberto Prioli de. *Estabelecimento Empresarial Virtual*. Itu, São Paulo: Ottoni Editora, 2010, p. 103. Citando ANDRADE, Ronaldo Alves de. *Contrato Eletrônico no Novo Código Civil e no Código de Defesa do Consumidor*. Barueri, SP: Manole, 2004, p. 110.

competitividade. Empresas que contratarem uniformização dos preços de seus produtos prejudicam a concorrência. Uma empresa que ao dividir o mercado entre seus distribuidores, garantido-lhes exclusividade de venda em certa região, reduz a disputa que travam, sendo capaz de prejudicar a coletividade. O contrato de venda e compra do controle acionário celebrado entre determinadas empresas pode corporificar concentração, lesando consumidores.[236] A essas práticas aplicamos a Lei Antitruste (Lei 8.884/1994).

No que toca ao abuso de dependência econômica, ela ocorrerá sempre que um dos contratantes está em condições de impor suas condições ao outro, que deve aceitá-las para sobreviver. Não é ilícito o fato de uma empresa ser economicamente superior a outra, mas o abuso dessa situação é reprimido pela ordem jurídica.[237]

Seja qual for a discussão, sempre existirá a proteção da empresa e também a sua responsabilização, especialmente pelo risco que assume para exercer a liberdade empresarial e "abrir mão" da prestação personalíssima.

Dessa forma, a compreensão da teoria da responsabilidade civil é fundamental.

11.4.1. RESPONSABILIDADE CONTRATUAL – A CULPA E O RISCO: FUNDAMENTOS DA RESPONSABILIDADE CIVIL

Importante salientar que a responsabilidade não é necessariamente atinente ao praticante do ato ilícito, descrito no artigo 186, do Código Civil, pois "responder" não tem relação obrigatória com quem pratica, mas com quem responderá efetivamente. Assim, o artigo 932, do Código Civil, é um bom exemplo.

Assim é a ordem jurídica nos termos inicialmente colocados. Tais assertivas consubstanciam nossa realidade social no que concerne ao nosso dever geral de cuidado. Não devemos cometer ato ilícito, sob pena de sermos compelidos a repará-lo na medida do dano provocado. Tecnicamente, a concepção jurídica de nosso sistema relacionada ao nosso dever de cuidado consiste no fato que se algum ato ilícito for cometido, ou se um dano for causado, este deve ser

---

[236] FORGIONI, Paula Andrea. *A evolução do direito comercial brasileiro:* da mercancia ao mercado. Prefácio de Eros Roberto Grau. São Paulo: Ed. Revista dos Tribunais, 2009, p. 181.

[237] FORGIONI, Paula Andrea. *A evolução do direito comercial brasileiro:* da mercancia ao mercado. Prefácio de Eros Roberto Grau. São Paulo: Ed. Revista dos Tribunais, 2009, p. 184. Citando a definição de Guyon (Droit de affaires, 971).

reparado, ou seja, haverá responsabilização civil e obrigação de reparar um dano ou um prejuízo causado pela inobservância do devido cuidado.

Salienta que ato ilícito abrange tanto o ilícito civil como o ilícito penal. Evidentemente que só se pode falar da existência de responsabilidade civil se verificado, precedentemente, um dano gerado em função de um ato ilícito.

Nesse sentido, faz-se a leitura a partir de um ato ilícito objetivamente identificado, afere-se o dano, o qual deverá pairar no plano da existência material e/ou moral, e, então, levanta-se, por consequência, da respectiva responsabilidade civil, nesta ordem. Ressalve-se o fato de que em tal construção não se verifica a mesma solução para a responsabilidade civil objetiva, pois estamos a fundamentar o tratamento da lógica legal à subjetividade deste instituto do direito civil.

Uma vez chegando-se ao convencimento da existência da responsabilidade civil, há que se cogitar da culpa do agente que cometeu o ato ilícito, e que, portanto, gerou um dano à determinada vítima. Vale dizer, a ação humana é predisposta pela vontade do agente, e como tal a doutrina classifica a culpa em vários níveis de gravidade, quais sejam: gravíssima, grave, moderada, leve ou levíssima.

Sempre haverá a possibilidade de relativizar o aspecto quantitativo que quer mensurar o intérprete ou o aplicador da lei para classificar a culpa, entretanto, por ora, não podemos perder de vista que a culpa, no sentido estrito, traduz-se pelos caracteres, combinados ou não, da negligência, da imprudência e da imperícia do agente causador do dano.

Assim, o dano pode ser classificado como gênero do dano material e do dano moral. Naquele, cabe a reparação pela emergência de prejuízos materiais e pela eventual cessação de lucro que possa advir com o fato em si. Neste, a tentativa de reparação consiste numa pretensão de se compensar o sofrimento psicológico da vítima destinatária do dano. Por óbvio, que em ambas situações a indenização pecuniária jamais terá capacidade real de tornar efetivamente indene a situação de quem experimentou tais prejuízos, pois as sequelas são inevitáveis e perdurarão.

Também se verifica que a atividade empresarial entrelaça-se com operações complexas e, portanto, o problema da responsabilidade deve recair sobre um sujeito-organizacional e não, especificamente, sobre uma determinada pessoa, pois o critério de valorização de interesses está fundamentado no conceito de relação entre a atividade e o respectivo sujeito que a explora.

Numa avaliação analítica dos princípios da ilicitude e da culpa, em função das atividades empresariais, emerge o princípio do risco, o qual está "a cargo do titular dos meios de produção, já que ele deve suportar o dano como risco da empresa".

O risco é o fundamento que justifica a responsabilidade civil objetiva. Esta responsabilidade consiste na verificação de seus pressupostos, quais sejam: o dano, o autor do fato, e o nexo de causalidade entre o autor e o dano ocorrido. Exclui-se da análise da responsabilidade civil objetiva a variável culpa, pois a lógica deste instituto decorre do risco que assume o agente de determinada ação.

Esta modalidade de responsabilidade pode ser descartada somente em casos excepcionais, e desde que sejam circunstâncias originárias de advento de força maior. Se assim não for, persistirá o liame da causalidade nos termos relacionados.

A casuística orienta a compreensão da responsabilidade civil, e com a evolução doutrinária a teoria sofreu algumas variações para efeitos de sua aplicação, com concomitante definição de novas categorias classificatórias, como acontece com a teoria do risco administrativo, que fundamenta a responsabilidade objetiva da administração pública; a teoria do risco criado, que fundamenta a responsabilidade objetiva de qualquer empresa pela atividade econômica que exerce, uma vez ser inevitável o risco que cria para a sociedade quando da consecução de seus objetivos sociais; e, a teoria do risco proveito, pela qual se verifica o proveito econômico das empresas pelos riscos que criam, e, portanto, devem assumi-lo.

Observamos que o risco administrativo é distribuído para a sociedade por intermédio da arrecadação de impostos que a todos se impõe, enquanto o risco criado e o risco proveito são absorvidos pelos produtos quando da formação do preço de venda, pois são fatores potenciais para eventuais indenizações. No que diz respeito ao risco inerente de qualquer produto, serviço, ou atividade, a responsabilidade civil objetiva é aplicada em função de qualquer incidente ocorrido com estes, pois os danos que causarem não estarão atrelados ao pressuposto da culpa para sua arguição de responsabilidade.

O início da teoria do risco na legislação brasileira se deu com o Decreto n. 2.681, de 07 de dezembro de 1912, pelo qual se regulamentou a responsabilidade civil das estradas de ferro. Depois, o segundo passo dado foi com o advento da chamada Lei de Acidentes do Trabalho, Decreto n. 24.687, de 10 de julho de 1934. Naquele contexto, verificamos maior avanço legislado acerca da adoção da teoria do risco, bem como da responsabilidade objetiva através da Constituição Federal de 1988, em seu art. 37, § 6º, pelo qual relaciona a responsabilidade civil do Poder Público. O Código Civil Brasileiro, em seu art. 931, expressa claramente a imposição de tal responsabilidade para empresários e empresas que coloquem produtos em circulação que venham a causar danos aos seus adquirentes.

11.4.2. ASPECTOS DO CONTRATO DE TRABALHO E RESPONSABILIDADE

Importante ressaltar a discussão acerca da validade do conteúdo do parágrafo único do artigo 927[238], do novo Código Civil em confronto com o inciso XXVIII, do artigo 7º[239] da Constituição Federal.

Desta maneira, adotamos o conceito garantista de validade, divulgado no Brasil por Sérgio Cadermartori[240], segundo o qual:

> *[...] uma norma é válida quando está imunizada contra vícios materiais; ou seja, não está em contradição com nenhuma norma hierarquicamente superior.*

Não se pode negar que a prescrição constitucional sobre a responsabilidade subjetiva do empregador se insere nos contratos de trabalho como cláusula obrigatória, integrando o chamado conteúdo mínimo dos contratos. Trata-se de responsabilidade contratual, porque, como previsão constitucional, não teria eficácia social senão em razão da existência de um contrato de trabalho. A previsão, embora constante da Constituição, não se apresenta como hipótese de responsabilidade extracontratual, pois não tem aplicação senão havendo uma relação contratual de emprego. Enquanto responsabilidade contratual, não se pode negar que a hipótese é de responsabilidade com culpa.

Por outro lado, veio o novo Código Civil trazer a nova hipótese de responsabilização sem culpa, que também se aplica às relações de emprego, haja vista que se trata de hipótese distinta, sendo extracontratual. Tal hipótese tem respaldo na teoria do risco criado.

A responsabilidade extracontratual tem uma dimensão de aplicação maior, porque será a aplicada às mais variadas situações, sem a necessidade de existência de uma relação contratual entre responsável e lesado.

---

[238] Artigo 927, do Código Civil: Aquele que, por ato ilícito (arts. 186 e 187), causar dano a outrem, fica obrigado a repará-lo. Parágrafo Único: Haverá obrigação de reparar o dano, independentemente de culpa, nos casos especificados em lei, ou quando a atividade normalmente desenvolvida pelo autor do dano implicar, por sua natureza, riscos para o direito de outrem.

[239] Artigo 7º, inciso XXVIII, da Constituição Federal: São direitos dos trabalhadores urbanos e rurais, além de outros que visem à melhoria de sua condição social: XXVIII – seguro contra acidentes de trabalho, a cargo do empregador, sem excluir a indenização a que este está obrigado, quando incorrer em dolo ou culpa.

[240] CADERMATORI, Sérgio. Estado de direito e legitimidade: uma abordagem garantista. Porto Alegre: Livraria do Advogado, 1999, pp. 76-80. Citado por Adib Pereira Netto Salim na *Revista do Tribunal Regional do Trabalho da 3ª Reg.*, Belo Horizonte, v. 41, n. 71, pp. 97-110, jan./jun. 2005.

A questão da validade do parágrafo único do art. 927 do novo Código Civil brasileiro em confronto com o inciso XXVIII do art. 7º da CRFB encontra-se resolvida, porque a Constituição trata de hipótese de responsabilidade contratual, ao passo que o Código Civil trata da responsabilidade extracontratual.

Se o empregador desenvolve atividade econômica que traz o risco como inerente, responderá de forma objetiva, ante a adoção da teoria do risco criado, em relação a todos os lesados, inclusive àqueles que sejam seus empregados.

Nem se pensaria que, em um acidente que atingisse diversas pessoas, no exercício de uma atividade empresarial com risco inerente, a empresa respondesse objetivamente em relação a todos, à exceção dos seus empregados.

11.5. A EXTENSÃO DA RESPONSABILIDADE PARA ALÉM DO DIREITO INTERNO E CONSIDERAÇÕES FINAIS

A atuação da empresa, do Estado e da sociedade como um todo na complexidade das relações econômicas, ultrapassam fronteiras e clamam por sistematizações que correspondam à dinâmica destas mesmas relações, e desta maneira observamos riscos empresariais e responsabilidades muito além das linhas limítrofes dos Estados soberanos.

Além disso, a segurança nas atividades comerciais e empresariais é larga, e ao tratar-se da venda e compra mercantil e de suas responsabilidades, trata-se obrigatoriamente dos *Incoterms*, cuja finalidade é fornecer um conjunto de regras internacionais para a interpretação dos termos mais comuns usados no comércio internacional. Assim, as incertezas de interpretação dos mencionados termos em diferentes países, podem ser evitadas, ou, pelo menos, reduzidas a um nível considerável.[241]

No mesmo sentido, aponta a Professora Carolina Iwancow Ferreira, que os *Incoterms* são instrumentos usualmente empregados no comércio internacional que facilitam a operacionalização dos contratos de compra e venda, minimizando as diferenças entre as partes envolvidas, geralmente de diferentes nacionalidades e culturas.[242]

Claramente não se pretende exaurir todas as discussões acerca do risco empresarial, mesmo porque muitos temas serão estudados nesta obra, mas o

---

[241] GUIMARÃES, Antonio Márcio da Cunha; SILVA, Geraldo José Guimarães. *Manual de Direito do Comércio Internacional*. São Paulo: Editora Revista dos Tribunais, 1996, pp. 249 e 251.
[242] IWANCOW FERREIRA, Carolina. *Arbitragem Internacional e sua aplicação no Direito Brasileiro*. Campinas: Reverbo Editora, 2011, p. 115.

enfoque da dialética de disciplinas técnicas e propedêuticas é obrigatória, pois nos permite refletir sobre as relações econômicas internas e internacionais, as atividades das empresas, sua função social e sua responsabilização, além de convidar o estudioso leitor à percepção das influências tecnológicas sobre o conceito clássico de empresa, modificando-a, sobremaneira, inclusive na forma de responsabilização.

11.6. REFERÊNCIAS BIBLIOGRÁFICAS

GIORDANI, Jose Acir Lessa, Propriedade Imóvel: seu conceito, sua garantia e sua função social na Nova Ordem Constitucional. *Revista dos Tribunais.* v. 669, 1991.

GONDINHO, André Osório; TEPEDINO, Gustavo [Coord.]. *Problemas de Direito Civil. Constitucional.* Rio de Janeiro: Renovar, 2001, p. 412.

GUIMARÃES, Antonio Márcio da Cunha; SILVA, Geraldo José Guimarães. *Manual de Direito do Comércio Internacional.* São Paulo: Editora Revista dos Tribunais, 1996, pp. 249 e 251.

HIRONAKA, Giselda Maria Fernandes; CHINELATO, Silmara Juny de Abreu. Propriedade e posse: uma releitura dos ancestrais institutos. Em homenagem ao Prof. José Carlos Moreira Alves. *Revista Trimestral de Direito Civil.* Ano 4, v. 14, abr./jun., 2003, p. 79.

LESSA, Carlos Francisco; CASTRO, Antonio Barros de. *Introdução à Economia.* 36ª ed., 1997, p. 21.

LIMA, Maria Cristina de Brito. *Direito constitucional econômico.* Rio de Janeiro: Fundação Getúlio Vargas – Direito RIO, 2009, p. 18.

LINS, Ana Cristina Bandeira, A proteção dos bens ambientais do patrimônio cultural brasileiro. *In: Revista do Advogado. Direito Ambiental.* Ano XXIX, n. 102.

MORAES, Alexandre. *Direito Constitucional.* 23ª ed. São Paulo: Atlas, 2008, p. 795.

NAZAR, Nelson. *Direito Econômico.* 2ª ed. ver. ampl. e atual. Bauru, SP: EDIPRO, 2009, p. 54.

PINHEIRO, Armando Castelar; SADDI, Jairo. *Direito, Economia e Mercados.* 2005, pp. 3 e 4.

SILVA, Américo Luís Martins da. *A ordem constitucional econômica.* 2ª ed., Rio de Janeiro: Forense, 2003, p. 3.

VASSOURAS, Vera Lúcia Conceição. *O mito da igualdade jurídica no Brasil: notas críticas sobre igualdade formal.* São Paulo: EDICON, 1994.

Capítulo 12

O DIREITO DO TRABALHO COMO ESTRATÉGIA EMPRESARIAL

Ricardo Rodrigo Marino Tozo

Sumário

1. Introdução
2. Do surgimento à contemporaneidade do Direito do Trabalho: síntese
3. A importância da prevenção trabalhista na empresa
4. O Direito do Trabalho como instrumento estratégico-empresarial
5. Considerações finais
6. Referências bibliográficas

12.1. INTRODUÇÃO

O trabalho em análise visa à quebra do paradigma de atuação do Direito Empresarial do Trabalho.

Muito se escreve sobre as transformações sofridas pelo Direito do Trabalho ao longo de sua história. As conquistas obreiras e a flexibilização das normas trabalhistas são exemplos disso.

Corroboramos ao longo da pesquisa passagens históricas e suas transformações, mas entendemos que o Direito do Trabalho tem o escopo de ser mais importante no contexto empresarial do que muitos ainda ponderam.

Almejamos, portanto, com linguagem simples e acessível, trazer à baila reflexões objetivas acerca da estratégia preventiva de Direito do Trabalho a ser utilizada no contexto empresarial.

Como a empresa pode resistir em meio a tantas normas trabalhistas sem se utilizar de consultoria preventiva? Faz-se interessante coordenar estratégias junto a empresários para que se diminua o contencioso?

Manifestamos a impossibilidade de esgotar o tema em abreviadas linhas, talvez, entretanto, o convite ao estudo aprofundado com bases teóricas consolidadas num próximo ensejo. Por ora, breves ponderações e, sobretudo, o legado à reflexão.

12.2. DO SURGIMENTO À CONTEMPORANEIDADE DO DIREITO DO TRABALHO: SÍNTESE

Etimologicamente, a palavra *trabalho* origina-se de algo desagradável. O termo tem ascendência do latim *tripalium*: instrumento de tortura com três pedaços de madeira.

Esta palavra passou ao francês como *travailler*, expressando *sofrimento*. Se no passado o trabalho tinha conotação de tortura, atualmente significa toda a energia física ou intelectual empregada pelo homem com finalidade produtiva em benefício de outrem. (CASSAR, 2011, p. 3).

O Direito do Trabalho é um sistema jurídico permeado por institutos, valores, regras e princípios dirigidos aos trabalhadores subordinados e assemelhados, aos empregadores, empresas coligadas, tomadores de serviço, para tutela do contrato mínimo de trabalho, das obrigações decorrentes das relações de trabalho, das medidas que visam à proteção da sociedade trabalhadora, sempre norteadas pelos princípios constitucionais, principalmente o da dignidade da pessoa humana. Também é recheado de normas destinadas aos sindicatos e associações representativas; à atenuação e forma de solução dos conflitos individuais, coletivos e difusos, existentes entre capital e trabalho; à estabilização da economia social e à melhoria da condição social de todos os relacionados. (CASSAR, 2011, p. 5).

O grande marco para o surgimento do Direito do Trabalho foi a Revolução Industrial em decorrência de inúmeros casos de exploração humana.

Enfatizamos que o *trabalho* em si não surgiu com a Revolução Industrial, mesmo porque a humanidade utiliza-se da *força* em benefício de outrem desde a antiguidade, sobrevindo às corporações de ofício, à atualidade.

Entretanto, os direitos de liberdade e de condições dignas de trabalho foram conquistas dos trabalhadores a partir do embate aos ideais revolucionários.

No romance *Germinal*[243], como ilustração, é possível observar o princípio da organização política e sindical da classe operária. Pode-se constatar a dificuldade que os trabalhadores tinham nas minas subterrâneas de viver com o problema do calor e da umidade, além da promiscuidade das moradias, do baixo salário e da fome.

Foi a partir daquela época que surgiram as primeiras regras protetivas direcionadas ao trabalhador hipossuficiente, que visavam, exclusivamente, conter o assédio imposto pelos *detentores do capital* na busca excessiva pela produção e pelo resultado lucrativo.

No decorrer dos anos, contudo, diversas foram as leis e constituições que abarcaram direitos trabalhistas, com especial destaque para a Constituição Mexicana de 1917 — primeira a garantir direitos aos trabalhadores — e para a *Carta del Lavoro* de 1927 — Constituição Italiana corporativista que, inclusive, influenciou o sistema sindical brasileiro.

Ressaltamos, também, o Tratado de Versalhes, que entre outros acordos sob alegação de paz no pós-primeira guerra estimulou a criação da Liga das Nações (hoje, Organização das Nações Unidas), e a OIT – Organização Internacional do Trabalho.

A OIT foi criada com a ideia de unir as legislações nacionais em defesa do trabalhador e de criar regras em prol de uma legislação internacional

---

[243] Um dos grandes romances do século XIX, expressão máxima do naturalismo literário, *Germinal* baseia-se em acontecimentos verídicos. Para escrevê-lo, o francês Émile Zola trabalhou como mineiro numa mina de carvão, em que ocorreu uma greve sangrenta que durou dois meses. Atuando como repórter, adotando uma linguagem rápida e crua, Zola pintou a vida política e social da época como nenhum outro escritor. Mostrou, como jamais havia sido feito, que o ambiente social exerce efeitos diretos sobre os laços de família, sobre os vínculos de amizade, sobre as relações entre os apaixonados. *Germinal* é o primeiro romance a enfocar a luta de classes no momento de sua eclosão. A história se passa na segunda metade do século XIX, mas os sofrimentos que Zola descreve continuam presentes em nosso tempo. É uma obra em tons escuros. Termina ensolarada, com a esperança de uma nova ordem social para o mundo.

trabalhista, como resultado de reflexões econômicas e éticas em detrimento ao emanado da Revolução Industrial.

No Brasil, a sistematização dos direitos trabalhistas ocorreu no ano de 1943, com a Consolidação das Leis do Trabalho.

Em linhas gerais, o direito do trabalho construiu-se durante o *Estado do bem-estar social (Welfare State)*, com bases em lutas, conflagrações e esforços da camada obreira, visando garantir serviços públicos e proteção a toda população.

Alice Monteiro de Barros (BARROS, 2009, p. 88) assevera que:

> *[...] o Direito do Trabalho é motivado, essencialmente, por objetivos de ordem político-social, que visam a corrigir as diferenças, elevando o nível social da classe trabalhadora, como imposição de solidariedade, que nos torna responsáveis pela carência dos demais.*

O Eminente Ministro do Tribunal Superior do Trabalho (TST), Mauricio Godinho Delgado nos brinda com excelentes estudos acerca do tema e sustenta a tese da *"garantia do patamar mínimo civilizatório"*, que deve ser empregada a todo trabalhador numa relação de hipossuficiência, isto é, as regras mínimas de garantia de direitos são imutáveis, inegociáveis e intransponíveis.

Não vetante o entrave praticado para que fossem asseguradas regras mínimas trabalhistas na relação existente entre o capital e o trabalho, torna-se imprescindível informar que o Direito do Trabalho passa por constantes transformações, como todo o Direito, influenciado principalmente pelas novas práticas humanas.

Por sua vez, o professor Amauri Mascaro Nascimento (NASCIMENTO, 2011, p. 23), com a desenvoltura que lhe é peculiar e de forma corajosa, conceitua o Direito do Trabalho pré-contemporâneo da seguinte forma:

> *[...] condenação da economia de mercado, Justiça Trabalhista com poderes para julgar conflitos coletivos econômicos, repúdio à arbitragem e à conciliação, forte influência do corporativismo italiano, interferência e intervenção do Estado na ordem econômica e social, sindicalismo não pluralista, convenções coletivas com efeito geral sobre toda a categoria, incluindo sócios e não sócios da entidade sindical, algumas limitações à representação dos trabalhadores nas empresas, um tipo padrão de contrato individual de trabalho por tempo indeterminado e jornada plena sem variações tipológicas,*

> *subordinação e autonomia como as únicas duas áreas do ordenamento jurídico, enquadramento de quase todos os tipos de trabalho como relações de emprego na suposição de que assim se dará maiores garantias aos trabalhadores, ausência de proteção do autônomo e do eventual, conteúdo imperativo da relação de emprego em sua quase totalidade regido pela lei, princípio protetor em sua expressão máxima de inderrogabilidade da ampla legislação em sua maior parte compreendida como de ordem pública absoluta.*

Já podemos afirmar que em alguns pontos descritos tem sido mitigado em consequência ao avanço comercial, internacional e econômico.

Essas mudanças são evidentes. Até pouco tempo atrás os sindicatos de classe procuravam afiançar a ampliação de direitos aos trabalhadores. Hoje, passam a defender a garantia do emprego e as normas protetivas já existentes.

São inúmeros os questionamentos que podemos perpetrar com a ocorrência sensível desse fenômeno: O direito do trabalhador perdeu sua força? Os empresários ganharam energia na luta de seus interesses econômicos? Falta incentivo do governo para criação de novos postos de trabalho? A concorrência desleal e as práticas abusivas influenciam? Houve a efetiva desregulamentação do direito do trabalho? O que a Globalização tem a ver com isso?

Enfim, o que se pode afirmar é que não há resposta uníssona.

O Direito do Trabalho cresce e se desenvolve a partir de grandes crises, e para delimitarmos a vastidão dessas transformações ao longo da história, passemos a analisá-las a partir da década de 1970.

O primeiro ponto a ser ressaltado é a crise do petróleo. Esta substância natural foi consumida pela sociedade em larga escala desde o final do século XIX. O consumo desenfreado e a descoberta de que essa fonte era esgotável fizeram com que o preço do barril subisse de maneira exponencial. Provocou-se, então, o aumento do valor do produto primário de países subdesenvolvidos superando os produtos industrializados de países de *primeiro mundo*.

A modificação econômica oriunda dessa época fez com que as empresas tomassem rumos distintos daqueles que permeavam a convivência entre o trabalho e o capital até então.

Com a recessão instalada, criaram-se novas formas de trabalho, terceirizando serviços que não se alinhavam à atividade-fim, bem como limitando a expansão de direitos laboristas.

Além disso, ocorreram mudanças significativas no campo da tecnologia e da robótica, que inevitavelmente deram margem à severa diminuição de postos de trabalho.

Não obstante: a quebra de um estalão. A mulher passa a acessar o mercado de trabalho em grande escala, deixando de ser *cuidadora do lar* para dividir as despesas domésticas com o homem.

Ou seja, as mudanças ocorridas desde a década de 1970 transformaram as relações entre trabalhador e empresa, elevando o Direito do Trabalho a um patamar importantíssimo, bem como o inserindo na visão holística[244] do negócio empresarial.

Desta forma, tornou-se de fundamental acuidade estabelecer uma estratégia para contratar, mudar e extinguir a relação de trabalho, principalmente, que visasse à diminuição dos inúmeros processos demandados.

Ademais, surgiu como diferencial a técnica de negociação com sindicatos, alterando formas de premiação, isto é, deixava-se de contraprestar o trabalho com parcelas que integravam o salário, para planos de participação nos lucros e resultados e planos de *stock option*[245]. Essa alteração na forma de "premiação" está presente até os dias de hoje, e auxiliam, legalmente, na redução da carga tributária sobre a folha de pagamento.

Podemos afirmar, assim, que a crescente globalização e a forte tendência desregulamentadora do Direito do Trabalho permitem que o advogado especializado atue alinhado com o setor de Recursos Humanos, permeando dificuldades e estabelecendo regras claras, com a finalidade de se relacionar com sindicatos e órgãos estatais.

Definitivamente o Direito do Trabalho ganha força.

Atualmente, permitimo-nos delimitar o Direito Trabalhista como um direito em constante mutação, alinhado à economia de mercado e aos costumes internacionais.

É exatamente diante desse quadro que o direito do trabalho contemporâneo, embora conservando a sua característica inicial centralizada na ideia de tutela do trabalhador, procura não obstruir o avanço da tecnologia e os imperativos do desenvolvimento econômico. (NASCIMENTO, 2011, p. 24).

O que se pretende, portanto, é alavancar o direito contemporâneo do trabalho para que se busque um direito do *futuro* do trabalho, com novas formas de contratação, liberdade sindical e atuação mais flexível do Poder Estatal.

---

244 *Holismo:* considera o todo levando em consideração as partes e suas inter-relações; vê o mundo como um todo integrado, como um organismo.

245 Os "stock option plans" são planos disponibilizados por empresas aos seus empregados pelos quais estes ganham o direito de adquirir ações ou valores mobiliários de emissão da empresa brasileira ou sua matriz no exterior. Assim, o empregado tem direito a um lote de ações, e, no caso de continuar trabalhando na empresa por certo período (carência), ganha a possibilidade de comprar as ações pelo preço do dia de concessão, podendo vendê-las pelo valor atualizado.

Aliás, faz-se primordial destacar que o Judiciário pode ser um grande aliado neste momento de transformações, deixando de ser um órgão estritamente inerte e passando a atuar em conjunto com trabalhadores e empresários, viabilizando a integração destes com aqueles; além de diligenciar em ambientes de trabalho, com a finalidade de observar de perto as atividades e os avanços praticados, situação que lhe permitiria julgar cada vez mais próximo da realidade.

Mas não é tudo. Os Poderes Executivo e Legislativo precisam proporcionar mecanismos, alterando normas que coadunem com interesses libertários e de atuação Judiciária.

Portanto, os advogados precisam alertar seus clientes acerca das precauções que se deve tomar em todos os níveis de atuação empresarial ligados ao direito do trabalho.

Este ramo do direito não existe apenas para assegurar direitos trabalhistas aos trabalhadores, mas, principalmente, para equilibrar o mercado, tornar o país atrativo para investidores internacionais, além de garantir a possibilidade igualitária de acesso ao consumo.

Ainda estamos longe de estabelecer um *mundo* ideal.

Porém, cabe ao ser humano pensar de maneira otimista, por meio de valores éticos e morais, desmistificando os meios e alcançando o fim cobiçado.

Com esse intuito, elevamos mais uma vez o Direito do Trabalho como um direito integrativo e indispensável para as relações econômicas e produtivas em escala global.

12.3. A IMPORTÂNCIA DA PREVENÇÃO TRABALHISTA NA EMPRESA

As empresas têm enfrentado problemas quando se deparam com mudanças no cenário em que estão inseridas. Muitos destes problemas estão umbilicalmente ligados à adoção de modelos de organização do trabalho.

O desconhecimento dos critérios a serem adotados, alinhados à falta de visão holística-gerencial do negócio, pode coadunar ao fracasso.

Os empresários estão decepcionados com os aplicadores do Direito do Trabalho. Existe a sensação de que as decisões buscam tão somente proteger o trabalhador. Decisões essas muitas vezes revestidas de tendenciosismo, acreditando-se no estabelecimento da paz social entre as partes.

Cremos que muitas delas estão realmente revestidas de critérios democráticos e de justiça social, respeitando as disposições legais e principiológicas.

Entretanto, primordial estabelecer que as leis trabalhistas são geradoras de direitos e obrigações tanto para os empregadores quanto para os empregados. Assim, devemos aspirar a construção conjunta de um direito que possa realmente estabelecer equilíbrio ordenado, viabilizando o crescimento e o avanço do país.

O advogado trabalhista é peça fundamental neste cenário. Ele pode ornamentar procedimentos junto ao setor de Recursos Humanos, a fim de buscar a prática de atos conjugados em prol da prevenção, seja pela aplicação correta da Lei ou pela quebra mitigada de paradigmas arcaicos.

Portanto, o planejamento consiste no alinhamento e na adequação do cotidiano vivido entre empresa e empregado.

Como exemplos de práticas preventivas, apontamos: (i) o amoldamento ergonômico do ambiente de trabalho em consonância com os dispositivos normativos; (ii) a participação conjunta no processo de seleção, consecução e encerramento da relação; (iii) negociações sindical e coletiva; (iv) orientação acerca de fiscalizações do Ministério do Trabalho e Emprego e do Ministério Público do Trabalho; (v) consultoria sobre procedimentos disciplinares decorrentes da relação empregatícia; (vi) celebração de contratos com trabalhadores sem vínculo de emprego; (vii) plano de participação de lucros e resultados, entre outros; (viii) elaboração de quadro de carreira; (ix) preparação para constituição de CIPA – Comissão Interna de Prevenção de Acidentes; (x) orientação sobre folha de pagamento, bem como recolhimentos previdenciários e fundiários; entre outros pontos que possam surgir ao longo de toda a relação de trabalho.

Diante dessa complexidade que paira, torna-se indispensável o papel do profissional da área para interpretação legal e para a tomada de decisões.

Neste contexto, o empresário pode aproximar o trabalho do RH e o trabalho do advogado, viabilizando a obtenção de um sistema preventivo, buscando, mesmo de forma parcial, quebrar o paradigma curativo, aquele cuja falta de estratégia orienta a tomada de qualquer tipo de decisão.

Enfim, a prevenção trabalhista na empresa tem importância para que as despesas sejam reduzidas.

Isso, pois, com planejamento estratégico e com a adoção de algumas medidas, reduzir-se-á, e muito, os gastos com a administração de processos, defesas em autos de infração e procedimentos preparatórios, além, é claro, de proporcionar benefícios de higiene, saúde e segurança ao empregado.

A conscientização preventiva é um investimento essencial para o bem-estar da empresa.

Acreditamos que a decisão de prevenir é a melhor opção, muito embora o aparelho que nos aceira é complexo de normas que despendem investimentos inicial e constante do empresário.

Porém, sobretudo, instamos em dizer que nenhuma grande corporação ou até mesmo empresas menores desejam encontrar óbice ao garantir investimento externo, em alavancar seu desenvolvimento por meio de atividades financeiras (*private equity*)[246], a participar de operações de fusão e aquisição (*M&A – mergers and acquisitions*), ou a concorrer a serviços públicos por meio de licitações, em consequência da manutenção grandiosa de procedimento judicial em seu desfavor.

Neste caminho é que propomos mudança. Por certo a empresa poderá ser demandada em juízo, mesmo que coordene todo o preventivo, mas é buscando efetividade às adequações estruturadas que o passivo diminuirá gradativamente.

A formatação da estratégia preventiva empresarial deve avaliar a organização com a finalidade de criar estímulos e mecanismos de controle preventivos.

O planejamento trabalhista faz-se primordial no contexto organizativo de uma sociedade empresária, pois, identificado o diagnóstico, o tratamento da causa se torna viável na medida em que as adversidades apareçam.

Os resultados poderão ser surpreendentes e, a partir daí, o empresário verá o direito do trabalho não mais como um direito restrito à proteção do trabalhador, mas sim como estratégia preventiva, visando à diminuição de seu passivo e o aumento de seu capital, quando, enfim, deixará de se preocupar com inúmeros processos judiciais, com discussões muitas vezes infundadas e que não levam a lugar nenhum, para lograr êxito e focar naquilo que ele realmente conhece: o negócio.

12.4. O DIREITO DO TRABALHO COMO INSTRUMENTO ESTRATÉGICO-EMPRESARIAL

Passamos agora à análise da estratégia e como o empresário poderá fomentar-se de preceitos com a finalidade de garantir o equilíbrio e a ordem social dentro da sua empresa.

---

[246] *Private equity* é um tipo de atividade financeira realizada por instituições que investem essencialmente em empresas que ainda não são listadas em bolsa de valores, com o objetivo de alavancar seu desenvolvimento.

Estratégia é uma palavra que provém do grego *stratego*, que significa general no comando das tropas. O termo estratégia, com a sua origem no militarismo, tornou-se muito comum nas diversas áreas do mercado.

Não obstante, é inviável pensar em um negócio sem que haja práticas de estratégia.

Quando planeja e estrutura a empresa, o empresário se preocupa em ser diferente de seus concorrentes. Não apenas no negócio que ele supõe ser inovador, mas na forma diferenciada de agir em todos os pontos que circundam a atividade empresária.

Novamente têm-se a ideia de visão holística.

Frisamos que a visão holística aqui sugerida refere-se a todos os assuntos que permeiam a atividade do empreendedorismo, ou seja, além do negócio propriamente dito, também as questões *periféricas*, entre elas: o local do estabelecimento, o planejamento tributário, o plano de *marketing* e o preventivo trabalhista.

Somente assim o empresário observará seu negócio como um todo, em que os diferentes *micronegócios* estarão alinhavados no contexto global.

Desta forma, com parceiros especializados na construção adequada dos demais pontos que beiram a ideia central, o empresário se preocupará em captar novos investimentos e clientes, deixando os problemas ditos *periféricos* para quem realmente os conhece.

A premissa imposta da estratégia ora abordada refere-se àquilo que o empresário deve se preocupar prematuramente, com a finalidade de se sentir à vontade no futuro para angariar novos valores à sua empresa.

O cerne do posicionamento estratégico a ser adotado refere-se, portanto, em escolher atividades diferenciadas de seus concorrentes, frise-se, não somente em relação à ideia inaugural, mas às práticas periféricas de contextualização empresarial.

Temos que a Justiça do Trabalho e as fiscalizações estão extremamente rigorosas com práticas abusivas relacionadas ao trabalho.

Portanto, ao tomar a decisão de alinhar o planejamento negocial com práticas preventivas, o empresário se sentirá à vontade para procurar investimentos e não mais em provisionar valores para custear aquela causa trabalhista ou aquela multa imposta pela fiscalização.

12.4.1. O QUE SE PRETENDE COM A ATUAÇÃO PREVENTIVA

Como apontado em linhas gerais, o Direito do Trabalho pressupõe, na maioria das vezes, um direito relacionado à proteção excessiva do trabalhador.

Essa visão tem perdido força na medida em que o Direito do Trabalho evolui por meio de mudanças econômicas, sociais e políticas.

O direito contemporâneo do trabalho, nas palavras do professor Amauri, não difere da essência do Direito do Trabalho em si, mas na reconstrução do direito e nas novas condições de trabalho.

Pensamos que o núcleo do Direito do Trabalho deve ser preservado em toda a sua essência.

Porém, em nossa opinião, algumas questões podem ser tratadas com um olhar mais abrangente e menos protetivo, pois com frequência têm sido benéficas aos trabalhadores, como, por exemplo: (i) a subordinação como regra geral; (ii) a tendência de nossos tribunais em desvalorizar e descaracterizar a terceirização de mão de obra; e (iii) a desconstituição de cláusulas coletivas celebradas de forma paritária e compatíveis com o ordenamento jurídico.

Esses temas podem ser repensados na medida em que o Poder Judiciário seja provocado, de maneira técnica e pertinente.

Não menos importante, relacionamos com alarmante preocupação, as condenações de *dumping social* praticadas por algumas varas do trabalho.

Para o direito do trabalho o *dumping social* ocorre com agressões reincidentes aos direitos trabalhistas, suscitando em dano à sociedade.

Segundo o Juiz do Trabalho, Jorge Luiz Souto Maior, denomina-se *dumping social* a prática na qual se busca vantagens comerciais mediante a adoção de condições desumanas de trabalho.

Abaixo colacionamos trecho da sentença proferida pelo Juiz no processo n. 427/08-5, proveniente da 3ª VT de Jundiaí/SP:

> *Os direitos sociais são o fruto do compromisso firmado pela humanidade para que se pudesse produzir, concretamente, justiça social dentro de uma sociedade capitalista. Esse compromisso em torno da eficácia dos Direitos Sociais se institucionalizou em diversos documentos internacionais nos períodos pós-guerra, representando, portanto, um pacto para a preservação da paz mundial. Sem justiça social não há paz, preconiza o preâmbulo da OIT (Organização Internacional do Trabalho). Quebrar esse pacto significa, por conseguinte, um erro histórico, uma*

traição a nossos antepassados e também assumir uma atitude de descompromisso com relação às gerações futuras. Os Direitos Sociais (Direito do Trabalho e Direito da Seguridade Social, com inserção nas Constituições) constituem a fórmula criada para desenvolver o que se convencionou chamar de capitalismo socialmente responsável.[247]

A 1ª Jornada de Direito Material e Processual do Trabalho na Justiça do Trabalho, realizada pelo TST, no final de 2007, aprovou o seguinte Enunciado:

"Dumping social". Dano à sociedade. Indenização suplementar. As agressões reincidentes e inescusáveis aos direitos trabalhistas geram um dano à sociedade, pois com tal prática desconsidera-se, propositadamente, a estrutura do Estado social e do próprio modelo capitalista com a obtenção de vantagem indevida perante a concorrência. A prática, portanto, reflete o conhecido "dumping social", motivando a necessária reação do Judiciário trabalhista para corrigi-la. O dano à sociedade configura ato ilícito, por exercício abusivo do direito, já que extrapola limites econômicos e sociais, nos exatos termos dos arts. 186, 187 e 927 do Código Civil. Encontra-se no art. 404, parágrafo único, do Código Civil, o fundamento de ordem positiva para impingir ao agressor contumaz uma indenização suplementar, como, aliás, já previam os artigos 652, "d", e 832, § 1º, da CLT.[248]

Na maioria dos casos em que se observa este tipo de condenação, tem-se evidenciado claro julgamento *extra petita*, pois inexistem pedidos de reclamantes neste sentido.

Desta forma, precisamos observar esse instituto com atenção, pois as condenações provenientes são de altíssimo valor, razão pela qual poderá abalar, e muito, o financeiro da empresa.

Portanto, nessa tendência de julgamentos, faz-se importante, mais uma vez, destacar o quão valioso é a prevenção e a orientação acerca dos procedimentos trabalhistas.

---

[247] Pesquisa realizada em 10.9.2012 no *site* http://www.trt15.jus.br/.
[248] Pesquisa realizada em 10.9.2012 no *site* http://www.tst.gov.br/.

Consideramos a possibilidade de a contemporaneidade do Direito do Trabalho em consonância com as alterações econômicas estarem em desalinho com a jurisprudência dominante.

Por esse motivo, deve-se tomar precaução em relação às práticas apontadas, permitindo a existência da atuação preventiva, a fim de viabilizar a correta aplicação das normas e das tendências jurisprudenciais emanadas.

Exercícios reiterados e provocação do Poder Judiciário podem nos trazer resultados positivos em torno dessas dificuldades, assim, como propostas legislativas e readequações doutrinárias.

As inovadoras práticas provenientes dos setores de Recursos Humanos, que priorizam a objetividade no tratamento diário com questões pontuais, são precursoras na criação do direito *juslaboralista*. Quando essa atividade for amadurecida com o trabalho desenvolvido pelo advogado ou por um comitê empresarial formado para esse fim, muitos resultados positivos poderão ser vislumbrados.

Pretende-se, portanto, a redução de passivo de empresa preocupada com as condições de seu estabelecimento e com a marca do seu produto no mercado, pois, torna-se evidente a exposição em eventual condenação por práticas ilegais.

Assim, a prevenção trabalhista torna-se importante para a empresa, para o empregado e, em linhas mais amplas, para toda a comunidade.

Explicamos:

A empresa preocupada com as normas que regem o ordenamento jurídico e com o papel que ela desempenha no contexto em que atua atrairá investimentos e agregará valor à sua marca.

Os empregados e prestadores de serviços poderão atuar em harmonia com a política aplicada, engajados no projeto e no plano de ação, permanecendo maior tempo na empresa e consequentemente reduzindo gastos com verbas rescisórias.

Estes trabalhadores teriam maior poder de compra e contribuiriam para o crescimento da localidade em que residem, fazendo rodar, em grande escala, a economia do país.

Não se trata apenas da redução de passivo da empresa, mas no valor e no atrativo que isso proporcionaria a toda comunidade a médio e longo prazos.

Nessa toada, a empresa insere-se na denominada eficácia horizontal de aplicação de direitos fundamentais.

Assevera José Afonso da Silva que "direitos fundamentais são aquelas prerrogativas e instituições que o Direito Positivo concretiza em garantias de uma convivência digna, livre e igual de todas as pessoas".

O conceito de eficácia horizontal traz a ideia de oportunidade de direitos fundamentais na relação privada, independendo da relação Estado-Sociedade.

Portanto, significa dizer que a correta aplicação de direitos trabalhistas previstos constitucionalmente, além dos benefícios já delineados, está em estreita ligação com a eficácia de aplicação de direitos fundamentais em escala horizontal, pois possui eficácia direta e imediata desses direitos nas relações entre particulares, no nosso caso, na relação empresa-empregado.

Desta forma, o empresário poderá vislumbrar, e consequentemente obter valiosos resultados por todos os lados que se observa a questão. Não se estará apenas mirando a diminuição do passivo trabalhista, mas também a coerência basilar com o princípio da Dignidade da Pessoa Humana, insculpido no inciso III do artigo 1ª da Carta Magna.

12.5. CONSIDERAÇÕES FINAIS

Acreditamos que as empresas devem almejar condições seguras de relacionamento para competir com o mercado externo, atraindo, principalmente, grandes investidores.

Essa situação pode ser viabilizada, entre outras, pela estratégia trabalhista preventiva.

Procuramos ao longo do trabalho mesclar a importância da prevenção com os direitos trabalhistas em transformação.

Para que o resultado possa ser conquistado, faz-se necessária a coordenação de estratégia conjugada entre a consultoria jurídica especializada na área trabalhista e o setor de Recursos Humanos, principalmente no momento da tomada de decisões e na consecução das tarefas.

Somente desta forma cremos na construção ordenada de práticas.

O direito do trabalho está em constante mutação. Faz-se salutar à empresa a existência de uma consultoria jurídica segura, permitindo o exercício diário de práticas de RH.

Essa segurança jurídica torna-se importante na medida em que reduz o passivo trabalhista.

Assim, o empresário se beneficia com o trabalho do profissional que está em constante atualização, interado com publicações legislativas e com o estudo técnico e eficiente das tendências doutrinárias e jurisprudenciais. O alinhamento desse especialista com o setor de RH facilita a tomada de decisão consistente.

A empresa não pode mais permanecer inerte aos acontecimentos do direito do trabalho, aguardando o ingresso de ação judicial por parte de um empregado ou de fiscalização por parte do Ministério Público do Trabalho e Ministério do Trabalho e Emprego.

O mundo está em constante transformação. O empresário deve manter a visão holística de seu negócio, mantendo o foco no objetivo principal, atraindo investimentos e viabilizando oportunidades, deixando os assuntos *periféricos* ao encargo de quem realmente os conhece.

Portanto, concluímos que o direito do trabalho preventivo deve compor a estratégia empresarial na busca por resultados favoráveis.

12.6. REFERÊNCIAS BIBLIOGRÁFICAS

BARROS, Alice Monteiro de. *Curso de Direito do Trabalho*. 5ª ed. São Paulo.

BRASIL. *Constituição da República Federativa do Brasil*, de 5 de outubro de 1988.

BRASIL. *Decreto-lei n. 5.452*, de 1º de maio de 1943. Consolidação das Leis do Trabalho.

CASSAR, Vólia Bomfim. *Direito do Trabalho*. 5ª ed. Niterói: Impetus, 2011.

DELGADO, Mauricio Godinho. *Curso de Direito do Trabalho*. 10ª ed. São Paulo: LTr, 2011.

NASCIMENTO, Amauri Mascaro. *Direito Contemporâneo do Trabalho*. São Paulo: Saraiva, 2011.

SILVA, José Afonso. *Curso de Direito Constitucional Positivo*. 29ª ed. São Paulo: Malheiros Editores, 2007.

ZOLA, Émile. *Germinal*. Trad. Silvana Salerno. São Paulo: Companhia das Letras, 2000.